周期、估值与人性

凌鹏 著

中信出版集团 | 北京

图书在版编目（CIP）数据

周期、估值与人性 / 凌鹏著 . -- 北京：中信出版
社，2023.11（2023.12重印）
ISBN 978-7-5217-6033-0

Ⅰ . ①周…　Ⅱ . ①凌…　Ⅲ . ①股票市场 – 研究 – 中国
Ⅳ . ① F832.51

中国国家版本馆 CIP 数据核字（2023）第 182174 号

周期、估值与人性
著者：　　凌鹏
出版发行：中信出版集团股份有限公司
　　　　　（北京市朝阳区东三环北路 27 号嘉铭中心　邮编　100020）
承印者：　北京通州皇家印刷厂

开本：787mm×1092mm　1/16　　　印张：25　　　字数：215 千字
版次：2023 年 11 月第 1 版　　　　印次：2023 年 12 月第 2 次印刷
书号：ISBN 978-7-5217-6033-0
　　　　　　　　　　　定价：88.00 元

我的价值之旅

巴菲特说："5分钟能懂就懂，5分钟不懂这辈子都不会明白。"而我却是花了20年，在不惑之年才真正明白"价值投资"的精髓。

我和股市结缘较早，1997年报考的大学专业就是"投资学"。由于是家族内的第一个大学生，我报考专业时无人指导，全凭个人感觉。当年可能是受港剧《大时代》的影响，觉得股票是一种很酷的东西。大学期间，我也会去学校旁边的券商营业部，挤在大厅看大屏，趁着没人时在走廊边的电脑上输几个股票代码，我还记得当时的软件叫"钱龙"。大四的时候，我在家门口的券商营业部实习，主要工作是在前台给客户开户。由于当时恰逢"5·19"行情，每天开户的人都很多，我偶尔还用学校里学的技术分析给客户指点，这大概算我的第一段"分析师生涯"。

但我当时对股市没有亲近感，感觉在学校学的金融学、经济学毫无用武之地。那时候我并不知道巴菲特、索罗斯，接触的都是来自台湾作者的技术分析书籍，还有类似《炒股就这么几招》《如何跟庄》《短线是金》等。因此，我确信股票投资不是我终生想要从事的行业。2001年，我读研后就断了和股市的联系，正好那几年A股也迎来了历史上最长的熊市。

读研期间，我一门心思在出国申请上，在同学们忙着考证、实习的时候，我把所有的精力都花在学术研究上，那几年的"专心读书"也给我后来的策略研究打下了坚实的"经济学基础"。当时我也听说了一些国际投资大师的事迹，但依然无感，最大的理想还是做一名"著作等身、经世济民"的大学教授或者学者型官员。

第一次出国申请失败后，我先去澳门教书，又去香港读博士。在这期间，我有一位同事特别喜欢炒股，经常跟我们讲"A股的变化"。但他的热情并没有感染我，我对A股的印象还是停留在当年。到了2006年年中，我意识到自己不适合做学术，恰好连续在校园待了20年的我又对外面的世界充满好奇，于是乎我决定"退学"，回到上海。一个澳门的朋友帮我在申万研究所谋了一份实习岗位，我当时完全不知道申万研究所是干什么的，我以为就是类似社科院这样的机构。我只想多一段校园外的经历，然后参加当年的"学生招聘季"，我最想做的还是花旗、汇丰等外资银行的管培生。

实习的经历很新奇，我很快发现A股已经不一样了，同事讨论的问题、所用的方法我都很有兴趣，难道这才是我的归宿？大概过了几周，策略部空出一个岗位，领导问我有没有兴趣，于是我稀里糊涂地参加了面试。面试的过程很不理想，因为我一直研究宏观层面的经济学理论，对微观的财务、会计、估值等并不了解，所以几乎是一问三不知。我也不知道为什么能获得这个岗位，可能是因为当时市场才刚刚起来，投简历的学生还不够多。最终，新员工和领导见面，时任研究所副总经理、人力资源总监的黄老师对我说："我们现在的策略已经很强了，但我们依然希望有人能够梳理背后的方法，甚至整个研究所的体系。你愿意接受这个挑战吗？"或许黄老师会这样"忽悠"每一个新人，但当时的我确实有了"使命感"。那个时候，上海地铁2号线世纪大道站长期关闭，我每天下班需要步行15分钟到住所。那天晚上，我在东昌路站到住所的路上来回走了好多遍，心中奔腾着康德式"我为自然立法"的冲动。第二天，我去和领导表决心，表示并不只是为了一份工作。

知耻而后勇！由于我的微观实务知识非常欠缺，所以在入行前几年拼命学习。A股的门槛很低，但要达到专业水准很难。我在申万的前5年过着"半封闭"的生活，澎湃的大牛市、财富、职位升迁似乎都和我无关，我还是以读博士的心态坐冷板凳，思考和建构一些"无用"的东西。

到了2011年，各种机缘巧合把我推到前台，让我出任"首席策略分析师和策略部主管"。其实我的性格不适合聚光灯，在公众面前演讲会紧张，有生人在场会局促。果然，第一年就搞砸了，当年只得到新财富第六名。随之而来的是各种诘责，难道所谓的体系真的只是盛世繁华的摆设？闲时无事，皓首穷经；临阵对敌，实无一策？那年年底，除了安抚团队，我向所内每个领域的首席讨教，大多数还是支持我，表示不应该为一时失利而否定一切。所幸我们坚持下来了，第二年就得到第一名了。我们写的《策略投资方法论》至今还有人看，现在经常有年轻人在陌生的场合跟我说是"看着我们的策略报告入行"的，这或许就是我在卖方机构7年最大的收获。

离开申万后，我开启了为期10年的"买方生涯"，经历了两家公募机构，曾担任公募基金经理和专户经理，从2016年开始创业做私募。过去10年，除了角色转变，更重要的是方法论的成熟和蜕变。纵观10年投资生涯，分为三个阶段：第一阶段以"大势判断"为主。我出身于宏观策略，从研究过渡到投资自然还是使用"大势判断"。"大势判断"很重要，但可应用的时间不多，过去10

年需要"大势判断"的点也就是在2015年下半年、2018年年初和2018年年底，其余时间都是结构性行情。在这些点上我确实有优势，可一旦进入结构行情就比较窘迫，所以过去10年我一直在补充主要子行业甚至重要上市公司的微观知识。终于在2021年能观察到众多子行业的轮动并进行配置，方法论多元了许多。第二阶段是妄图建立"统一场论"。我当年在申万的平台上，有一大好处就是可以和各路高手畅聊，聊多了我就产生一个想法：如果将所有高手的优点融合，那就是天下无敌的方法。这个想法有点类似于爱因斯坦的"统一场论"。为了这个想法，我耗费了近5年时间，结果发现不同打法背道而驰，要求的性格和起点都不一样。因此，到了2019年我开始专注于构建自己的方法体系，从自身的性格及优势出发。经过近一年的思考，到了2020年十一长假期间，我突然发现自己适合做价值投资。于是我重新翻读巴菲特、芒格、霍华德·马克斯、赛斯·卡拉曼等人的著作，才发现虽然当年在很多书上都像模像样地做了笔记，但其实完全没读懂，所以这一次重读才倍感亲切。来来回回、兜兜转转花了近20年时间，最终回到了原点，但此时已经是"看山还是山，看水还是水"的第三阶段。虽然我找到了适合自己的方法，可"价值因子"却陷入了过去30年最黑暗的时刻。建立体系很难，在一个体系的逆风期坚守更难，所幸2021年后就迎来曙光。

过去30年，A股以2005年为界，之前是"蛮荒年代"，之后步入"现代社会"，所以本书以2005年为起点复盘之后17年的历史。这17年又分为三个阶段：2005—2009年的"周期为王"，2010—2015年的"成长致胜"和2016—2022年的"茅宁①共舞"。这三个

---

① 茅宁是指以贵州茅台为代表的茅指数和以宁德时代为代表的宁组合。——编者注

阶段非但主角不同，连方法论都有差异，但当中又透着不变的共性。本书共五章，采取总—分—总的模式：第一章先论述为什么选择2005年作为起点、2005年之前的A股和2005年之后的A股；第二章复盘2005—2009年的行情，主流的方法论是"投资时钟"；第三章复盘2010—2015年的行情，主流的方法论是"互联网思维"；第四章复盘2016—2022年的行情，投资者摒弃行业之分，唯龙头是举。第五章总结了过去17年不变的规律，分别是周期、估值和人性。说来也巧，第二章至第四章几乎对应我职业生涯的三个阶段："周期为王"的年代我在申万打造体系，"成长致胜"的5年我在两家公募机构任职，"茅宁共舞"时期我已经出来创业，在每个阶段都有各自的探索和沉淀，冷暖自知。

写A股历史的书很多，有来自记者的，有出自学界的，也有政府官员撰写的，但甚少有投研一线的实战记录。既然很少，我干脆自己写一本，也算给这个行业做一点贡献。虽然我早已离开学界，但古人所说的"立德、立功、立言"依然对我有深刻影响，在所有的称呼中我也最喜欢"凌老师"这个叫法。写史是一件很累的事，事件庞杂、数据浩瀚，所幸我在申万期间就留下了大量手稿，离开卖方后依然有随时总结、撰写投资笔记和心得的习惯。我在过去半年多每天晚上花2~3个小时梳理、撰写，数易其稿，终于写了一本自己还算满意的著作。

在整个过程中要感谢的人实在太多！首先要感谢我的妻子，感谢她支持我放弃唾手可得的高薪工作，做一次毫无胜算的尝试。其次感谢一直关注、支持我的人。还要感谢我的助理以及同事杜琨，感谢她们在本书撰稿过程中的审阅、绘图及整理。感谢益盟梁宇峰师兄为我与出版社牵线搭桥。感谢中信出版社的许志及墨菲团队，每道流程都精雕细琢、不断锤炼，真是"炮制虽繁必不敢省人工"。

最后，我要把这本书送给我的儿子，希望他能明白，无论多么困难的事，只要每天坚持，日拱一卒，最终都能做成。

本书不作为任何投资建议，市场有风险，投资需谨慎。本书观点仅代表个人观点，欢迎投资者交流。

凌鹏

2023 年 6 月于上海浦东

目录

第一章　2005 年：A股的重生之年

2005 年是分水岭　_3

2005 年之前的 A 股　_7

2005 年之后的 A 股　_15

第二章　2005—2009 年：周期为王

投资时钟统御江湖　_23

2005 年　熊市出清　_43

2006 年　牛市来临　_62

2007 年　蓝筹泡沫　_82

2008 年　次贷崩盘　_104

2009 年　肌肉记忆　_119

第三章　2010—2015 年：成长致胜

成长崛起与互联网思维　_143

2010 年　尝试切换　_ 154

2011 年　倒春之寒　_ 173

2012 年　正式切换　_ 188

2013 年　成长完胜　_ 206

2014 年　蓝筹逆袭　_ 224

2015 年　市场巨震　_ 241

第四章　**2016——2022 年：茅宁共舞**

周期归来、龙头至上　_ 261

2016 年　破局重生　_ 276

2017 年　渐入佳境　_ 293

2018 年　补跌调整　_ 308

2019 年　"茅氏"封神　_ 321

2020 年　宁王独立　_ 338

2021——2022 年　茅宁陨落　_ 353

第五章　**寻找投资中的"不变"**

三个"不变"　_ 378

两次"转变"　_ 384

第一章

2005年：
A股的重生之年

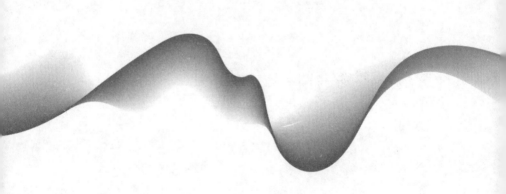

2005年是分水岭

斯塔夫里阿诺斯的名著《全球通史》分上下两册，以公元1500年为界限。上册《1500年以前的世界》跨越万年，只有500多页；下册《1500年以后的世界》寥寥数百年，却接近千页。其根本原因是公元1500年左右，航海时代到来，科技进步加快，世界变得活跃，此后几年的变化相当于此前几十年甚至几百年的发展。

在我看来，A股也有这个"公元1500年"，那就是2005年。之前15年（1990—2005年），A股相对静止、规则不全、比较蛮荒，一切都较为原始；此后15年，日新月异，每几年一个变迁，十几年浓缩了发达市场几十年的经历。

为什么2005年是转折之年，我想有如下几个原因。

第一，QFII（合格的境外机构投资者）进入中国，投研方法面临革新。QFII于2003年进入中国，虽然彼时份额很小，却是历史的一大步，这代表着A股开始融入全球（见图1-1）。

随着QFII的到来，外资用国际通用的方法研究A股。这些方法，对于尚未及笄的A股，实属新奇。当年，A股市场也有一批青年负笈海外去学习这种方法，他们分别来自申万、中金和国泰君安等券商研究所。这些人回国后，将国际大行通行的方法在A股推

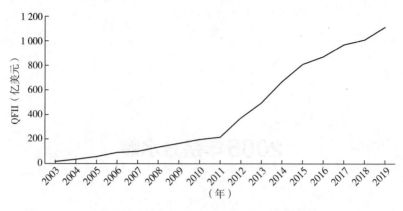

图1-1 2003—2019年QFII额度不断加大

资料来源: 同花顺, 作者整理。

行, 才有了三大财务报表、盈利预测、行业公司调研等投研范式, 使A股从过去十几年股评式的研究中脱离出来。

第二, 新财富评选的出现。现如今, 各大评选席卷卖方机构, 新财富更成为卖方分析师身价的标杆。但20年前, 新财富评选刚出现时却是"邀请制", 邀请各大券商研究所的首席分析师参选, 以聚拢人气。其实, 新财富这样的评选也是舶来品, 国际上早有《机构投资者》(*Institutional Investor*) 的评选, 规则大致相同。新财富评选的出现, 使卖方研究更加规范, 也系统提升了卖方分析师的价值, 对整个行业都有极其正面的贡献。

第三, 买方机构方兴未艾。众所周知, 公募基金始于1998年, 当年有所谓的"老十家", 最先上市的公募基金产品是1998年3月27日的基金开元 (南方基金) 和基金金泰 (国泰基金)。但当时的基金规模普遍较小, 大多是封闭式的, 直到2003年以后, 新一批公募基金才大量设立。公募基金、保险机构、社保基金, 再加上后续的私募基金, A股的机构投资者如雨后春笋 (见图1-2)。这批从业人员大多接受过良好、正规的教育, 学习国际先

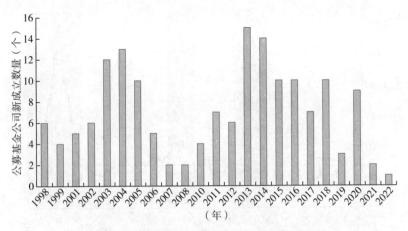

图1-2　2003年后机构投资者迎来大发展

资料来源：同花顺，作者整理。

进方法，从此以后卖方和买方的商业模式构成闭环。

第四，书籍和理念的同步传播。这一点我有切身体会，我大学本科（1997—2001年）的专业就是"投资学"，但当时关于A股的投资书籍很少，引进的外版名著也寥寥。到了2003年攻读硕士期间，此类书籍陆续出现，我才对巴菲特、索罗斯等大师有所耳闻。到了2006年，中信出版社、机械工业出版社等开始出版投资名著的译丛。如今，原创与引进的书籍基本同步出版，方便很多。

第五，2005年迎来了第一次真正意义上的大牛市。在此之前，A股也出现过几个牛市，比如1996—1997年的"家电牛"、1999—2001年的"5·19"行情，但范围都较小，未引起全社会的关注。2005—2007年的大牛市却让整个A股成为显学，甚至引起了全世界的关注，A股从此成为人们经济生活中不可或缺的一部分（见图1-3）。

基于上述五点，我认为2005年是A股的重生之年，正好上证综指经过近15年的交易又回到了原点。我很幸运在这个节点入行，

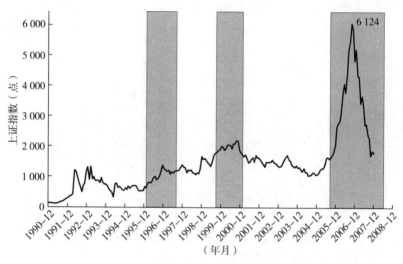

图1-3 2005—2007年的"蓝筹牛"

资料来源：同花顺，作者整理。

一开始就进入最好的卖方机构，接受系统化的投研训练，之后又去了最好的买方机构，接触规范正统的投资训练。恰同学少年，在最年富力强的时候遇到这个日新月异的拐点，学有所用，亲历市场。本书着墨于2005年以后的A股，让我以一名"投研一线亲历者"的视角带领大家开启这段奇妙之旅。

2005年之前的A股

2005年之前的诸多行情，由于时代背景，很多后续难以重复。比如1996年之前没有涨跌停板制度、股票数量稀少，指数都可以在一周翻番；又如1999年，政策痕迹非常明显，基于非基本面的因素都可以发动一波行情；再如A股特有的"壳价值"也会随着注册制的推广逐步消失……因此，很多打法不会再现。

但有些行情会穿越时空，甚至会成为后续一些投资模式的范式。在我看来，2005年之前有以下三段行情值得深思。

1996年的家电行情

1996年，A股爆发了一波家电行情，龙头股是四川长虹（见图1-4）。

这波行情之所以重要，是因为这可能是A股第一次基于产业逻辑的投资，也具备科技赛道的特征。基于经济学的基本理论，国家经济发展的每个阶段都会伴随着一些产业的崛起，股市也多有映射，这在美股过去百年的历史中非常明显。1996年，中国的人均GDP达到6 000元，"三大件"进入家庭，渗透率快速提升。而彩电

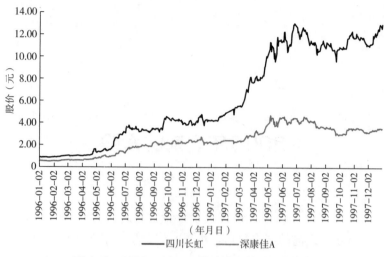

图1-4　1996—1997年的家电行情（前复权）

资料来源：同花顺，作者整理。

在当时是高科技品种，类似如今的新能源汽车，所以当年的家电股兼具产业投资和科技投资的特征。

四川长虹作为龙头股，一时风光无限。除权价从1996年年初的每股6元多涨到1997年5月接近70元，整整10倍，净利润翻了几倍，估值也扩张了几倍（见图1-5）。

四川长虹踏准了当时的产业热点，按照今天的话说正是"处于一个良好的赛道"。并且，当时生产彩电并不容易，其核心部件彩色显像管更需要进口，因此当时的四川长虹类似今天的宁德时代，是科技股。并且，彩电代替黑白电视机比如今的新能源汽车代替燃油汽车的趋势更快、更确定。

即便如此，四川长虹后续一蹶不振，股价跌了85%。原因是彩电的技术路径发生变化，从显像管转向数码。这就是科技投资的问题，巴菲特在1999年的太阳谷峰会上对此有充分说明。科技推动未来，最终还会有一批牛股，但一将功成万骨枯，科技投资类似风投，

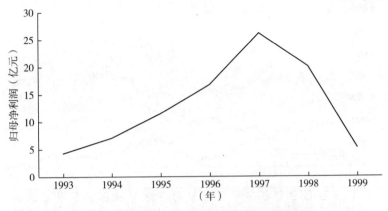

图1-5　1993—1999年四川长虹的净利润

资料来源：同花顺，作者整理。

胜率不高，赔率足够。但科技股是极端的成长股，成则改变世界，败则就此消失，其投资方法和传统的价值投资迥然不同。就历史而言，菲利普·费雪投资杜邦、陶氏、德州仪器和摩托罗拉，柏基（Baillie Gifford）投资亚马逊、特斯拉等经典案例都值得深入研究。

四川长虹之后，过去20年还出现了2013—2015年的"移动互联网行情"、2019—2021年的"新能源行情"，其大体思路和行情走势相仿，历史总是惊人的相似！

2003年的"五朵金花"

"五朵金花"的行情至今仍为许多老股民津津乐道。所谓五朵金花是指汽车、银行、石油石化、钢铁和电力，更广泛的范围包括港口、高速等。这里除了银行、汽车，大多隶属中游产业和基建。彼时中国经济正从东南亚金融危机中解脱出来，加入世界贸易组织（WTO）和地产红利开始释放，经济从底部起来，产能瓶颈凸显，煤电油运全面紧张（见图1-6）。

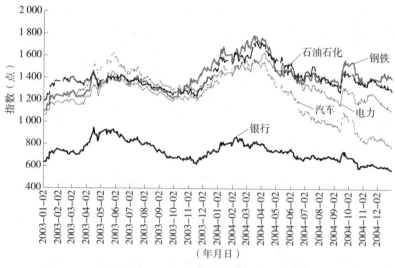

图1-6　2003—2004年的五朵金花

资料来源：同花顺，作者整理。

　　五朵金花之所以重要，是因为它是宏观投资的雏形。众所周知，上证综指从2005年998点到2007年6 124点的大牛市是"以周期品为主"的行情，这波行情的预演就是五朵金花。一般而言，周期行情和宏观走势息息相关。

　　实际上，中国经济从1999年触底，2003年进入新一轮上升周期（见图1-7）。只是当时的A股，很多代表行业的龙头公司尚未上市，A股表现和实体经济脱节。由于这批龙头公司早就在港股上市，所以香江彼岸的H股在2003年就步入牛市（见图1-8）。

　　但无论如何，经济的好转还是在A股市场得到部分体现，那就是五朵金花。之所以是五朵金花，而不是煤炭、有色、地产、金融这些更加受益的品种，可能和投资者当时的认知有关。如果是今天的投资者，熟识宏观、货币政策和投资时钟，那自然会选择下游可选消费品和上游资源品，因为随着经济复苏，利润会迅速向两端转

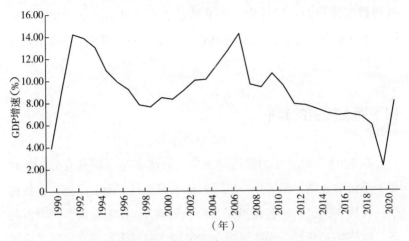

图1-7　中国经济从1999年开始进入新一轮上升周期

资料来源：同花顺，作者整理。

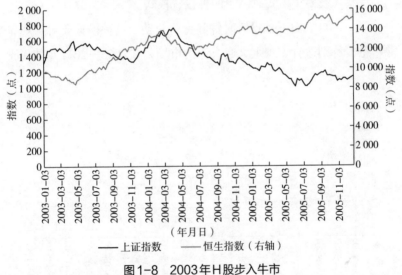

图1-8　2003年H股步入牛市

资料来源：同花顺，作者整理。

移而不是在中游停留，中游由于商业模式的缺陷是不值得投资的。但当时A股市场投资者显然没有认识到这一点，五朵金花更像基于微观数据改善的自发行为，还不是基于宏观自上而下的指导。所以，五朵金花算是宏观投资的预演，2005—2007年的大牛市主角并不是它们。

自下而上投资的雏形

在2003—2005年的慢慢熊途中，一些基金经理靠五朵金花取得了不错的业绩，而另外一些靠教科书式地自下而上挖掘，也找到了一批优秀的股票，包括贵州茅台、张裕A、苏宁易购、云南白药等。或许在一开始，这些股票存在争议，但后来的事实证明了这批基金经理的眼光，A股自下而上的投资模式初露锋芒（见图1-9）。

观察A股多年，我总结了四种投资模式。

第一，自上而下、投资时钟和行业轮动。这种模式要对宏观非常熟悉，特别适合宏观上大起大落的市场，在2005—2011年的A股

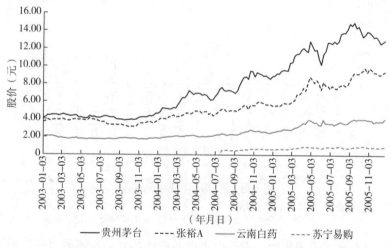

图1-9　2003—2004年的优秀成长股（前复权）

资料来源：同花顺，作者整理。

市场得到广泛应用，五朵金花就是首次试验。

第二，自下而上翻石头。这种模式在教科书上十分成熟，应用也非常广泛，当年挖掘的这批股票堪称典范，茅台更是价值投资的经典案例。

第三，赛道投资。由于中国是个发展中的经济体，并且工业体系非常完整，股票市场覆盖的行业也相对均衡（见图1–10）。

随着经济发展和人们生活水平的提高，每过一段时间就会出现一个主导产业，比如1996年的小家电、2005年的汽车地产、2012年的移动互联网、2019年的新能源等。很多东西都是新事物，过往的景气度和估值参考意义不大，很容易走向泡沫，最终也可能变成一地鸡毛。

第四，主题投资和游资。由于A股的散户众多，主题投资和游资一直是经久不息的模式，在2005年之前更是如此，1999—2001年的"5·19"行情就是一个经典案例。前文没有展开分析，

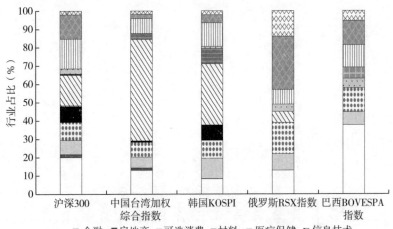

图1–10　行业结构相对均衡的A股

资料来源：同花顺，作者整理。

有两个原因：首先，我是学院派出身，对这种模式并不熟悉，不敢贸然总结评论；其次，从逻辑的角度而言，这种投资模式可能只在历史的某个阶段盛行，随着市场成熟、机构壮大，这种模式可能会被削弱，而另外三种模式都有成体系的逻辑套路，在未来会不断重复。

2005 年之后的 A 股

2005 年之后，每隔五六年 A 股就有一个新的"玩法"，崇尚一批新的资产，并认为是永恒的赛道（见表 1-1）。这一点也令很多投资者无所适从，前选"赵飞燕"，后重"杨玉环"，选美的标准都会变化。因此 A 股很少有长胜将军，往往上一个时代的王者在下一个时代就会陨落，城头变幻大王旗。

17 年，三个阶段

2005—2009 年 A 股崇尚周期轮动和投资时钟，得宏观者得天下，行业研究员在推荐行业和股票的时候，都得先问问宏观分析师的看法。2010 年是个风格转换的年份，消费股作为主角开始登上历史舞台，而率先在当年完成底仓调换的机构会在未来三年称雄。2013—2015 年把小盘股和成长股的风格发挥到极致，投资逻辑和 2005—2007 年的牛市截然相反，强调轻资产和互联网思维。2016 年年初"熔断"后，市场又开始了新一轮的资产崇拜，核心资产从 2016 年 3 月至 10 月的混沌中杀出，在 2017 年 4 月形成趋势，经过 2018 年的调整，在 2019 年成就斜率更陡的加速上升。

表1-1 2009年第三季度、2015年第二季度、2020年第四季度机构前20大重仓股

每季持仓市值排序	2009年第三季度			2015年第二季度			2020年第四季度		
	名称	持仓市值（亿元）	市值占基金持仓比例（%）	名称	持仓市值（亿元）	市值占基金持仓比例（%）	名称	持仓市值（亿元）	市值占基金持仓比例（%）
1	中国平安	350.93	8	中国平安	90.74	2	贵州茅台	959.68	6
2	兴业银行	265.52	6	万达信息	71.90	1	五粮液	787.48	5
3	招商银行	254.46	6	兴业银行	65.67	1	泸州老窖	409.32	3
4	贵州茅台	229.34	5	恒生电子	59.06	1	宁德时代	389.53	3
5	浦发银行	189.55	4	东方财富	57.78	1	中国中免	383.08	2
6	民生银行	142.52	3	招商地产*	50.56	1	美的集团	356.28	2
7	苏宁易购	135.51	3	怡亚通	46.32	1	迈瑞医疗	329.88	2
8	保利地产	98.76	2	招商银行	43.93	1	中国平安	329.42	2
9	平安银行	95.02	2	伊利股份	41.14	1	隆基股份	314.56	2
10	中兴通讯	93.05	2	春秋航空	40.92	1	立讯精密	288.20	2
11	万科A	92.99	2	金螳螂	39.31	1	药明康德	265.69	2

每季持仓市值排序	2009年第三季度			2015年第二季度			2020年第四季度		
	名称	持仓市值（亿元）	市值占基金持仓比例（%）	名称	持仓市值（亿元）	市值占基金持仓比例（%）	名称	持仓市值（亿元）	市值占基金持仓比例（%）
12	中信证券	86.32	2	万达电影	33.89	1	山西汾酒	215.92	1
13	交通银行	84.62	2	海南海药	33.46	1	海康威视	214.65	1
14	中国神华	81.99	2	华信国际*	33.38	1	顺丰控股	213.75	1
15	北京银行	81.09	2	金证股份	32.54	1	亿纬锂能	213.71	1
16	工商银行	77.58	2	东方航空	31.91	1	长春高新	201.56	1
17	华侨城A	69.10	1	卫宁健康	31.68	1	恒瑞医药	185.89	1
18	格力电器	59.87	1	立讯精密	31.01	1	爱尔眼科	181.35	1
19	上汽集团	58.70	1	美盈森	30.16	1	三一重工	173.47	1
20	建设银行	56.59	1	信雅达	29.26	1	洋河股份	162.40	1

*代表已退市。

资料来源：同花顺，作者整理。

整体而言，2005—2022年这17年，A股共经历了三个阶段：分别是2005—2009年的"周期为王"、2010—2015年的"成长致胜"、2016—2022年的"茅宁共舞"。

上升五阶段和下跌三阶段

借助波浪理论的术语，每类资产的兴起和陨落多伴随着上升五阶段和下跌三阶段，整个周期可以延续10年之久。所谓上升五阶段就是被冷落、酝酿、共识、调整和再加速等五个过程。周期股在2003—2004年的"五朵金花"时代就有所酝酿，经历2005年998点的调整，开始战战兢兢地上涨，中间经过2007年5月30日的"股灾"（简称"5·30"），此后才有斜率变陡的"蓝筹泡沫"；消费股在之前的周期牛市中一直默默无闻，2010年才初露锋芒，2011年遭遇调整，2012年和2013年上半年开始加速上升；创业板于2009年10月上市，2010年6月发布其指数，但此后两年逐渐被人遗忘，2013年异军突起，2014年横盘，2015年再次迎来飞升；核心资产在创业板牛市中沦为僵尸资产，2017年重回核心，2018年尾盘补跌，2019年又加速爆发。这就是过去20年这三类资产前仆后继的过程，透过现象，直面本质，有着共同的路径。

任何一类资产，经过上述五阶段，成为全民偶像，风险也就出现了。其陨落一般也要经过三阶段。第一个阶段是估值太高，自然回落；第二个阶段是基本面恶化，"戴维斯双杀"；第三个阶段是"新王崛起"，资金从此类资产中撤出。上证综指从6 124点到5 000点的回落是估值太高所致，当时的基本面并无明显瑕疵，2008年的主杀是美国次贷危机所致的"戴维斯双杀"，2013—2014年由于创业板崛起使上证综指进一步被边缘化；创业板经历了同样的过程，2015年的"股灾"至"熔断"机制期间是泡沫破灭过程，2016—2018年则经历了各种"洗澡"和核心资产的崛起。一般而言，陨落的第一个阶段是很隐蔽的，因为估值本身就充满争议，这个估值回落的过程可能不知不觉。第二个阶段的基本面恶化虽然事后看一目了然，但事前也很难明辨，就像2007年年底谁也不知道会有美国次贷危机、2015年年底谁也不知道后面会有针对小盘股的调控。虽然这些因素在事先都有端倪，但只有在不断强化后投资者才会明白，这也是塔勒布所谓"黑天鹅"的本质。至于第三个阶段，其实这类资产已经出现了合理的性价比，但由于"新王崛起"，全市场资金都去追逐"新王"，导致资金从这类资产中加速撤出。这类资产明明很便宜，却会进一步下跌，直到出现意想不到的"低估"。A股的钟摆是非常明显的！

方法论的变迁

主流资产的变迁不仅体现在行业轮动上，更是方法论的改变。在我刚入行的那五年，宏观驱动和投资时钟统御全局，一切的问题都是宏观的问题，投资者恨不得精确调整"时钟"的"秒针"。而我们在申万研究所建构的体系，也建立在投资时钟的基础上。

2013年以后由于宏观波动的收敛，投资时钟绝迹江湖，取而代之的是自下而上的成长股挖掘。一开始是传统的消费成长股，慢慢向更加虚幻的互联网赛道转移。周期股沦落为僵尸股，商业模式、轻资产、互联网思维和"代表未来"成为市场追逐的选股标准。

2016年年初"熔断"后，市场又变了，一些早已被抛弃的白马股开始翻身，不论行业，龙头至上。一些多年有效的规律被打破，比如小盘股策略。

因此，从研究到投资，从公募到私募，我有过两段迷茫期，正好对应A股的两次转变。我似乎永远在总结，不断在追逐，但市场也一直在变。我想这样可不行，我们应该想想"何为不变"，投资中追求的"变化"只是表象，把握"不变"才是根本。经过更加深层次的复盘和提炼，我发现尽管这三个阶段有诸多区别，但还是有一些共性：周期波动永远是从低到高，估值也是从低到高，人性总是从恐惧到贪婪。这些或许就是我们需要把握的"不变"。

本书的后续内容沿着这个脉络展开：第二章是"周期为王"，总结2005—2009年的市场和方法论；第三章是"成长致胜"，总结2010—2015年的市场和方法论；第四章是"茅宁共舞"，总结2016—2022年的市场和方法论。每章都先用一节总览行情、提炼方法论，再用各节复盘当年的行情。最后是关于"不变"的一些总结。

第二章

2005—2009年：
周期为王

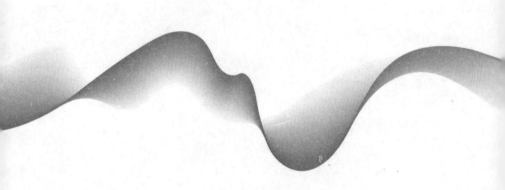

投资时钟统御江湖

过去20年的周期股行情大体分为两段：2003—2015年是需求驱动的行情，2016年以后由于"供给侧结构性改革"迎来第二春。2003—2015年是需求驱动的年代，在内是中国经济的崛起，在外是全球化的反复，具体又可细分为周期股的黄金年代、白银年代和黑暗年代，本章重点复盘黄金年代和白银年代，本节解析行情总论和主流方法论。

行情总论：十年周期股兴衰历程

2003—2015年，周期股经历了"盛极一时"到"被人遗忘"的全过程，分为黄金年代（2003—2008年）、白银年代（2009年）和黑暗年代（2010—2015年）。

黄金年代：内生需求驱动的盛世

1998年开启住房体制改革，2001年加入WTO，2003年全球化进一步加深，这期间中国经济有了很大增长。反映在股市上，2003年出现"五朵金花"的周期股预演，2005—2007年展开主升浪，2008年遭遇逆流。

2005—2007年：难以复制的周期牛市

这个"周期牛市"真是难得一遇的机会，很多子行业从低点到高点都达到10倍涨幅，许多个股都达到20倍甚至30倍的涨幅（见表2-1）。

表2-1　2005—2007年周期股大幅上涨

子行业	上涨起点（点）	起点时间	上涨终点（点）	终点时间	涨幅（%）
证券Ⅲ（申万）	514.28	2005-04-25	14 217.21	2007-11-02	2 664
工程机械（申万）	735.29	2005-07-18	11 208.94	2007-10-17	1 424
房地产开发Ⅲ（申万）	535.67	2005-07-19	6 870.02	2007-11-01	1 183
水泥制造Ⅲ（申万）	503.28	2005-07-18	6 449.24	2007-10-12	1 181
乘用车（申万）	699.97	2005-05-10	7 458.38	2007-09-18	966
煤炭开采	902.63	2005-07-12	9 604.32	2007-09-24	964
航空运输Ⅲ（申万）	690.62	2005-07-11	7 267.94	2007-09-21	952
航运	842.14	2005-07-12	7 615.08	2007-10-25	804
银行Ⅲ（申万）	535.19	2005-03-31	4 325.47	2007-11-01	708
商用载货车（申万）	690.42	2005-07-19	4 425.82	2007-09-18	541
火电（申万）	844.87	2005-06-06	4 694.57	2007-09-19	456

资料来源：同花顺，作者整理。

到2007年10月，很多周期股的估值到了令人瞠目结舌的地步（见表2-2）。要知道，那个时候的景气度也是极高的，在如此高景气度的位置还给这么高估值，难怪当时的证券化率会接近150%。

表2-2　牛市顶点，周期股估值高企

子行业	上涨起点（元）	起点 P/B（倍）	起点 P/E（倍）	上涨终点（元）	终点 P/B（倍）	终点 P/E（倍）	涨幅（%）
中国船舶	3.19	2.6	14.2	135.00	22.8	74.4	4 126
山东黄金	0.40	2.0	18.5	12.24	41.4	181.5	2 932
中信证券	1.01	2.0	67.5	29.11	7.5	37.2	2 782
三一重工	0.32	1.3	10.2	7.97	13.4	41.8	2 421
万科A	0.74	1.6	9.8	17.17	10.4	98.3	2 213
江西铜业	3.21	1.6	7.3	64.93	12.9	50.4	1 924
山西焦煤	1.00	1.2	5.9	19.58	16.6	90.1	1 855
海螺水泥	1.27	1.4	13.1	23.24	14.2	68.0	1 732
中国重汽	1.73	3.5	9.4	23.99	16.3	50.9	1 290
南方航空	1.31	0.9	−23.1	17.93	11.7	87.7	1 268
上汽集团	1.24	0.9	10.0	14.84	6.0	48.9	1 093
招商银行	2.16	2.6	17.6	21.62	10.6	52.6	899
兖州煤业	3.03	1.5	8.8	17.85	7.0	70.6	489
华能国际	3.03	1.7	14.0	12.03	5.3	33.0	297

资料来源：同花顺，作者整理。

　　那时候我刚入行不久，还在旁观，事后我时常反思：为何投资者会如此疯狂？其实事后看，当时很多看好的逻辑都对：中国的城镇化率还很低，未来提升空间还很大。一些行业龙头股的市值也不大，与国际巨头差距还很大，可谓"小荷才露尖尖角"。可泡沫就是崩盘了，多年后有些公司走了出来，但很多当年被寄予厚望的公司从此一蹶不振。问题是，事先我们怎么知道？谁能在承受这么大回撤的情况下坚持这么多年？所以，一切讨论都是理论层面。

　　此外，这次泡沫让我对100倍市盈率（P/E）记忆犹新，我发现很多泡沫都会到100倍，这似乎与行业无关。或许某些个股能通过高盈利来消化估值，但我从来没有见过一个100倍的投资组合能够不回撤。当然，这并不是说估值到了100倍泡沫就破灭，泡沫何时破，以什么方式破是偶然的。

2008年：一夜回到"解放前"

2007年10月至2008年10月，短短一年A股就跌了70%。很多行业从顶部到底部跌了80%甚至更多，一夜回到"解放前"（见表2-3）。

表2-3 2008年周期行业大跌

子行业	下跌起点（点）	起点时间	下跌终点（点）	终点时间	跌幅（%）
火电(申万)	4 694.57	2007–09–19	1 351.62	2008–10–28	−71
银行Ⅲ(申万)	4 325.47	2007–11–01	1 166.29	2008–10–28	−73
工程机械(申万)	11 208.94	2007–10–17	2 940.13	2008–11–04	−74
证券Ⅲ(申万)	14 217.21	2007–11–02	3 540.51	2008–11–04	−75
房地产开发Ⅲ(申万)	6 870.02	2007–11–01	1 516.14	2008–11–07	−78
水泥制造Ⅲ(申万)	6 449.24	2007–10–12	1 388.97	2008–10–28	−78
商用载货车(申万)	4 425.82	2007–09–18	933.78	2008–11–07	−79
煤炭开采	9 604.32	2007–09–24	1 916.76	2008–11–07	−80
航运	7 615.08	2007–10–25	1 306.87	2008–11–07	−83
乘用车(申万)	7 458.38	2007–09–18	1 279.58	2008–11–07	−83
黄金Ⅲ(申万)	16 132.24	2007–09–13	2 673.34	2008–11–07	−83
保险Ⅲ(申万)	2 014.53	2007–10–24	313.79	2008–10–28	−84
航空运输Ⅲ(申万)	7 267.94	2007–09–21	977.72	2008–11–07	−87
船舶制造	10 839.65	2007–10–12	1 137.56	2008–10–28	−90
铜(申万)	13 466.63	2007–10–15	1 400.61	2008–11–04	−90

资料来源：同花顺，作者整理。

这段经历告诉我们：当泡沫破灭时，股票不是跌30%或者腰斩，而是70%，而且跌70%甚至80%的还是好好做事的公司，那些经营存在问题的公司股价可能直接就跌没了。在这个下跌的过程中，千万不能抄底，因为一只从100元跌到20元的股票，你在50元抄底，看似占了很大的便宜，其实别人亏80%，你亏60%，差别并不大。

白银年代：货币宽松带来的回光返照

美国的次贷危机破坏了"美国消费—中国制造—资源国提供资源"的金色魔环，2003—2007年健康循环带来的需求驱动被终止。但全球央行联袂放水，各国政府不断推高债务水平，促成了周期股的白银时代。

2009年：肌肉记忆

如果说2005—2007年是健康需求驱动的周期，那么2009年以后就进入债务扩展和货币宽松的周期，同时全球开启了以邻为壑的反全球化。全球放水使股市V形反转，而肌肉记忆使得反转的主力还是那些周期股（见表2-4）。

虽然这轮上涨幅度不如2005—2007年，但还是很大，最终许多行业的估值虽不及2007年高点那么夸张，但基本也达到30多倍。在这轮反弹中，汽车是一个标志性的行业，主要受益于消费升级和政策红利。同样受益的还有白色家电，这几乎是白色家电过去20年最好的时光。所以，2009年的反弹已经不完全是周期股的天下，消费股开始崭露头角。

2009年8月：风格切换的开始

2009年8月的下跌虽然短暂，幅度也不算很大，但意义深远

表2-4 2009年周期股大幅反弹

子行业	上涨起点（点）	起点时间	上涨终点（点）	终点时间	涨幅（%）
铜(申万)	1 400.61	2008-11-04	7 353.15	2009-08-03	425
乘用车(申万)	1 279.58	2008-11-07	6 456.32	2009-12-28	405
黄金Ⅲ(申万)	2 673.34	2008-11-07	11 910.05	2009-12-02	346
商用载货车(申万)	933.78	2008-11-07	4 145.79	2009-12-04	344
煤炭开采	1 916.76	2008-11-07	7 788.75	2009-07-24	306
水泥制造Ⅲ(申万)	1 388.97	2008-10-28	4 900.36	2009-12-16	253
船舶制造	1 137.56	2008-10-28	3 911.48	2009-08-06	244
房地产开发Ⅲ(申万)	1 516.14	2008-11-07	5 159.25	2009-07-24	240
工程机械(申万)	2 940.13	2008-11-04	9 581.73	2009-11-24	226
保险Ⅲ(申万)	313.79	2008-10-28	936.69	2009-07-21	199
航空运输Ⅲ(申万)	977.72	2008-11-07	2 667.54	2009-08-05	173
航运	1 306.87	2008-11-07	3 490.20	2009-08-05	167
证券Ⅲ(申万)	3 540.51	2008-11-04	9 438.77	2009-08-03	167
银行Ⅲ(申万)	1 166.29	2008-10-28	2 996.36	2009-07-31	157
火电(申万)	1 351.62	2008-10-28	3 065.15	2009-08-04	127

资料来源：同花顺，作者整理。

（见表2-5）。因为这就是风格切换的开始，周期股开始走下神坛，一年不如一年。关于此点，在后文2009年的复盘中将会详解。

黑暗年代：周期股逐步被人遗忘

此后，周期股进入漫长的黑夜，时间为2010—2015年，中间有过2次上涨和4次下跌，但整体估值不断下移，慢慢被人遗忘。

表2-5 2009年8月大幅下跌

子行业	下跌起点（点）	起点时间	下跌终点（点）	终点时间	跌幅（%）
商用载货车(申万)	3 083.05	2009-08-04	2 414.39	2009-08-19	-22
工程机械(申万)	9 163.28	2009-08-04	6 881.29	2009-09-02	-25
乘用车(申万)	4 961.92	2009-07-15	3 675.13	2009-08-20	-26
水泥制造Ⅲ(申万)	4 670.41	2009-08-04	3 445.25	2009-09-01	-26
火电(申万)	3 065.15	2009-08-04	2 211.49	2009-09-29	-28
银行Ⅲ(申万)	2 996.36	2009-07-31	2 159.44	2009-08-31	-28
航空运输Ⅲ(申万)	2 591.55	2009-08-03	1 850.16	2009-08-25	-29
船舶制造	3 737.57	2009-08-03	2 534.26	2009-09-29	-32
保险Ⅲ(申万)	936.69	2009-07-21	626.12	2009-09-01	-33
房地产开发Ⅲ(申万)	5 159.25	2009-07-24	3 365.11	2009-09-01	-35
黄金Ⅲ(申万)	11 586.44	2009-07-28	7 499.90	2009-09-01	-35
煤炭开采	7 788.75	2009-07-24	4 927.82	2009-09-01	-37
证券Ⅲ(申万)	9 438.77	2009-08-03	5 932.06	2009-09-01	-37
铜(申万)	7 353.15	2009-08-03	4 572.98	2009-09-02	-38
航运	3 474.03	2009-08-04	2 138.47	2009-09-29	-38

资料来源：同花顺，作者整理。

2010年上半年：地产调控、周期下跌

2010年4月，地产行业正式开始被调控，周期股应声下跌。这次下跌的时间不长，大致一个季度，跌幅也适中，但大大降低了周期股的估值（见表2-6）。

估值下降主要来自两方面：一方面是股价下跌；另一方面是由于地产的韧性和基建的配套投资，周期股的整体业绩超预期。在分

表2-6 2010年周期股下跌

子行业	下跌起点（点）	起点P/B（倍）	起点P/E（倍）	起点时间	下跌终点（点）	终点P/B（倍）	终点P/E（倍）	终点时间	跌幅（%）
银行Ⅲ（申万）	2 636.33	1.9	12.8	2010-04-06	2 070.81	1.6	9.6	2010-07-05	-21
保险Ⅲ（申万）	777.12	3.6	23.3	2010-04-13	607.42	3.0	19.4	2010-06-09	-22
船舶制造	2 808.72	2.6	24.5	2010-03-04	2 150.62	2.3	20.4	2010-07-05	-23
火电（申万）	2 602.00	2.3	26.6	2010-04-22	1 905.57	1.8	22.0	2010-07-02	-27
工程机械（申万）	9 651.55	2.7	20.8	2010-04-06	6 808.41	2.0	11.9	2010-07-02	-29
水泥制造Ⅲ（申万）	4 724.70	2.6	22.2	2010-04-06	3 203.66	1.8	15.2	2010-07-05	-32
乘用车（申万）	5 576.70	2.5	24.7	2010-03-01	3 712.68	1.8	11.0	2010-07-02	-33
商用载货车（申万）	3 925.99	2.7	17.6	2010-04-15	2 610.76	1.9	10.2	2010-07-02	-34
黄金Ⅲ（申万）	9 743.63	—	—	2010-04-14	6 478.20	—	—	2010-07-19	-34
房地产开发Ⅲ（申万）	4 180.99	3.2	27.1	2010-04-02	2 643.22	2.2	18.6	2010-07-02	-37
航空运输Ⅲ（申万）	3 747.29	3.9	40.4	2010-04-12	2 334.18	2.6	23.3	2010-07-02	-38
航运	2 650.02	2.4	64.2	2010-03-04	1 631.57	1.6	49.6	2010-07-02	-38
煤炭开采	6 565.15	3.3	21.8	2010-04-06	4 038.07	2.2	13.9	2010-07-05	-38
证券Ⅲ（申万）	7 442.25	3.8	27.4	2010-04-15	4 348.25	2.2	18.5	2010-07-05	-42
铜（申万）	5 915.49	—	—	2010-04-15	3 441.81	—	—	2010-07-02	-42

资料来源：同花顺，作者整理。

子和分母的共同作用下，周期股的估值下降到一个可接受的范围（见表2-7）。

虽然当年10月，周期股有过短暂的爆发，但整体已如明日黄花。周期股的退却也促成了消费股的崛起，关于此点，将在第三章详解。

2011年：通胀高企、货币紧缩，周期股进一步下行

2011年，通胀高企、货币收缩带动经济下行，周期股连续两年下跌（见表2-8）。但实际上，当年成长股也迎来了倒春寒，跌幅不小。有基金经理凭借"少跌"的周期股，如银行、电力和地产等，取得了不错的相对收益。

2012年：第三年下跌，最后一个月逆袭

2012年经过短暂的春季躁动，市场迎来了长达半年的下跌。到2012年12月初，周期股完全被市场抛弃，即便中间有过两次降息、一次降准，即便9月以后经济就明显企稳，但周期股还是让位给了成长股（见表2-9）。一个时代正式落幕，另一个时代开启。

经过近三年的下跌，再加上业绩韧性，周期股的估值终于降低到低位区域（见表2-10）。很多行业的P/E降到个位数，只有黄金年代的零头，银行股也开始破净。A股的下跌分为两种类型：一种是快速下跌，类似2008年和2015年的"股灾"，许多个股的股价在几个月内就可以腰斩；还有一种就是连续几年的阴跌，一般都是三年，周期股从2010年到2012年是三年，创业板从2016年到2018年也是三年，经历三年才可以彻底出清。

表2-7 2010年周期股估值有效下降

子行业	下跌起点（元）	起点P/B（倍）	起点P/E（倍）	起点时间	下跌终点（元）	终点P/B（倍）	终点P/E（倍）	终点时间	跌幅（%）
工商银行	2.72	2.5	13.0	2010-03-29	2.25	1.9	9.2	2010-07-02	-17
中国平安	21.15	4.2	23.6	2010-04-23	17.42	3.7	20.9	2010-06-09	-18
山东黄金	19.96	17.9	65.9	2010-04-14	15.51	13.7	55.9	2010-07-06	-22
华能国际	5.06	2.2	17.8	2010-03-04	3.84	1.7	13.3	2010-06-07	-24
招商银行	10.85	2.9	17.4	2010-04-06	8.00	2.4	14.1	2010-06-09	-26
中国船舶	33.90	3.3	18.6	2010-03-04	24.37	2.4	13.9	2010-07-05	-28
三一重工	6.59	6.3	22.7	2010-04-06	4.59	4.6	16.6	2010-06-01	-30
上汽集团	10.35	3.4	21.7	2010-03-04	7.09	2.2	9.5	2010-06-30	-32
万科A	6.71	2.8	18.9	2010-04-02	4.57	1.8	13.1	2010-07-01	-32
海螺水泥	11.06	2.7	20.3	2010-04-02	7.11	1.9	13.7	2010-07-05	-36
兖州煤业	15.77	3.8	22.2	2010-04-30	9.87	2.5	16.3	2010-07-05	-37
中远海控	10.30	3.2	-41.61	2010-04-15	6.23	1.9	134.6	2010-07-05	-40
南方航空	8.31	6.3	47.4	2010-04-22	4.97	3.9	20.2	2010-07-02	-40
中信证券	14.84	3.0	21.3	2010-04-06	8.72	1.9	14.8	2010-07-02	-41
江西铜业	32.61	4.9	39.7	2010-04-06	18.46	2.8	21.3	2010-07-02	-43
紫金矿业	4.56	6.6	32.9	2010-04-14	2.57	3.9	17.6	2010-07-19	-44
山西焦煤	20.06	8.2	38.8	2010-04-06	11.15	4.5	20.2	2010-07-05	-44
中国重汽	10.86	4.4	29.1	2010-03-08	5.85	2.1	9.2	2010-07-02	-46

资料来源：同花顺，作者整理。

表2-8　2011年周期股进一步下跌

子行业	下跌起点（点）	起点时间	下跌终点（点）	终点时间	跌幅（%）
银行Ⅲ(申万)	2 506.22	2011-04-15	1 904.21	2011-08-09	-24
火电(申万)	2 279.34	2011-04-29	1 580.72	2011-10-24	-31
保险Ⅲ(申万)	668.79	2011-01-04	425.47	2011-09-30	-36
房地产开发Ⅲ(申万)	3 669.51	2011-04-18	2 303.98	2012-01-06	-37
煤炭开采	7 266.91	2011-04-11	4 283.78	2012-01-06	-41
乘用车(申万)	5 420.86	2011-04-11	3 179.73	2011-12-15	-41
证券Ⅲ(申万)	5 692.87	2011-03-09	3 212.63	2012-01-06	-44
黄金Ⅲ(申万)	11 547.45	2011-04-25	6 260.49	2012-01-06	-46
船舶制造	4 081.19	2011-03-09	2 039.44	2012-01-06	-50
工程机械(申万)	18 101.49	2011-04-11	8 938.50	2011-12-22	-51
水泥制造Ⅲ(申万)	7 433.11	2011-04-07	3 668.24	2012-01-06	-51
航空运输Ⅲ(申万)	3 668.85	2011-01-04	1 705.53	2011-12-22	-54
航运	2 318.39	2011-02-15	1 046.96	2012-01-06	-55
铜(申万)	7 535.80	2011-01-04	3 400.26	2012-01-06	-55
商用载货车(申万)	4 580.82	2011-03-28	2 031.19	2011-12-28	-56

资料来源：同花顺，作者整理。

2012年9月至2013年2月：昙花一现，暖场工具

正是在这种情况下，2012年年底引发了一场周期异动。这段时间，周期股迎来难得的上涨，但幅度已经完全不复当年（见表2-11）。直接的触发原因是经济暂时企稳、周期股估值处于低位，

表2-9 2012年，周期股第三年下跌

子行业	下跌起点	起点P/B（倍）	起点P/E（倍）	起点时间	下跌终点	终点P/B（倍）	终点P/E（倍）	终点时间	跌幅（%）
火电(申万)	1 773.34	1.4	30.4	2012-02-28	1 516.42	1.3	24.9	2012-09-27	-14
黄金Ⅲ(申万)	8 704.06	—	—	2012-02-29	6 945.11	—	—	2012-12-04	-20
保险Ⅲ(申万)	546.13	2.3	27.2	2012-05-04	426.79	1.9	26.6	2012-11-19	-22
银行Ⅲ(申万)	2 246.01	1.2	7.1	2012-03-05	1 752.45	1.0	5.4	2012-09-26	-22
房地产开发Ⅲ(申万)	3 298.24	2.0	16.2	2012-05-30	2 502.24	1.6	12.6	2012-09-24	-24
乘用车Ⅲ(申万)	4 231.64	1.8	13.0	2012-03-05	2 988.76	1.3	9.2	2012-08-31	-29
证券Ⅲ(申万)	4 886.56	2.2	28.9	2012-05-29	3 331.01	1.6	22.2	2012-11-30	-32
铜(申万)	4 551.90	—	—	2012-05-03	3 054.97	—	—	2012-12-04	-33
航运	1 384.30	1.6	35.1	2012-02-28	919.79	1.1	87.7	2012-09-26	-34
商用载货车(申万)	2 778.80	1.6	12.3	2012-05-08	1 800.57	1.1	10.6	2012-11-28	-35
水泥制造Ⅲ(申万)	4 900.81	2.0	12.3	2012-05-29	3 168.30	1.3	10.0	2012-08-30	-35
航空运输Ⅲ(申万)	2 124.58	1.7	11.0	2012-02-27	1 320.91	1.2	14.4	2012-12-04	-38
煤炭开采	5 736.17	2.5	14.7	2012-05-02	3 449.70	1.7	10.7	2012-12-04	-40
船舶制造	3 025.26	2.4	21.8	2012-03-13	1 764.12	1.5	20.0	2012-12-04	-42
工程机械(申万)	12 647.11	2.6	12.7	2012-05-29	7 324.40	1.6	8.5	2012-12-04	-42

资料来源：同花顺，作者整理。

表2-10 2012年年底，周期股估值到了低位

子行业	下跌起点（元）	起点P/B（倍）	起点P/E（倍）	起点时间	下跌终点	终点P/B（倍）	终点P/E（倍）	终点时间	跌幅（%）
华能国际	4.04	1.5	60.8	2012-01-17	4.06	1.6	36.6	2012-09-21	1
工商银行	2.67	1.6	7.5	2012-02-21	2.25	1.3	5.7	2012-09-26	-16
万科A	6.61	1.9	10.4	2012-05-30	5.37	1.6	8.4	2012-09-24	-19
山东黄金	18.93	9.4	28.2	2012-02-29	15.34	6.7	20.3	2012-07-12	-19
中国平安	17.70	2.4	17.3	2012-05-04	14.26	2.0	13.7	2012-11-19	-19
招商银行	8.86	1.7	7.8	2012-02-03	6.69	1.1	5.1	2012-07-24	-24
紫金矿业	3.81	4.1	18.1	2012-02-29	2.81	2.9	15.5	2012-12-04	-26
中信证券	11.30	1.7	12.5	2012-05-29	8.02	1.3	9.1	2012-11-30	-29
海螺水泥	13.91	2.2	8.4	2012-02-24	9.80	1.5	8.1	2012-08-30	-30
江西铜业	24.58	2.4	15.0	2012-05-03	17.08	1.7	13.9	2012-08-31	-31
上汽集团	10.11	1.7	8.7	2012-02-27	6.93	1.1	6.0	2012-08-31	-31
中远海控	4.60	1.7	-5.67	2012-02-27	2.85	1.3	-3.01	2012-09-05	-38
中国重汽	5.45	1.6	16.6	2012-02-27	3.33	1.0	39.1	2012-09-26	-39
南方航空	4.97	1.7	10.6	2012-02-27	3.00	1.0	17.7	2012-12-04	-40
兖州煤业	18.18	3.1	15.0	2012-02-27	10.65	1.7	10.4	2012-12-04	-41
中国船舶	30.16	2.3	17.9	2012-03-13	17.60	1.4	17.1	2012-08-31	-42
山西焦煤	13.32	3.9	21.1	2012-05-02	7.21	2.1	15.0	2012-12-04	-46
三一重工	13.05	5.1	13.1	2012-05-29	6.58	2.6	8.7	2012-12-04	-50

资料来源：同花顺，作者整理。

表2-11 2012年12月至2013年2月，周期股短暂上涨

子行业	上涨起点（点）	起点时间	上涨终点（点）	终点时间	涨幅（%）
乘用车(申万)	3 012.66	2012-09-24	5 113.52	2013-02-18	70
证券Ⅲ(申万)	3 331.01	2012-11-30	5 486.21	2013-02-04	65
银行Ⅲ(申万)	1 752.45	2012-09-26	2 873.01	2013-02-04	64
商用载货车(申万)	1 800.57	2012-11-28	2 798.58	2013-02-18	55
水泥制造Ⅲ(申万)	3 196.66	2012-09-05	4 920.87	2013-02-18	54
保险Ⅲ(申万)	426.79	2012-11-19	641.77	2013-02-04	50
工程机械(申万)	7 324.40	2012-12-04	10 718.73	2013-02-04	46
煤炭开采	3 449.70	2012-12-04	4 887.07	2013-02-05	42
房地产开发Ⅲ(申万)	2 502.24	2012-09-24	3 519.27	2013-01-30	41
船舶制造	1 764.12	2012-12-04	2 460.27	2013-01-16	39
铜(申万)	3 054.97	2012-12-04	4 027.02	2013-02-04	32
航空运输Ⅲ(申万)	1 320.91	2012-12-04	1 723.83	2013-01-31	31
火电(申万)	1 516.42	2012-09-27	1 948.08	2013-03-07	28
航运	919.79	2012-09-26	1 135.10	2013-01-21	23
黄金Ⅲ(申万)	6 945.11	2012-12-04	8 274.60	2013-01-16	19

资料来源：同花顺，作者整理。

但更本质的原因是市场整体处于低位，成长股的牛市一触即发。

因此，这段时间周期股的上涨只不过是暖场工具，最终把市场搞热，迎来主角（创业板）登场。这段时间的上涨基于很多错误的假设：彼时投资者认为周期股的估值见底了，实际上后续净资产收益率（ROE）才加速下滑，当时的估值并不是真实情况；彼时银行股打响了第一枪，龙头是民生银行，事后看，实际上银行业刚要步入10年坏账处理的泥潭。

2013年3月以后，周期股的行情整体退潮，创业板却愈演愈烈。此后一年半，周期股在底部如心电图般横盘，中间经历了"钱荒"的下跌和修复，直到2014年第四季度的逆袭。

2014年下半年：牛市补涨，主角休息

2014年下半年，横盘已久的周期股开始补涨，在第四季度一度逆袭（见表2-12）。但从整体格局看，只不过是创业板涨累了，休

表2-12　2014年下半年周期股逆袭

子行业	上涨起点（点）	起点时间	上涨终点	终点时间（点）	涨幅（%）
证券Ⅲ（申万）	3 846.45	2014-07-10	12 691.02	2015-03-31	230
航空运输Ⅲ（申万）	1 032.45	2014-07-01	3 289.94	2015-03-24	219
航运	910.08	2014-07-01	2 206.66	2015-03-31	142
船舶制造	2 124.36	2014-07-21	4 787.34	2015-03-27	125
保险Ⅲ（申万）	461.08	2014-07-01	1 014.39	2015-03-31	120
房地产开发Ⅲ（申万）	2 827.07	2014-07-01	6 191.65	2015-03-31	119
工程机械（申万）	5 231.24	2014-07-10	11 086.69	2015-03-31	112
火电（申万）	1 629.95	2014-07-01	3 448.39	2015-03-24	112
铜（申万）	2 458.02	2014-07-01	5 189.93	2015-03-25	111
黄金Ⅲ（申万）	4 077.79	2014-07-09	7 725.41	2015-03-25	89
水泥制造Ⅲ（申万）	3 288.23	2014-07-01	6 202.63	2015-03-31	89
银行Ⅲ（申万）	1 970.12	2014-07-22	3 599.17	2015-01-06	83
煤炭开采	2 027.47	2014-07-14	3 633.76	2015-03-31	79
乘用车（申万）	4 940.12	2014-07-01	8 242.67	2015-03-31	67
商用载货车（申万）	2 508.47	2014-07-08	4 116.32	2015-03-31	64

资料来源：同花顺，作者整理。

息一下。

从涨幅看，这波行情级别不小，仅次于2005—2007年和2009年，但这是一次没有基本面支持的上涨。彼时的中国经济正面临一些问题：地产销售放缓、库存累积，制造业投资增速下滑，很多周期品的盈利能力降至历史低点，银行业坏账压力加大。但在牛市的氛围下，只要位置低就构成利好，所以即便2014年11月的降息对银行业构成利空，也不妨碍其股价大涨。此外，此时很多具有周期属性的公司放弃主业，拥抱互联网，并购重组成风，所以当时很多股票的大涨原因和传统主业无关。

以上就是2003—2014年周期股兴衰变换的全过程，世事变迁，沧海桑田。如今的投资新人或许很难想象当年周期股的盛况，而我们入行的时候曾一度认为"周期股是永恒的赛道"，"投资时钟"是终极的投资方法论。

主流方法论：投资时钟

任何一种投研方法都是事后的总结提炼，当年也是如此。事后看，当年的行情由地产和加入WTO双轮驱动，主流的方法论是投资时钟。但这只是事后总结，绝非一个亲历者的切身感受。在我看来，2003年至2007年上半年，投资者对经济始终战战兢兢、犹犹豫豫，2008年才对宏观和全球经济有较深刻的认知，2009年以后才有各种"中国版"投资时钟。

由于年代久远，我怕自己记错，所以特意翻阅了一些著作。当我们复盘和回溯的时候，一定要找到当时的记录，站在亲历历史的角度，而不是一些事后的总结，否则会有误导性。我首先查阅的是董德志的《投资交易笔记：2002—2010年中国债券市场研究回眸》

（业内称"红宝书"，后面还有"蓝宝书"和"黄宝书"）。董德志2003年入行，在申万和我共事过两年，在2011年出这本书之前已经积累了足足九大本心得笔记。因此此书是亲历历史，不是简单的事后总结，很有参考意义。

2002年（经济回升第三年）市场还笼罩在悲观预期中，10年国债收益率触及最低点2.4%，其标志性的事件是首只超长国债（期限30年）在2002年5月24日的发行利率只有2.9%，和1年期国债的发行利率仅有100个基点（bp）差距。

2002年2月21日，央行自1996年来第八次降息。到了2003年（经济回升第四年），利率虽有所回升，但依然处于10年的底部区域。一季度，市场的主流预期依然是"存在降息预期"，站在历史回顾的角度，这似乎是很荒唐的，但当初的市场投资主体根本没有领会来自宏观经济基本面的信息。

而二季度的"非典"更打断了经济复苏的节奏，全市场一片悲观。直到5、6月份，市场才意识到经济可能已经走出了通缩。

7月29日，周小川在央行内部学习会上首提"要警惕通胀的发生"，但同时统计局总经济师在新闻发布会宣称"不存在通胀压力"。

债券收益率从2003年8月开始缓慢上行，而央行在12月20日下调了超额存款准备金利率。随着11月消费价格指数（CPI）的走高，理论界开始激辩通胀还是通缩，而争论的焦点是生产价格指数（PPI）。

到了2004年（复苏第五年），利率才单边上行，触及历史高点5.35%，4月9日国务院季度经济分析会确立了宏观调控的方向和重点，4月11日央行上调准备金，4月28日股份制银行暂停放贷，10月28日加息。

从上述的描述可知，即便是对宏观最敏感的债券，都是到了复苏第五年才对经济做出反应，而A股的反应更慢。就我复盘和个人经历而言，2003年曾经爆发过短暂的"五朵金花"行情（主要集中在2003年9月到2004年2月）。当时与其说是反映宏观，还不如说是对微观煤电油运紧张情况的自发反映。但随着宏观调控，这些股票很快跌了回去，很多创了新低，相关股票再次突破2003年的高点要等到2006年11月了。

我于2006年年中入行，一开始的任务是研究美国经济和港股市场。那个夏天，我抱着伯纳德·鲍莫尔（Bernard Baumohl）的《经济指标解读》，霸着研究所唯一的彭博终端，把美国经济的各种指标查了个遍。这个过程对于我从象牙塔走向金融界，从书本理论找到现实生活中的对应指标大有裨益。那两年，虽然宏观已经开始主导行情，但大多数投资者还是从微观出发，直观感觉就是对周期股的盈利预测不断上调，其速度甚至超过股价上涨。

2008年才是市场接受宏观洗礼的一年。2008年上半年，微观主体的盈利水平依然不差，很多周期股的景气度还在创新高，但股价已经腰斩。市场对大洋彼岸的"次贷"保持观望和警惕，而我由于之前熟识美国经济指标体系，也做着"隔岸观火"的研究，经常在研究所晨会上讲解。那一年，市场上最红火的是高盛的宏观和策略研究员，但由于高盛不参加新财富评选，所以那一年新财富的宏观、策略冠军都花落中金。那一年，投资者对宏观投入了前所未有的关注，每天睁开眼睛就看美股、美元和大宗商品夜盘，人人都是美国经济专家。

2008年年底，由于机缘巧合，我获得了美林的三篇文章，就是传说中的"投资时钟"，一时感到惊为天人，仿佛在漫无边际的策略探索中找到了方向，我曾一度认为投资时钟就是策略的终极版本。2009年，投资时钟得到了完美的应用，经济由衰退到复苏到繁荣到轻度过热，债券市场由牛入熊，股票和商品市场出现繁荣。并且行业轮动也严格按照时钟转动，一开始是汽车、地产等先导性行业，后来过渡到中游，再后面是金融，最后是后周期的消费及科技、传媒和通信（TMT）。一时间，市场上的投资者对投资时钟都顶礼膜拜，某大型基金公司投资总监夸张地说："每天晨会前都要带领投研团队拜一拜时钟。"而投资时钟更成为那个阶段卖方策略报告的标准模式。21页幻灯片（PPT）的前20页都在论证"时钟几点了"，最后一页直接给出配置建议。

彼时，我经过三年系统的阅读思考，开始输出体系性研究报告。我们团队建构的第一版研究体系明显受到了"投资时钟"的影响（见图2-1）。

在这个框架中，我们把行业分为两大块、六小块，而每块的关注点都不一样。两大块分别是制造业和服务业，其中制造业分为下

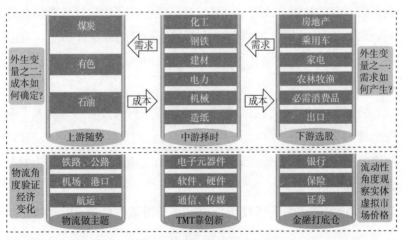

图2-1 申万时期打造的框架

资料来源：申万研究所，作者整理。

游（需求）、中游（制造）和上游（能源），服务业分为物流、TMT和金融。下游重点关注需求的产生，特别是房地产和汽车的需求，而这一点要靠宏观判断和微观调研，要形成专门针对需求调研的扩散性指数。中游的需求可以通过下游的订单来把握。中游又分为材料类（钢铁、建材、造纸和化工）和工业品类（机械），前者主要把握价格成本差，后者主要把握销售量。由于中游的投资机会比较短暂，弹性又比较大，所以需要重点跟踪价格、库存、现金成本、当前利润水平、产能利用率、产能扩展速度等指标。上游往往体现两种属性，即金融属性和商品属性，前者与流动性相关，后者与经济过热相关。在上游重点关注美元、避险情绪、流动性和库存等指标。物流系统主要关注港口吞吐量、公路运力等指标，此类指标体现经济的活力。金融系统主要从央行、商业银行、实体部门和出口部门的资产负债表去把握流动性和信用创造。TMT则相对独立，主要关注美国的TMT复苏情况。

2012年我们运用此框架大获成功，团队也再一次摘取了新财富策略第一名的桂冠。2012年6月，我们还接待了中国证券业协会的"驱动力+信号验证"策略研究体系创新项目的专家评审团，有中金、中信、国泰君安等九家机构的负责人到场，该体系得以在全市场迅速推广。

但世事弄人，当我信心满满、华丽转身到买方时，却遭遇了职业生涯的又一次滑铁卢。2013年开始，随着宏观波动的收敛，投资时钟的适用性大大降低，最终竟无人提及。而我又开始新一轮的探索，此为后话。

不管如何，2005—2009年，主流投研方法论就是投资时钟。

— 2005年 —
熊市出清

2005年并非亲历，只能通过复盘和故老相传，因此缺乏原汁原味的感觉。2005年的行情相对平淡，上证综指全年下跌8.33%，振幅也不大，呈现小V形。而就是这么一个看上去很平淡的年份，却发生了几件石破天惊的大事。就像《万历十五年》的刻画一样，这些事件在当年并未引发惊涛骇浪，但对后世影响巨大。对2005年的复盘，并不遵循传统的时间轴，而是着重分析这几件大事。

关于"998"

众所周知，上证综指的起点是1 000点，但这只是指数编制的约定俗成，并非市场交易的结果。A股在运行了15年，经历了各种变迁后，最终998点是个自然的结果。因此，从这个意义上讲"998"是A股的重生之门。

申万研究所曾流传着一个故事：2005年6月6日，当上证综指跌破1 000点时，研究所内的分析师集体起立，为股市"默哀3分钟"。相同的故事出现在美股的1982年，当时《时代》周刊封面列出了"股市已死"的标题。

快熊的杀伤力并不大，来得快，去得也快！真正磨人的是漫漫熊途，从2001年6月14日的2 245点到2005年6月6日的998点整整跌了4年，是迄今为止A股最漫长的熊市。

熊市之末、牛市之初，往往还有最后一跌，2005年第二季度就是这最后一跌。2001年年中市场见顶回落后，已经在一个很狭小的区间（上证综指为1 300~1 700点）反复折腾了3年，投资者习惯了在1 700点做空、在1 300点做多，其间，众多高手或抱团，或做波段维持生计，但2005年第二季度这最后的300点才是真正的坑，自此市场几无完人。

后面的故事投资者都很清楚了，无论是"998"以后的A股，还是1982年以后的美股，都迎来了史无前例的大牛市。很多时候，事情就是如此，盛极而衰，否极泰来。在股市里待久了，听过无数逻辑，最终发现"涨多了就会跌，跌多了也会涨"才是硬道理。因此，在市场极度悲观时不妨乐观一些，在全面狂热时记得冷静一下。股市如此，人生也是如此。

"998"是现代A股的起点，虽然后面有些时段整体估值更低（见图2-2），但"998"应该是A股再也回不去的"铁底"，正常情况下A股以后都很难再见到"1"字头。

股权分置改革

股权分置改革（简称"股改"）是再怎么强调也不为过的事，它解决了A股的先天顽疾。想象一下，如果今天的A股还存在大量非流通股，存在同股不同权的现象，那我们从事的行业会多么奇怪？大量的经济学、金融学理论无法运用，我辈哪有用武之地？

针对一团乱麻的股权，"慢工出细活"远不如"快刀斩乱麻"，

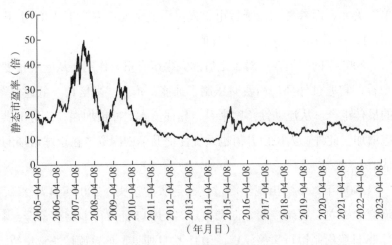

图2-2　上证综指的历史估值

资料来源：同花顺，作者整理。

因为本来就没有万全之策。2005年4月29日，证监会发布的《关于上市公司股权分置改革试点有关问题的通知》开启了股改的大潮。开弓没有回头箭，最终A股的车轮滚滚向前，也就过了一年多，这个顽疾以迅雷之势得到解决。

和很多重大的历史事件一样，A股投资者一开始对股改认识不足，甚至将其视为洪水猛兽，选择用脚投票，这也是当年A股跌破箱体（1 300~1 700点）的重要原因。但随着时间的流逝，其历史意义不断展现出来。本节对"股改"的着墨不多，并不是它不重要，而是任何一本书籍都会重点提及，在此不再赘叙。

人民币升值

2005年还有一件大事就是人民币升值。7月21日，央行发布《关于完善人民币汇率形成机制改革的公告》，人民币汇率不再盯住单一美元，而参考一篮子货币，人民币兑美元汇率一下从8.3上升到8.1，此后10年人民币持续升值（见图2-3）。

2005年的"汇改"对于之后的大牛市有重要作用。从宏观角度来看，它通过外部均衡暂时压制了通胀，产生"高增长、低通胀"的最佳组合。从流动性角度来看，热钱流入，冲销加强，使货币供应增加。此外，人民币升值也系统性提升了中国资产在全球市场的估值。

2004年，中国出现经济过热和通胀的苗头。2004年4月9日，政策端确立宏观调控的方向和重点，4月11日央行上调准备金，4月28日股份制银行暂停放贷，10月28日加息。该轮调控非常短暂，并没有像2006—2007年和2010—2011年那样持续不断上调准备金和基准利率。可2005年通胀却神奇地消失了，债券市场迎来了前所未有的大牛市。那一年，总需求依然超预期，大宗商品价格依然上行，但国内在没有持续紧缩的情况下通胀却戛然而止，经济出现了最佳组合（高增长、低通胀），达成这种局面的一个关键变量就

图2-3 人民币对美元升值

资料来源：同花顺，作者整理。

是人民币升值（见图2-4）。

　　根据"蒙代尔不可能三角"，在资本无法自由流动的前提下，外部均衡和内部均衡无法同时达到，汇率和利率必须放弃一个。在当时大宗商品价格上行、输入性通胀压力加大的情况下，我国选择了人民币升值。所以，一方面，国内没有进一步紧缩，总需求依然旺盛；另一方面，大宗商品价格的上涨被暂时阻断，直到2006年下半年才卷土重来。因此，那两年良好的宏观环境、股债双牛，很大程度上来自人民币升值。

　　但那一次的升值是"假升值"，与其说是人民币升值，更大的原因是美元的系统性贬值（见图2-5）。到2006年7月，"汇改"一周年，我们突然发现人民币只是对美元升值，实际有效汇率或者对世界主流货币并没有升值。那是我入行的第一篇报告、第一次上申万晨会、第一次上《上海证券报》，我着实激动了一番。美元在历史上经历了三次大的贬值周期：第一次是1971年，原因是尼克松放弃"黄金汇兑"，以及"布雷顿森林体系"破灭，那一次是美

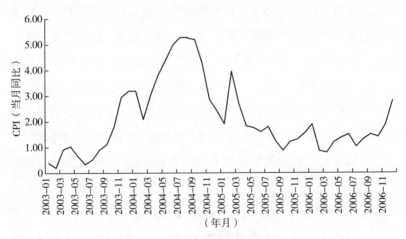

图2-4　2005年通胀暂时消失

资料来源：同花顺，作者整理。

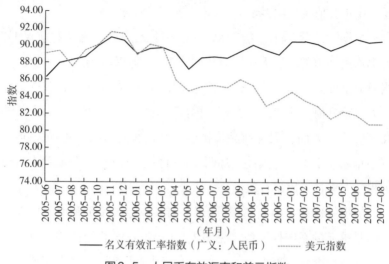

图2-5　人民币有效汇率和美元指数

资料来源：同花顺，作者整理。

元对黄金贬值；第二次是1985—1995年，原因是所谓的"广场协议"；第三次就是2003—2007年。

由于那两年人民币升值，周期股狂涨，所以很多人将两者联系起来，认为是日本1985年"广场协议"后泡沫行情的重现。所以我入行后第一项工作内容就是研究日本当年的泡沫，这也是我的转正报告。直到今天，还有很多人动不动就提日本"失去的30年"，认为这也是中国的未来，可能是对当前金融股极度低估值的主要解读。

我当年深度研究了日本泡沫的兴起和陨落，认为中国和日本根本不像，中国应该更像美国。自此，我就把国际比较的对象转向美国，不断寻找书籍和数据复盘美股过去120年的历史，从中寻找启发，颇有收获。

我之所以认为日本和中国不可比，是因为日本是一个很特殊的存在。日本的经济在过去30年确实停滞了，GDP总量和人口总数都没有太多的增长，导致人均GDP的止步不前（见图2-6）。

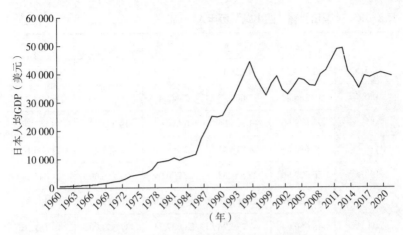

图2-6　日本过去30年的人均GDP停滞

资料来源：同花顺，作者整理。

    但问题是日本在1995年人均GDP就已经达到了4.4万美元，这是一个相当富裕的水平，彼时美国的人均GDP才2.8万美元，而亚洲"四小龙""四小虎"大多不到2万美元（见表2-13）。所以，与其说是日本的经济停滞，还不如说是由于国土和人口的限制，日本在20世纪90年代就已经达到极限，过去30年一直停留在这个高位不断完善。就像马刺主帅波波维奇"批评"勒布朗·詹姆斯："20年没有任何进步，因为2003年他18岁进联盟时就是（25+5+5）的数据，维持了20年。"从这个角度讲，日本不存在"失去的30年"，这一点在日本央行前任行长白川方明的自传《动荡时代》中也有所涉及。

    按照发展经济学的基本理论，一个国家的最终产出取决于技术、人力和资本积累，除非技术水平不断攀升，否则当一个国家穷尽了人口和土地，国力也就无法提升了。我想当年的日本就是如此，而当年的亚洲"四小龙"还有潜力，所以它们从东南亚金融危机挣脱出来后，人均GDP还在上台阶。即便是当年的南美洲，这个"中等收入陷阱"理论的发源地，在经过了20世纪80

表2-13　美国和亚洲"四小龙"历年人均GDP　　　　　　　　　　（美元）

	美国	新加坡	韩国	中国香港	中国台湾
1980年	12 574.79	4 928.14	1 715.43	5 700.41	2 366.80
1985年	18 236.83	7 001.77	2 482.40	6 542.93	3 293.87
1990年	23 888.60	11 861.76	6 610.04	13 485.54	8 167.20
1995年	28 690.88	24 914.41	12 564.78	23 497.49	13 066.13
2000年	36 329.96	23 852.33	12 256.99	25 756.66	14 844.24
2005年	44 123.41	29 961.26	19 402.50	26 649.75	16 427.46
2010年	48 650.64	47 236.96	23 087.23	32 550.00	19 181.36
2015年	56 762.73	55 646.62	28 732.23	42 431.89	22 752.99
2020年	63 027.68	60 729.45	31 597.50	46 100.98	28 404.72

资料来源：同花顺，作者整理。

年代的危机后，人均GDP也有显著提升（见图2-7）。所以日本是一个特殊的存在，不建议动辄拿日本比较。

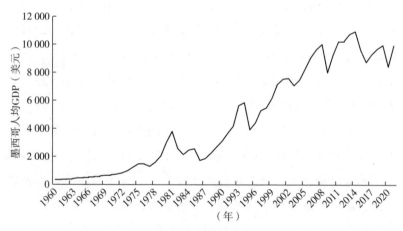

图2-7　墨西哥人均GDP

资料来源：同花顺，作者整理。

鉴于中国的国土面积和人口基数，中国的经济潜力显然不是日本所能比的。而中国当前的人均GDP只有1.2万美元，为什么不能继续上涨呢？一旦中国的人均GDP达到2万美元，中国的经济总量将显著超越美国，成为全球第一大经济体，届时我们的上证综指还会是3 000点吗？

所以，研究中国经济和股市的未来，不应该只盯着日本，而应该认真研究美国。关于美股，我推荐詹姆斯·奥肖内西的《投资策略实战分析》和燕翔等人的《美股70年》，前者用美股1963—2009年的客观数据检验了各种策略，后者详述了美股1948—2018年共70年的历史。读完这些书，我的启发如下。

永远的牛市

美股的百年历史只有四次半熊市。第一次是1929—1933年，大萧条摧毁了很多人的投资信仰，从根本上动摇了长期持股的信心。罗伊·纽伯格虽然通过卖空美国无线保住了资产，但在此后几十年的投资生涯中依然战战兢兢。本杰明·格雷厄姆在这个股灾中破产，虽开启了价值投资的流派，但其自身对投资失去兴趣，甚至劝导巴菲特不要以投资为生。巴菲特很幸运，晚生了几年，没有经历这次股灾。第二次是1973—1982年，这几乎是美国最漫长并且最值得研究的熊市了，彼时美国经济正面临转型，资本市场也经历从散户时代向机构时代的过渡。1973年"漂亮50"[1]开始崩盘，无论是经济还是股市都开启了长达数年的调整。在这次熊市中，非但之前高歌猛进的趋势基金折戟沉沙，很多优秀的投资者也受伤惨重。根据

---

[1] "漂亮50"是指20世纪六七十年代在纽约证券交易所交易的50只备受追捧的股票。——编者注

珍妮特·洛尔的《查理·芒格传》，芒格和惠勒的基金在1973年下跌31.9%，1974年又下跌31.5%，巨大的回撤使芒格在1976年年初元气稍微有所恢复后就结束了自己的公司。第三次是2000—2002年纳斯达克的崩盘。这次熊市使斯坦利·德鲁肯米勒黯然离场，索罗斯基金也开始转型。第四次是2007年9月—2009年2月，这次的股灾堪比1929—1933年。还有半次是1987年10月的股灾，时间太短，恢复起来也快。另有半次是2020年的几次"熔断"，和1987年的股灾类似。道琼斯工业指数过去120年的走势如图2-8所示。

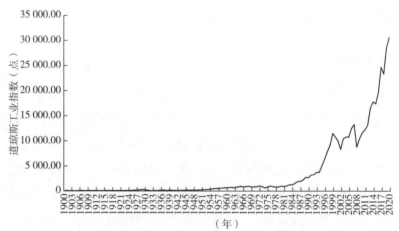

图2-8 道琼斯工业指数过去120年的走势

资料来源：同花顺，作者整理。

回顾美股历史，真是一个被上帝亲吻过的市场，在这样一个市场滚雪球，比在其他市场幸运得多。正如巴菲特说的"生在美国，所以享受了巨大的贝塔（β）"，我们生在中华，也应该感受到这种幸运。

每10年一个风格，但只有三个10年有明确主线

这三个10年分别是20世纪50年代的周期股、80年代的消费股

和90年代的科技医药股，而这三个年代正好对应了发展经济学中的投资驱动、消费驱动和技术驱动，所以美国可能是人类历史上第一个能够不断进阶的经济体。

而其他四个10年都纷繁复杂，缺乏主线，更像是过渡的年份。比如20世纪60年代，是一个沸腾的年代，初期有一波科技乱潮，中间炒过一波消费股，快结束的时候又来了一波科技股，此外还有并购带来的联合企业；20世纪70年代是失落的10年，期初4年经历了"漂亮50"的兴起和破灭，之后是石油危机带来的大宗商品复兴，下半段还经历了小盘股行情和科技浪潮（此时是英特尔、微软和苹果的初创期）；21世纪前10年是过去70年中最差的10年，以科网泡沫破灭为始，以次贷危机为终，由于中国崛起迎来了能源、工业品和原材料的第二春；最近10年更像是洗尽了20世纪90年代的铅华，龙头依然是科技股和医药股，但已经不是当年的乱炒，而是基本面驱动的龙头股行情。

以10年为节点，股王大多来自IT行业

我们统计了1970—2018年全球行业分类系统（GICS）九大行业最大市值的公司，发现1970年、1980年和1990年最高市值的公司都是商业机器公司（IBM），2000年市值最高的是通用电气，但思科的市值只少了一点点，2010年石油公司埃克森美孚逆袭，但苹果第二，2018年苹果的市值遥遥领先。所以从表2-14看，居然大部分时间都是IT行业市值第一，这一点和印象中的不太一样，我们一般认为科技行业是1990年以后才壮大的。

其实这种看法没错，从市值占比就可以看出（见表2-15），科技股确实是在20世纪90年代末达到顶峰，这里的异常值来自IBM。这个蓝色巨人能在那个周期股和消费股占优的年代一枝独秀，实属

表2-14 美股过去70年每10年的股王

(亿美元)

	1970年	1980年	1990年	2000年	2010年	2018年
必需消费品	可口可乐（50）	宝洁（61）	高特利（479）	沃尔玛（2 440）	沃尔玛（2 023）	沃尔玛（3 147）
可选消费品	通用电气（230）	通用电气（133）	通用电气（208）	家得宝（1 305）	亚马逊（812）	亚马逊（7 375）
金融	美国银行（23）	美国银行（45）	AIG(163)	花旗（2 564）	伯克希尔（1 980）	伯克希尔（5 026）
信息科技	IBM(364)	IBM(396)	IBM(646)	思科（4 671）	苹果（2 599）	苹果（10 734）
原材料	杜邦（63）	杜邦（62）	杜邦（246）	杜邦（502）	麦克莫尔（567）	陶氏化学（1 213）
能源	埃克森美孚（164）	埃克森美孚（348）	埃克森美孚（644）	埃克森美孚（3 012）	埃克森美孚（3 641）	埃克森美孚（2 889）
公共事业	太平洋煤电（21）	太平洋煤电（25）	太平洋煤电（105）	杜克能源（315）	南方公司（322）	新时代能源（831）
工业	通用电气（85）	通用电气（140）	通用电气（501）	通用电气（4 761）	通用电气（1 942）	波音（1 831）
医疗保健	默克（36）	默克（63）	施贵宝（351）	辉瑞（2 904）	强生（1 694）	强生（3 436）

注：括号内数字是节点市值。

表2-15　1966—2018年美股主要行业高峰期

	市值高峰占比	上市公司高峰数量	ROE中枢（%）	P/E中位数/标准差	P/B中位数/标准差	年化收益率（%）
必需消费品	1991年—14%	1996年—220	18	19/6	3.6/1.4	12.90
医疗保健	1991年—14%	2018年—668	16	25/11	3.4/1.4	11.60
可选消费品	1962年—15%	1996年—763	10	18/55	2.3/1.1	10.90
美股整体			10	18/15	2/0.8	10.80
金融	2003年—21%	1994年—1 120	11	13/4	1.3/0.5	10.60
工业	1983年—16%	1996年—722	12	19/6	2.4/1	10.10
公共事业	1962年—12%	1985年—175	8	13/6	1.4/0.5	9.90
信息科技	1999年—28%	2000年—991	12	22/21	3.1/1.7	9.70
能源	1980年—26%	2018年—255	9	15/15	1.9/1.4	9.70
原材料	1962年—11%	1995年—253	9	17/14	2/0.7	9.50

不易。巴菲特直到2011年才开始买入IBM，但此后10年IBM已经不怎么涨了。

行业变迁，三十年河东，三十年河西

很多投资者都喜欢在一个行业或领域深耕细作，不喜欢风格漂移。但从A股过去20年的经历看，确实存在着"风格漂移"，前10年崇尚周期金融，后10年喜好消费赛道，中间夹杂着TMT和科技军工的崛起、陨落，这种情况在美国也存在。

我们追求的行业比较和风格轮动就是这种几年一次的变化，而不是一年内倒腾几次。我认为后者有着极强的随机性、交易性，这种层面的"行业轮动"还是少做为宜。我们把美股九大行业明显跑赢的阶段用灰色底纹标识出来（见表2-16）。

这九大行业又可以归为五类：必需消费品和可选消费品归为一类，金融单独成类，信息科技和医疗保健归为一类，原材料、能源和工业归为一类，公共事业单独成类。

其中，公共事业不值得配置，因为在整整70年中仅2000—2007年表现亮眼，这还可能和2000年加州电力危机以及由此引发的电力改革有关。必需消费品是ROE中枢最高的行业，年化收益率也最高，但只有两个阶段跑赢，分别是1966—1972年（以"漂亮50"为代表）、1980—1991年（真正盈利驱动的消费浪潮）。而可选消费品比必需消费品还差，2008—2017年跑赢主要依靠亚马逊，如果把亚马逊分到信息科技板块，这段时间的跑赢表现也就没有了。金融是一个多灾多难的板块，美股每10年都会有一次危机，中间还小灾不断，而每次危机都会让金融受损，所以金融很难长期跑赢，1990—2003年是"黄金10年"，中间虽然有次科网泡沫，但当时的新经济占比还不大，所以影响不大。周期股（原材料、能源、工业）在20世纪80年代前风光无限，除了战后重建，还得益于石油危机，但此后20年表现惨淡，直到2003年受益于全球化和中国崛起，才焕发第二春。医药股和科技股虽然夏普比率不高、波动比较大，但历史上出现过好几次机会，每次的龙头股都不一样，1960—1962年也跑赢过一次，前面三次更多是因为估值，而最近一次更多是因为业绩兑现。

价值因子占优

《投资策略实战分析》一书中比较了美股40多年的各种策

表2-16 1966—2018年美股主要行业跑赢阶段

	1966	1969	1973	1976	1980	1987	1990	1992	2000	2004	2008	2016	2018
必需消费品					■	■							
可选消费品											■ 亚马逊	■	
金融								■	■				
信息科技	■	■							■				
医疗保健						■		■	■		■	■	
原材料			■	■					■	■			
能源		■	■	■	■	■			■	■			
工业					■					■			
公共事业										■			

略，最终发现价值投资的效果最好。1963—2009年，任意滚动五年，低P/E策略战胜所有股票策略的可能性为92%、企业价值倍数（EBITDA/EV）为96%、市现率（P/CF）是91%、市销率（P/S）是75%、市净率（P/B）是66%。如果综合上述所有的价值型因子，滚动五年跑赢的概率是98%。唯一的例外是1995—2000年。那五年是如此异常，以至于让很多人放弃了熟悉的策略。巴菲特受到质疑，但坚守自己的内心；强悍的老虎基金创始人朱利安·罗伯逊做空，最终惨淡出局；德鲁肯米勒也在最后关口放弃，最终离开了立下汗马功劳的索罗斯基金。众生百态，打造优秀的投资体系很难，坚持更难，尤其是在逆境中。

宏观经济和股市的脱节

都说股市是经济的晴雨表，中国经济从2000年就反弹回升，而股票市场却一直下跌到2005年年中，两者似乎脱节。我认为导致这个问题的原因可能有如下几点。

诸多国企尚未上市

我们挑选了有色、银行、通信、石化、汽车、煤炭、交运、建筑、非银和地产等诸多行业龙头公司的上市时间，这些企业很多都是2006年以后才登陆A股的（其中很多公司先在港股上市，见表2-17）。

这些企业是宏观经济在现实世界的载体，它们尚未登陆A股，导致宏观景气度和当时已上市公司的业绩脱节。按照燕翔和战迪所著的《追寻价值之路》一书中的测算，以2000年为基数，中国经济五年名义GDP累计增长87%，而A股上市公司归母净利润的累计增长只有

表2-17 很多大型国企在2005年以后才在A股上市

简称	所属行业	A股上市时间	H股上市时间	简称	所属行业	A股上市时间	H股上市时间
保利发展	房地产	2006-07-31		牧原股份	农林牧渔	2014-01-28	
中国人寿	非银金融	2007-01-09	2003-12-18	温氏股份	农林牧渔	2015-11-02	
中国平安	非银金融	2007-03-01	2004-06-24	潍柴动力	汽车	2007-04-30	2004-03-11
中国太保	非银金融	2007-12-25	2009-12-23	中国石油	石油石化	2007-11-05	2000-04-07
光大证券	非银金融	2009-08-18	2016-08-18	中国电信	通信	2021-08-20	2002-11-15
招商证券	非银金融	2009-11-17	2016-10-07	中国移动	通信	2022-01-05	1997-10-23
华泰证券	非银金融	2010-02-26	2015-06-01	中国银行	银行	2006-07-05	2006-06-01
新华保险	非银金融	2011-12-16	2011-12-15	工商银行	银行	2006-10-27	2006-10-27
中国中铁	建筑装饰	2007-12-03	2007-12-07	兴业银行	银行	2007-02-05	
中国铁建	建筑装饰	2008-03-10	2008-03-13	中信银行	银行	2007-04-27	2007-04-27
中国建筑	建筑装饰	2009-07-29		交通银行	银行	2007-05-15	2005-06-23
大秦铁路	交通运输	2006-08-01		建设银行	银行	2007-09-25	2005-10-27
中国国航	交通运输	2006-08-18	2004-12-15	农业银行	银行	2010-07-15	2010-07-16
京沪高铁	交通运输	2020-01-16		光大银行	银行	2010-08-18	2013-12-20
中国神华	煤炭	2007-10-09	2005-06-15	邮储银行	银行	2019-12-10	2016-09-28
中煤能源	煤炭	2008-02-01	2006-12-19	中国铝业	有色金属	2007-04-30	2001-12-12
陕西煤业	煤炭	2014-01-28		紫金矿业	有色金属	2008-04-25	2003-12-23

资料来源：同花顺，作者整理。

1.7%（见图2-9）。因此，不是宏观经济和市场脱节，而是当时的A股确实无法体现宏观经济的景气度，而H股早已如火如荼。

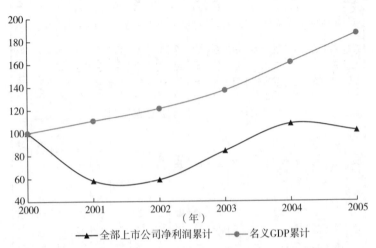

图2-9　2000—2005年名义GDP增长和上市公司净利润增长

资料来源：燕翔、战迪，《追寻价值之路》。

诸多"顽疾"尚未解决

如前所述，"全流通"对A股的意义重大，这个问题不解决，A股难有系统性牛市。即便今天，A股依然有不完善的地方，但这些问题都是小问题，并非根本问题。

投资方法的改变

虽然我在大学时代就炒股，2001年就在券商营业部实习，但我对当时的市场没有亲近感，我觉得经济学、金融学知识在这样的市场没有用武之地。从研究生阶段开始，我更多沉浸在经济学的经典理论中（特别是发展经济学和货币理论），希望以后成为一个著作等身的大学教授。等我2006年入行，我惊讶地发现，市场的关注点、主流方法和当年已经完全不同，我开始有种如鱼得水、如饥似渴的感觉。只有主流方法论的改变，才会让A股真正体现书本的理论知识。

不管如何，2005年是A股的重生之时，当年的几件大事最终深刻改变了这个市场，也使我辈有用武之地。

— 2006年 —
牛市来临

2006年涨幅巨大，上证综指全年大涨130%，仅次于1992年的167%。但1997年之前指数的表征意义不大，所以2006年才是真正意义上的大牛市。2006年的大涨分为三个阶段，分别是1—2月的11.9%、4—5月的26.8%和第四季度的52.7%。

1—2月的春季躁动

998点见底后行情在犹豫中前行，从998点到1 200点市场走了半年，中间有过两次回踩。2006年新年伊始，指数突破1 200点，最高达到3月1日的1 308点。即便如此，这波涨幅20%左右的小行情（从2005年12月5日低点开始算）在当时只被理解为A股传统意义上的"春季躁动"，而非大牛市的开启。

"春季躁动"是我提出的一个词语，最早写在2012年3月14日发表的《宽体策论》的第4篇文章《春季躁动 四月决断——解密A股市场的年度投资节奏》中。我们的研究发现，不管全年行情如何，A股市场在年初往往会有一次躁动。这种躁动受几方面因素影响：其一，年初经济状态模糊。由于春节和天气的原因，年初是施工淡季，此时中游的数据如钢铁、水泥、化工、机械，都不足以反映全年的状况。1—2月的宏观数据要等到3月中旬才公布，企业的一季报也要4月才陆续公布。其二，年初政策方向不明晰。两会期间，政府才会公布全年的经济工作目标以及重点扶持领域。两会之前，投资者会对政策做各种猜想，此时容易产生主题行情。其三，流动性偏充裕。开年之后，各银行都会获得新的年度信贷额度，在"早放贷早获利"的利益驱动下，商业银行在第一季度具有非常强的放贷冲动。而此时实体尚未开工，对资金的需求较少，所以年初的票据贴现率往往下行。中国特有的天气、假期、政策机制和统计公布日历，使A股在年初容易产生躁动，这未必与中期基本面有关，强行用基本面去解释，甚至创造各种新的理论，最终会误导投资者。

2006年1—2月也不例外，当时市场最热的是有色金属和房地产，可能与港股2003年以后有色板块的活跃有关（见图2-10）。

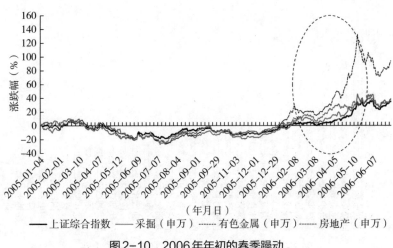

图2-10　2006年年初的春季躁动

资料来源：同花顺，作者整理。

关于春季躁动，这几年还有变化。最早，只是少部分资深人士知道这一规律，等我们2012年将其写成文章，一开始传播力度并不大，实战中却效果明显。等到2015年年底全市场关注，最终却酿成惨剧。最近几年，春季躁动越来越不明显，这就是投资者行为对规律的干扰。这一规律会慢慢淡去，等到全市场遗忘，可能又会有效。

4—5月的普涨

3月市场稍作停留，4—5月就进入了新一轮的上涨。正是这两个月的上涨使A股彻底摆脱了之前熊市的泥潭，上证综指直逼1 700点。

从行情角度看，4—5月的上涨属于普涨行情，沪深300指数涨了29.3%，涨幅最大的行业是非银金融、国防军工和有色金属（见图2-11）。

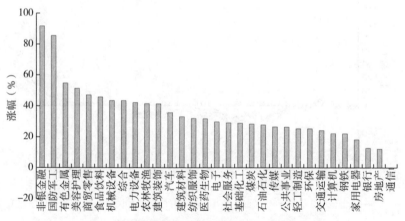

图2-11　2006年4-5月市场开启新一轮上涨
资料来源：同花顺，作者整理。

这两个月的上涨，找不到具体的催化剂，可能只是2005年"股改""汇改"等利好因素的累积爆发。但从地产和货币政策角度，进入了新一轮的紧缩。

前文提到人民币升值暂时压制了中国的通胀，但到2006年下半年，"通胀幽灵"又出现了（见图2-12）。从2006年4月央行开始收紧银根，一直持续到2007年10月。4月28日、8月19日两次加息，7月5日、8月15日、11月15日三次上调准备金。

理论上讲，无风险利率上升，股市下跌，反之亦然。但实际的情况远比理论复杂。1982年以后的美股确实随无风险利率的下行而上涨，但相同现象在20世纪90年代后的日本并未出现（见图2-13）。

2006—2007年的A股也是如此。2006年4月至2007年10月央行连续8次加息，1年期贷款基准利率从5.31%上升到7.47%，但股市还是大幅上涨。究其根本，股市受很多因素影响，不能简单

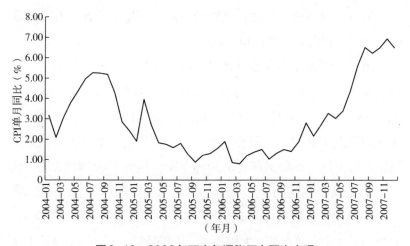

图2-12　2006年下半年通胀压力再次出现

资料来源：同花顺，作者整理。

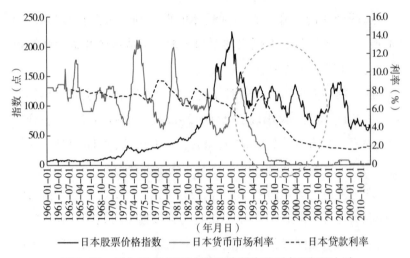

图2-13 日本20世纪90年代股市并未随利率下行而上升

资料来源：申万研究，作者整理。

用一个变量解释。关于无风险利率和股指的关系，我们在2012年6月20日专门写过一篇文章《资金成本下降≠股市必然上升》，详细分析了内在机制，并做了2006—2011年的实证。结论如下。

第一，资金成本和股市涨跌的方向并不完全一致，有时候反向，有时候同向（见图2-14）。

第二，需求和企业盈利才是关键。如果需求迟迟起不来，盈利持续下滑，仅依靠资金成本下跌并不能支持股市持续上涨，就像2008年8月至10月的A股和20世纪90年代的日本。反之，如果企业盈利不断改善，资金需求旺盛，即便利率水平不断攀升也难阻股市上涨，典型案例就是2006—2007年和2009年的A股（见表2-18）。

2006年货币收紧，但需求上升更快。当时实体经济持续向好，经济增长和企业盈利都在大幅提高、ROE持续上升，股市持续上涨（见图2-15、图2-16）。

图2-14 资金成本与股市表现的历史表现

资料来源：申万研究，作者整理。

表2-18 资金成本、经济需求与股市涨跌的历史回顾和总结

时间阶段	资金成本	经济需求	股市表现	原因总结
2006年至2007年10月	大幅上升	持续向好	快速上涨	资金成本上升，但是需求上升得更快，股市快速上涨
2007年10月至2008年7月	继续上升	开始下滑	快速下跌	资金成本的高企开始挫伤企业盈利，经济需求回落，股市下跌
2008年8月至10月	快速下降	快速下滑	继续下跌	连续的降息和需求快速下滑带动资金成本回落，股市依然下跌
2008年11月至2009年4月	持续下滑	开始企稳	企稳回升	资金成本回落，经济需求开始企稳回升，股市也开始企稳回升
2009年第二、三季度	开始上升	持续向好	持续上涨	经济需求持续向好带动资金成本上升，股市持续上涨
2010年10月至2011年年底	快速上升	开始下滑	持续下跌	资金成本的高企开始挫伤企业盈利，经济需求回落，股市下跌

资料来源：申万研究，作者整理。

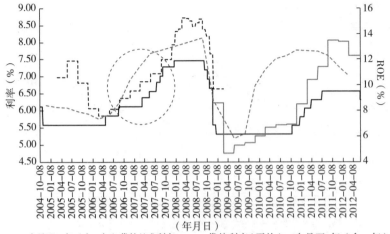

图2-15 持续加息和需求向好推升资金成本

资料来源：万得资讯，作者整理。

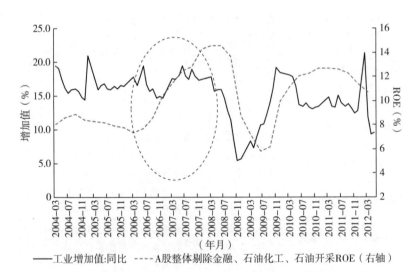

图2-16 经济增长和企业盈利都持续向好

资料来源：万得资讯，作者整理。

2006年5月还有一件大事，就是IPO重启。5月25日暂停一年的IPO重启，中工国际作为"全流通"后的首只新股上市，备受追捧。而工商银行等一众大盘蓝筹股也都即将上市，这使A股和经济的联系更加紧密。

第四季度金融股带动指数加速上行

2006年6—9月，A股相对平淡，指数处于修正、蓄势的阶段。这一蓄势终于在第四季度彻底爆发，而这一切都和大行上市、金融井喷有关。中国银行和工商银行分别于当年7月5日和10月27日上市。从图2-17可知，银行和非银金融在第四季度涨幅巨大，又由于它们的市值占比大，所以成为带动指数突破的重要力量。

关于金融股特别是银行股的投资逻辑，我在2010年10月29日发表的《策略思考》的第12篇文章《策略如何看银行》中有所阐述，以下是主要观点。

第一，银行研究关注量、净息差和拨备。量需要关注存贷款的

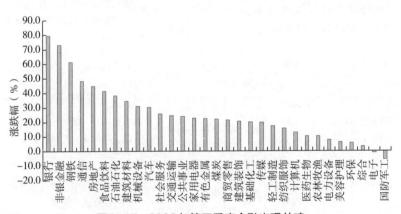

图2-17 2006年第四季度金融出现井喷

资料来源：同花顺，作者整理。

数量和结构，净息差受经济景气度、货币政策、债券收益率和股市表现等因素共同影响。信贷成本非常重要，每年拨备的计提和释放均会干扰最终的净利润，但拨备的研究恰恰是银行研究的难点。

第二，净息差是一个重要变量。2003—2010年，净息差变动分为七个阶段，影响因素如表2-19所示。

表2-19 2003年以来，银行净息差变动分为七个阶段

时间	净息差变动	经济景气度	货币政策	股市表现	综合评价
2003年第一季度至2004年第二季度	上升56bp	复苏到过热	信贷收紧	结构性行情	经济复苏促使信贷需求旺盛，信贷供给受限制，银行议价能力提高
2004年第三季度至2005年第四季度	下降10 bp	投资过热	加息一次	创低点后反弹	加息有利于净息差；但国家严控信贷和项目投资，存款定期化增加，不利于净息差
2006年第一季度至2007年第一季度	上升63 bp	过热势头出现	加息3次	持续上升	加息促使净息差扩大，经济过热使银行议价能力提高
2007年第二季度至2007年第四季度	上升35 bp	经济过热	加息5次	持续高涨后回落	加息促使净息差扩大，经济过热使银行议价能力提高，存款活期化
2008年第一季度至2008年第三季度	下降17 bp	由过热到滞胀	信贷紧缩	持续下跌	经济前景堪忧，存款定期化趋势明显
2008年第四季度至2009年第二季度	下降82 bp	陷入衰退后复苏	降息、信贷宽松	反弹	大幅降息，银行主动信贷创造，议价能力大幅降低
2009年第三季度至2010年第二季度	上升22 bp	经济过热后滞胀	信贷正常化	震荡	主动信贷结束，经济回升使银行议价能力恢复

资料来源：申万研究，作者整理。

第三，2000—2010年，银行共有8次跑赢大盘，但2006年6月前后的投资逻辑截然不同。2006年6月以前，银行股权重不大，可作为单独板块来看待；2006年6月以后大量银行上市，市值占比接近20%，投资银行股不仅要看自身的基本面，还要考虑股市流动性和风格等因素。2006年6月以后，银行股跑赢指数的三个阶段及成因如表2-20所示。

表2-20　2006—2010年银行股跑赢指数的三个阶段

时间	银行涨幅（%）	申万A指涨幅（%）	原因		
			基本面	流动性	风格
2006年7-12月	125.80	41.70	经济高涨、持续加息、企业存款活期化致使净息差持续上升	信贷增速维持高位	中国银行、工商银行陆续上市促成风格转化
2007年6-10月	67.20	30.40	经济过热、持续加息、居民定期储蓄存款流出、国债收益率攀升继续推高净息差	居民存款搬家，股票和基金开户数大幅上升	小盘股估值高企，"5·30"刺破小盘股泡沫
2009年5-6月	40.80	17.70	经济复苏、企业中长期贷款上升、存款活期化预示净息差见底	2009年上半年银行巨量主动信贷投放	以新能源为代表的小盘股积累巨大涨幅、5月信贷超预期改变投资者情绪

资料来源：申万研究，作者整理。

第四，总结银行股的投资逻辑。其一，经济向好、净息差上升；其二，股市流动性充裕；其三，看好银行股，则更应投资保险股和证券股，因为它们弹性更大。

这是我十几年前写的报告，后续随着研究的深入，我对很多问题的看法发生了变化，就上述结论而言，修正如下。

不良贷款处理周期才是银行股投资的核心

银行的商业模式非常简单，剔除非主流的中收业务，吸收存款、发放贷款是其主要业务。净息差可以微薄，但高杠杆放大了其ROE。这种模式在平时顺风顺水，一旦碰到坏账爆发，就可能引发危机。而由于经济存在产业周期、主导产业随时间会发生改变，银行不可避免地经历坏账周期。这是银行股投资的本质，其他都是表象。

这里要甄别两个概念：银行每天都会产生坏账，但每天产生坏账和陷入坏账周期不是一样的概念。过去30年，中国银行业仅出现两次"不良周期"，分别是20世纪90年代末和2010年后。

这两次周期中，银行业处理坏账的方式也是不一样的。第一次类似于西医的手术，快刀斩乱麻。先成立四大资产管理公司一次性剥离、发行特别国债购买，再引入战略投资者，最后银行上市。到2003年，随着经济复苏，银行估值逐步提升，到2007年四大行^①的估值都是6倍P/B，仅P/B就提升了30倍。而这次的坏账处理更类似于中医调理，在不良贷款释放、拨备提升和利润增长之间找到平衡。不良贷款不能认定太快，否则拨备无法覆盖；拨备率也不能提升过快，否则利润无法留存。就这样从2012年开始，银行业花了大概10年时间完成了坏债处理，在这个过程中银行业净利润并没有负增长。截至2021年年中，坏账已经不是问题。中国银行业的不良率为1.8%、拨备率为190%、偏离率为79%。因此，经过近10年的处理，当前银行业的报表相当干净。

---

① 四大行，是指中国工商银行、中国农业银行、中国银行和中国建设银行。——编者注

银行是一个长周期的行业

在当年的文章中，我强行把2003—2010年的净息差分了几个阶段，有点为赋新词强说愁的味道。其实银行业是个长周期的行业，向上要10年左右，向下也要10年左右。就中国银行业的周期而言，1993—2000年是向下的10年，2001—2012年是向上的10年，2013—2020年又是向下的10年，从2021年开始我认为又步入向上的10年。

很多人将银行业的周期和GDP联系在一起，这不无道理，但没有那么简单。我前面说过银行业的周期是不良贷款处理的周期，而不是GDP的周期。2001—2012年的向上确实伴随着GDP增速的回升，但这并不意味着没有GDP回升，银行业就不能向上。大量的国际实证表明，一旦不良贷款处理完毕，即便GDP没有向上，银行业也会有一波利润释放的周期。最典型的就是日本，从1997年开始日本银行业进入不良贷款处理的周期，到2003年大约处理了100万亿日元的不良贷款。此后三年，即便日本GDP依然低迷，银行指数也有几倍涨幅（见图2-18）。

流动性之惑

许多投资者认为银行是"大家伙"，大象起舞必须有充裕的流动性，我之前也这么认为。但后续我思考多年，对"流动性"这个概念越来越困惑。流动性是一个非常复杂、模糊且虚幻的概念，在多个层面皆有所指。单就股市而言，大体有以下三个层面的含义。

（1）经济层面。主要是货币总量和利率。所谓货币总量就是M1、M2、社融等，[①]我们用这些指标和股指做过回归，发现相关性

---

① M1指狭义货币供应量，M2指广义货币供应量。——编者注

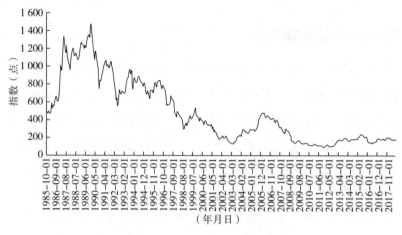

图2-18 日本银行指数走势

资料来源：万得资讯，作者整理。

并不强。我刚入行的时候有句话叫"M1定乾坤"，但后来就没人提及了。至于利率和股市的关系，前文已经充分说明。所以这种经济层面的流动性和股市中间还隔了一层，关系不稳定。

（2）外部资金流入层面。居民申购基金、购买股票，我们用股票开户数、基金发行等指标来衡量。这些数据可以跟踪，但问题是无法前瞻，一切都是同步的甚至是滞后的。既然无法对未来的资金走向做出预测，现在的资金量、市场情绪也无法决定行情的拐点。当外围资金疯狂流入、情绪极度亢奋时市场可以突然见顶，2007年10月和2009年8月发生的事就是明证。当时股票型基金的发行量是阶段高点，同时居民定期储蓄同比也是阶段低点，但充裕的资金并未使市场进一步上涨（见图2-19和图2-20）。

（3）风险偏好层面。偏好提升带来场内资金的活跃，这是很常见的，但也是非常不靠谱的。因为风险偏好是个垃圾桶，相当于回归方程式中的"残差值"，任何无法被解释的部分都可以归于风险偏好。并且，风险偏好实际上就是股市涨跌的同义反复，由于股票

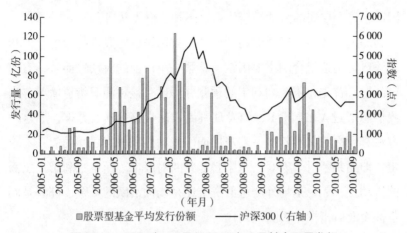

图2-19　2007年10月和2009年8月基金巨量发行

资料来源：万得资讯，作者整理。

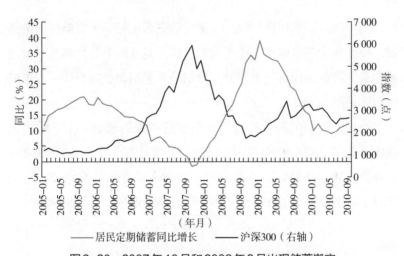

图2-20　2007年10月和2009年8月出现储蓄搬家

资料来源：万得资讯、香港环亚经济数据有限公司（CEIC），作者整理。

属于风险资产，因此股票上涨本身就意味着风险偏好的提升。所以，用风险偏好的升降来解释股市的涨跌，是正确但无用的。而且，风险偏好的变化是无法把握的，我们也无从预判未来的风险偏好会如何演进，这是可以被"三根阴线""三根阳线"随时改变的。

因此，这个层面的流动性变化可以感知，但无从研究。

综上所述，虽然"流动性"经常被用来解释股市的行情，但却无法成为构造组合的主要因素。就第一个层面的流动性而言，有两个问题：首先，宏观和利率的预测并不比直接预测股指更简单。当我们想通过 A 来判断 B，但发现判断 A 比直接判断 B 更难，那这种方法有什么意义？其次，宏观层面的流动性和股市之间的关系不稳定，即便判断对了宏观，也未必能判断对股市。而第二和第三层面的流动性，无论是场外新进的资金还是场内活跃的资金，都只是同步甚至滞后指标，无法预判！

银行和保险证券的关系

"看好银行，可以买非银"，这句话更多的是基于策略层面的选择，而非基于基本面和产业逻辑的选择。我在做策略培训的时候经常提及：行业比较有三个层面，分别是产业层面、宏观层面和策略层面（见图 2-21）。

第一个层面的行业比较是产业变迁带来的机会。由于中国工业体系完备、股市结构均衡，每次产业变迁都能在 A 股得到体现。这种产业机会来临时，往往会产生大级别的牛市甚至泡沫。过去30 年，A 股就出现过 1996—1997 年的"家电牛"、1999—2000 年

图 2-21　三个层面的行业比较

的"伪科技牛"、2005—2007年的"地产牛"、2013—2015年的"移动互联网牛"和最近几年的"新能源汽车牛"(见表2-21)。

表2-21　过去30年的产业牛

时期	指数涨跌幅	领涨行业	代表个股
1996年1月—1997年5月	上证(131%)	家电	四川长虹(1 195%)
1995年5月—2001年6月	上证(98%)	计算机	东方电子(153%)
2005年6月—2007年10月	上证(461%)	房地产	万科A(1 904%)
2012年12月—2015年6月	创业板指(589%)	TMT	银之杰(6 778%)
2019年1月—2021年12月	宁组合(610%)	电力设备	宁德时代(700%)

大多数投资者都不会错过这种产业变迁带来的机会,因为相关产品在日常生活中随处可见,渗透率已然快速提升。而那种刚露苗头、少数人玩的东西最多只是概念和主题投资,很难持续。这种行业选择最大的挑战就是估值的不断突破,一旦某个行业被选中,其估值会不断突破历史区间上限。因此,困于之前的估值区间很容易错过这种行情。

第二个层面的行业比较是宏观轮动带来的机会,说白了就是投资时钟。时钟几点了?然后根据宏观定位配以相应的行业选择,这在方法论上已经很成熟,在此不再赘述。

第三个层面的行业比较才是策略研究的重点。很多时候,产业没有变化、宏观没有轮动,但股市也会发生比较大的变化。举个例子,2013年的食品行业,其实基本面并没有发生多大的变化,估值却提升了50%。究其根本,不是因为其本身的变化,而是白酒的景气度下来了。大量囤积在白酒中的资金需要寻找出路,而这些资金不会一下子跳到周期股或者科技股。它们环顾近处,发现当年在白酒光环下无暇顾及的食品股还不错，就提升了其估值。这种现象在A股大量存在，看好银行股而买非银金融股也是如此。但这种层面的行业选择由于缺乏坚实的基本面基础，有很大的随机性和或然率，更依赖于投资者的经验，严格意义上不能算是一种方法。

● 全年
总结及感悟

总之，2006年是个大牛市！从此A股成为显学，受到全社会关注。而我由于在2006年年中才入行，对当时市场的热度还缺乏最切身的感受。我只是利用一切可利用的时间疯狂学习，补充自己。

我们这个行业看似门槛很低，实则需要不断学习，而打基础可能就在入行那几年。就我所从事的策略领域而言，我着重于"大势判断"和"行业选择"，前后花了大致15年时间思考，才能真正运用到实战。就大势判断而言，需要宏观和其他大类资产的基础知识，这相对容易入手。大势判断的知识积累要经历以下三步。

第一步，金融学和经济学的理论常识

如果你连"蒙代尔不可能三角"理论都不知道，又怎么理解2015年8月的"股灾2.0"。就基本功而言，经济学、金融学和财务会计估值，都需要有大致了解。经济学层面，主要包括中级宏观、中级微观、货币银行学、汇率理论和发展经济学。

初级的宏观和微观经济学太简单；高级的宏观和微观经济学太复杂，用数理推导验证简单逻辑。所以，中级的宏观和微观经济学正好够用。我推荐哈尔·R.范里安的《微观经济学：现代观点》、杰弗里·萨克斯和费利普·拉雷恩的《全球视野的宏观经济学》。

货币政策很重要，在美国，美联储（FED）的地位仅次于"上帝"，中国股市和货币周期的关系也很密切，所以货币银行学必须了解，我觉得弗雷德里克·S.米什金的《货币金融学》最好。对于开放的经济体，汇率波动极其重要，汇率理论最好的著作还是姜波克老师的《国际金融学》。对于宏观策略研究，经济学分支中最重要的就是发展经济学，"国民财富如何积累"问题一直是经济学的圣杯，以至于卢卡斯说："一个人一旦开始思考经济增长问题，他就不会再考虑其他任何问题了。"关于这一块最好的参考资料当然是罗伯特·J.巴罗和夏威尔·萨拉-伊-马丁合著的《经济增长》。

金融学的两大分支是资产定价（asset pricing）和公司金融（corporate finance）。这里面最完整的论述是兹维·博迪和罗伯特·C.莫顿合著的《金融学》，斯蒂芬·A.罗斯等人著的《公司理财》。20世纪70年代以后，行为金融有所崛起，这部分对于投资研究也有借鉴意义。会计财务估值著作众多，可谓汗牛充栋。从实效的角度出发，推荐克里舍·G.佩普等人著的《运用财务报表进行企业分析与估价》和阿斯沃斯·达摩达兰的《投资估价》上下册。

以上是我当年构造自己理论框架时所读著作，时隔10年，当中或许有更好的著作出现，但个人以为，对于业界实务，上述书籍堪称经典，足够用了。

第二步，建立实体世界中的指标体系

白马非马，书上说的利率、汇率在现实生活中是找不到的，有的只是诸如"1年期居民存款利率"和"人民币1年远期中间价"等具体的指标。因此，如果无法掌握现实生活中的具体指标，永远都只是泛泛而谈，无法落地。但是，如果只是盯着这些具体的指标，不能理解"马"和"牛"之间的抽象关系，那就永远只能就事论事。

关于宏观层面的经济指标，首先要理解美国经济指标体系，这是全世界最系统、最完整、回溯时间最长的指标体系之一，也比较科学，涉及各个层面。我相信中国未来的宏观经济指标体系也会朝着世界领先的方向发展。关于对这些指标的解析参见伯纳德·鲍莫尔的《经济指标解读》。理解了美国经济指标体系以后，就非常容易理解中国的经济指标体系。唯一的缺点就是中国的指标不连续、不系统，所以经常需要借助调研、中观和产业层面的验证。

在券商做研究的最大好处就是其掌握了大量行业和上市公司层面的数据，通过对这些数据的密切跟踪，可以验证宏观层面的变化，需知风起于青萍之末。关于中观层面的数据总结，我在2009年9月—2011年2月写了18篇文章做系统总结，最终汇集成116个指标进行长期跟踪。

第三步，初步融合

有了理论功底，也知道了指标体系，接下来就要在现实生活中运用，但这并不是一件容易的事，需要在上述两方面都是大家才可以。在此推荐高善文的两本著作，即《在周期的拐点上》和《透视繁荣》，这两本书对我深有启发。还推荐哈继铭在中金任职期间的中金周报，每期的专题都让我对中国经济的各个层面有更深入的了解。再有就是2001年以来央行发布的季度货币政策执行报告，经历了几轮周期，仔细揣摩，会大有裨益。

以上就是做大势判断的一些知识储备，而相较于大势判断，行业比较更难，因为它需要熟悉很多子行业甚至重点公司的历史。关于子行业的知识储备，需要很长时间的积累、咀嚼，绝不是一蹴而就的，更不要指望看几本书就搞定。就我本人而言，入行前两年主要建立了宏观指标、大类资产的体系，奠定了大势判断的基础；此后三年，我把申万的报告库看了个遍，主要行业的深度报告基本都看过；从2009年8月到2013年年初，我和各领域分析员一起撰写了《策略思考》18篇，《行业比较思考》13篇，建立了"中观数据库"，修正了申万的关键假设表。但至此，我也仅对行业比较有个模糊的认识，完全无法达到实战的状态。2013年转做买方，实际投资之后，我有了更多的时间调研、复盘子行业和重要个股，慢慢丰满了行业比较的内容。2021年下半年，我花了三个月时间把申万的《致敬，我们的市场——中国股债、行业全景复盘》中、下篇看了两遍，把《今晚八点半，行业复盘系列》的19个音频也听了两遍。这三个月的收获巨大，把过去这么多年的星星点点串起来了。除了上述资料，我觉得申万2012年出的《行业工具书》也很好，汇集了所有行业的一些基本知识点，可经常翻阅。

　　以上就是我入行后的一些学习经历，其中的书籍资料供后来者参考。我把我申万期间的三个系列报告汇集为《策略投资方法论》，欢迎大家搜索阅读。

2007年
蓝筹泡沫

2007年，在2006年大涨130%的基础上，上证综指又涨了96.7%。到2007年10月16日，上证综指更创出6 124点的盘中纪录，这个高点在之后16年都没被突破。2007年货币政策继续收紧，全年共加息6次、上调准备金10次，但正如前文所言：无风险利率上行并未阻止股市大涨。

2007年的行情共分为四个阶段：1—2月传统意义上的春季躁动、3—6月的突破、7—10月蓝筹泡沫的疯狂和最后两个月的回落。

1—2月的躁动

进入2007年，投资者还是战战兢兢，毕竟2006年涨了那么多，牛市还能走多久？所以在2007年头两个月，上证综指也就涨了12%。在这两个月，有几件事情令人记忆深刻。

年初的垃圾股行情

2006年的大涨吸引了全社会的关注，巨大的赚钱效应使场外资金汹涌而入，"饥渴"的投资者把目光转向了前期没有太多表现的垃圾股（业绩差、估值高、股价低）。从2007年1月开始，垃圾股被暴炒，监管层一再提示风险，但行情还是延续到"5·30"。这段时间申万亏损股指数与绩优股指数的比值从0.4大幅上升至0.6（见图2-22）。

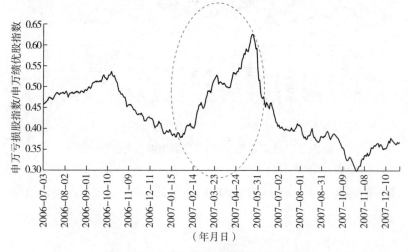

图2-22　2007年年初曾现垃圾股行情

资料来源：万得资讯，作者整理。

上证综指有效突破2 245点，逼近3 000点

其实上证综指早在2006年12月14日就突破了2 245点，但2007年头两个月均高于2 245点，这才算是有效突破。2 245是个重要的里程碑，它是上一轮牛市的高点，经过整整5年才被有效突破，具有重大意义。

市场就是如此，一轮牛市产生泡沫、透支未来。但时代总在进步，盈利不断积累，时过境迁，物是人非，当指数再次突破之前高点，估值早已大幅下降。

2001年6月达到2 245点时上证综指大致65倍P/E，到了2006年12月再次突破2 245点时仅有28倍P/E（见图2-23）。同样的道

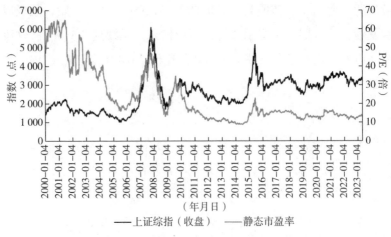

图2-23　上证综指2000年以后指数和估值的变化

资料来源：同花顺，作者整理。

理，2007年达到6 124点时有45倍P/E，可能有一天再次突破该值只有20倍P/E。

2月27日上涨综指大跌8.87%

2007年2月27日（简称"2·27"）上证综指突然大跌8.87%，几乎跌停。我现在完全想不起当时发生了什么事，翻查资料也找不到特别的原因。只记得当天盘后，研究所专门举行了一次内部会议，讨论市场走势，还邀请了一些基金经理。

当时我入行不到一年，只是一名策略部的小兵，只有旁听、做会议纪要的份儿。我清楚地记得与会者大多悲观，认为牛市已经结束了。只有一个申万资管的人说："牛市多巨阴、熊市多长阳，牛市的巨阴是为了把人吓跑，后面会小碎步修复，熊市的长阳是为了把人留住，后面会不断阴跌。"我已经想不起这人的相貌，也不记得具体的逻辑理由，但对这句话记忆深刻，这或许就是行家的市场经验。

从这次会议可以看出，当时投资者对市场还是如履薄冰，只有等到"5·30"后才彻底疯狂。正应了约翰·邓普顿爵士的那句话："市场在犹豫中前行，在疯狂中破灭。"

3—6月的突破

2007年3月1日—5月28日上证综指上涨接近50%，突破4 000点。在这个过程中，垃圾股横飞、低价股被消灭，认沽和认购权证同时上涨，连封闭式基金都脱离基金净值（NAV）大涨。可见当时的市场，投机氛围多重。

终于在5月29日午夜，财政部上调印花税，从1‰到3‰。那天夜里，我从床上被拖起来写点评，因为我们的首席策略分析师正在国外出差，策略部仅剩下我这么一个小角色留守。

作为将将入行一年的新人，我两眼一抹黑，不知如何点评，而当时没有微信，午夜又难以打跨国电话，所以我只好壮着胆子按照自己的想法评论。我计算了当时市场的成交量，并按照2‰来计提印花税，发现市场流出的资金微乎其微，结论自然是"没事"。

第二天一大早，我就带着报告上晨会。结果上午还好好的，下午悲剧就开始了，然后是连续4天大跌，一度有1/3的股票停牌，这应该是我入行后的第一次"股灾"。很长时间我都困惑不已，反复审视自己的计算。明明没有错误，可为什么市场会跌这么多？

很多年以后我才明白，其实市场根本不是因为印花税调整而跌，当时市场的风险收益比已经极度不合适。之前垃圾股乱涨已经使风险累积到一定程度，危机不过借着这个事件爆发出来（见图2-24）。

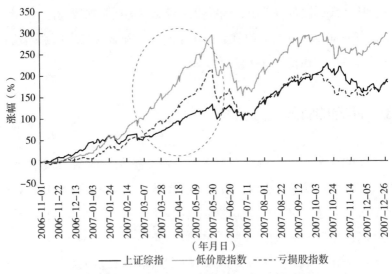

图2-24 "5·30"之前市场已经累积了大量风险

资料来源：万得资讯，作者整理。

我们总是习惯用事件来解释行情，总会问"接下来什么让市场跌，什么让市场涨"。可是事件本身不可测，如果我们要把行情寄托在一两个本身不可测、类似"黑天鹅"的事件上，那行情自然也不可测。

所以真正决定行情的是中期的风险收益比。这东西可持续跟踪、分析，一旦风险收益比到了极致状态，就容易有"事件"出现，这就是斯坦利·克罗所说的"行情创造基本面"。

"5·30"是我入行之后第一件真正亲历的大事，它也将我从之前"封闭式自我学习"中挣脱出来，让我直面这个残酷的市场。"5·30"后还有两个事情值得关注。第一，由于当时的行情过于剧烈，市场对印花税这一"表面证据"非常关注。在2008年下跌的过程中，印花税的减免曾引发了几天大涨，但那是难得的出逃机会。第二，"5·30"是最后一次"空头实验"。无论是之前的

"2·27"，还是这次的"5·30"，投资者始终战战兢兢、如履薄冰。但两次都迅速收回，再也没有什么力量可以阻挡市场的大涨，泡沫进入最疯狂的阶段。

7—10月的疯狂

经过6月的短暂调整，2007年7月市场又开始向上猛冲，上证综指一路突破4 000点、5 000点、6 000点，似乎10 000点指日可待！

如果说"5·30"之前的行情还以垃圾股为主，那此时的行情完全是蓝筹股的天下。从图2-25可以看到，很多大盘蓝筹股7—10月的涨幅远远超过了此前的涨幅。后来我曾经和某大型基金公司的当家基金经理聊过，他说："那个时候几乎每天进来几亿元，而我只是下一个简单的交易指令，把所有的重仓股按比例刷一遍。"

到了10月中旬，市场达到历史高点，当然这个高点只有事后

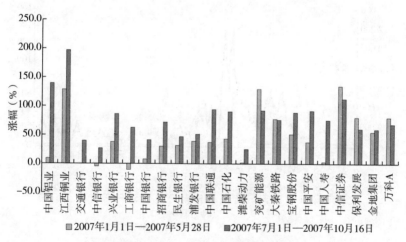

图2-25　2007年7—10月的蓝筹泡沫

资料来源：同花顺，作者整理。

确认，事中谁也不知道。但牛市顶部还是出现了以下这些普遍的现象。

现象一：在高景气度的情况下给高估值

教科书上说："景气度高点，估值应该在低位，而景气度低点，估值应该在高位。"但这是建立在理性人的假设上的，我在A股这么多年，见惯了"景气度和估值的同涨同跌"。这里最根本的原因是大部分人缺乏周期思维，仅仅根据眼睛看到的现象下注。当看到好现象时就不断买入，不管这种好现象是否可持续，当时的高估值是否值得。

所以，A股常有戴维斯双升和双杀。每次泡沫的高点，都给一些如日中天的东西以高估值，想想多可怕，最典型的就是波罗的海指数（BDI）和中国船舶的P/B（见图2-26）。

如果用"上帝视角"看，当时的BDI正处于30年的高点，而

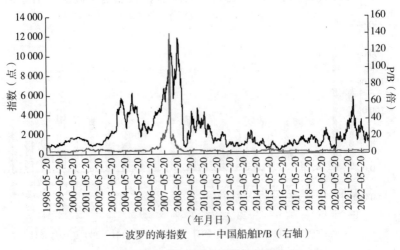

图2-26　BDI和中国船舶的P/B

资料来源：同花顺，作者整理。

当时中国船舶的P/B居然超过了40倍（剔除异常值），何其疯狂。

关键这不是一个单独的现象，而是普遍存在的。工商银行的市值最高达到了2.7万亿元人民币，占当年GDP的12%。很多周期龙头股的静态P/E都超过50倍（见图2-27），这对于2010年以后才进入市场的人，简直不可想象！

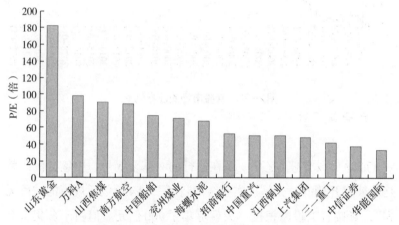

图2-27 2007年高点典型周期股的静态估值
资料来源：同花顺，作者整理。

难怪当时的证券化率会接近150%。要知道，当时还有很多大盘蓝筹股没有上市，比如建设银行和农业银行，如果把这些公司都算进去，可能证券化率会更加惊人。此后很多年，A股的证券化率都在40%~80%波动，仅2015年年中再次逼近100%（见图2-28）。

上帝欲令其灭亡，必先令其疯狂。这么疯狂的市场也为2008年的暴跌埋下了伏笔，此为后话。

现象二：资金汹涌而入

2007年，资金汹涌而入，4月居民存款减少1 674亿元，5月

图2-28 A股市场的证券化率

资料来源：万得资讯，作者整理。

底A股总户数突破1亿户。现在通行的"基金摇号，中签分配"就是从彼时开始的，先是嘉实基金发行了一只430亿元规模的"巨无霸"，紧接着上投摩根仅一天就募集了900亿元。但由于募集资金规模过于庞大，存在潜在风险，最终监管机构将资金规模压缩至100多亿元。当时的资金涌入情况如图2-29所示。

一时A股成为显学，我当时入行也不过一年，但联系我的亲戚朋友都多了很多。一位久未登门的远亲也前来拜年，而他第二次拜年是在2015年。

现象三：总结伟大故事，消灭一切空头，无视所有利空消息

之前说过，哪怕是在2004—2005年，投资者对经济都有所担心。可随着牛市愈演愈烈，悲观情绪逐渐消退，取而代之的是一种盛世情结。最终在2007年年底的策略会上，各大券商争相总结伟大的故事。当时市场最流行的是两种说法：黄金10年和金色魔环。

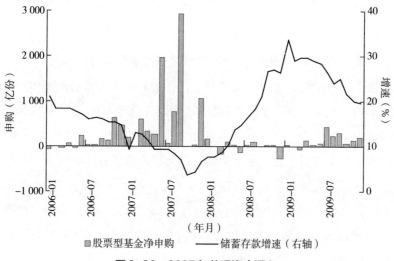

图2-29　2007年曾现资金涌入

资料来源：万得资讯，作者整理。

所谓"黄金10年"是指中国的城镇化率刚刚越过拐点，进入提升最快的阶段；而"金色魔环"是指中国制造—美国消费—资源国提供资源，全球合作分工。在这样的背景下，投资者认为市场还有很大的空间，10 000点不是梦。

　　无论是牛市还是熊市，在顶部和底部都会有各种宏大视角和主题的故事出现，可谓"伟大的故事"。2007年10月是"黄金10年"、2008年10月是"百年一遇的金融危机"、2015年年中是"移动互联改变人生"、2018年年底是"中美再也回不去"。凡此种种，都超越基本面的逻辑，实际上更多是情绪作祟，在顶部宣讲一个故事让你继续买入，在底部描述一个无解的困局让你不断卖出。我以前也相信这些故事，因为这种故事无法证实也难以证伪，再加上当时的市场环境，很难辩驳。但经历了多轮牛熊，我发现再伟大的故事也无法阻止市场的下跌，再无解的困局也难挡牛市的到来，因此相信故事还不如相信最基本的周期、估值和常识!

在这个疯狂上涨的过程中，并不是没有利空因素，只是被无视了。比如在2007年年初，美国次贷危机就初露端倪，3月13日大洋彼岸的新世纪金融公司就破产了。我当时是负责美国经济和港股的策略分析师，所以经常需要点评隔夜外围市场的波动。在我的印象中，2007年9月上旬有几天由于外围的波动曾经出现大阴线，特别是9月11日上证大跌4.51%。当天我还和债券部的同事一起合作，分析了次级债和日元套息交易，并且提出"危机止于9月"的论断，因为我们相信美联储会在9月18日的议息会议中降息，改变2004年以来持续加息的态势。事实上，9月18日美联储确实降息，并且还是50bp，但危机才刚刚开始……

11—12月的回落

高点出现在2007年10月16日的盘中，但当时很少有人意识到这是高点，更不可能意识到这将是未来16年都无法逾越的巅峰。2007年11月，上证大跌18.19%，说实话我已经完全想不起是什么因素引发了当时的下跌。我只记得当时投资者完全没有把下跌当回事，完全没有"2·27"和"5·30"的警惕之心，投资者都觉得这只是上10 000点之前正常的调整而已，千万不能下车。当时市场把信乐团的《死了都要爱》改成《死了都不卖》。

2007年11月有件重要的事情就是中石油上市（11月5日）。现在很多人形容失落惆怅都会说"问君能有几多愁，恰似满仓中石油"，但当年中石油上市却是盛事。当年的招股说明书赫然印着"全亚洲最赚钱的公司"，全球路演所到之处也是万人空巷。但中石油的走势也恰是周期股的缩影。

2007年是我入行的第一个完整年度，除了上文的感想，还有以下两个问题引发了我多年持续的思考。

问题一：我们该如何认知、应对泡沫

以前的泡沫都是从书上看来的，但2007年的泡沫确实是我亲身经历。结合后续的几场泡沫，我发现大众对泡沫有几点误解。

（1）泡沫都是乱炒。很多人认为泡沫都是乱炒，理性的人不会参与。可事实的情况是，金融史上的任何一次泡沫都事出有因，有深刻的产业及社会背景，并且在泡沫破灭后都影响深远。比如荷兰至今仍是花卉之都，火车、飞机、互联网更是根本性改变了人们的生活。持上述观点的人会有一个错误的推论：只要当前的行业是未来的方向、正当行情，就不可能是泡沫，无论多贵、多离谱都无所谓。

（2）产业破了，政策变了，泡沫才会崩溃。有些人承认新兴行业会产生泡沫，但觉得只要产业方向确定、政策支持、渗透率还要提升，行情就不会破。可事实是，2000年3月科网泡沫破灭的时候，互联网的渗透率还在很低的位置；2007年蓝筹股泡沫破灭的时候，当年所讲的"人口红利""城镇化率提升"等故事都在兑现；2015年创业板泡沫破灭的时候，移动互联网的红利还未燃尽……

产业演进和政策变化并不是泡沫破灭的先决条件。那到底什么东西会刺破泡沫？说实话，我并不知道。有人说货币政策的变化才会刺破泡沫，因此在加息之前是安全的。但从美国和日本的诸多历史上看，泡沫很多时候是随着加息不断扩大、直到破灭

的，很难把加息看作卖出的信号，比如1999年5月美联储就开始连续加息，但纳斯达克直到2000年3月才崩盘，中间涨了好长一段时间。有人说要关注专业做空机构的动向，比如浑水，但很多时候他们做空后股票还要狂涨一波。有人说要关注各类指标，例如著名的席勒市盈率（Shillerpe），但这些指标只能帮投资者衡量泡沫的程度，并不能指示"会不会继续涨"，按照席勒市盈率的标准，纳斯达克在1999年甚至1998年就会崩盘，而席勒的《非理性繁荣》最成功的地方就是鬼使神差般地发表在2000年3月。总之，这世界上没有一种既可以享受泡沫，又可以全身而退的方法。

（3）泡沫就那么一小段。很多人认为一只股票从50元涨到400元，只有380元到400元那段算泡沫，之前都不是。事实上，可能100元以上就已经是泡沫了，泡沫的幅度可以很大，持续的时间可以很长。

所以，很多人会为错过太多而遗憾。可实质上，只要你不想与泡沫共舞，后面的时间和空间就跟你没关系了。这不是幅度的问题，而是认知的问题。

（4）小心一点、狠心一点，就可以全身而退，哪怕半身而退。很多人承认找不到完美辨析和分析泡沫的方法，但又舍不得肥美的行情，因此就采取折中的方法。闭着眼睛追，只要回撤20%或者30%就抛。

事实上，这种方法停留在理论层面。一个行情从开始到走向泡沫，中间不会没有调整，而且越到后面调整的级别越大。但一个行情之所以能把所有人都卷进来，就是每次调整、每次下车的人都被"打脸"。渐渐地，投资者的底线越来越低，认为这种行情调整30%是正常的。

所以，当一波行情回撤30%，人们根本无法判断这是牛市调整，还是末日审判。可能要回撤50%才知道行情结束了，但那个时候一切都晚了。这就是为什么一旦泡沫破灭，很多股票要跌70%甚至80%，并且这还是正经做事的好公司。

在二级市场上，泡沫很常见。A股过去30年，至少出现过四五次，应该如何应对？

（1）对抗。绿光资本的大卫·爱因霍恩长期做空特斯拉，特斯拉的股价在其做空后上涨了好几倍，绿光的损失可想而知。绿光的遭遇让我想起1999年那只强悍的老虎，那些互联网股票在朱利安·罗伯逊做空后上涨了4倍。对抗泡沫，终归会有一个英雄，比如2007年的约翰·保尔森，他其实从2006年就开始做空，最艰难的时候每天在中央公园跑5千米以舒缓压力。次贷危机后他的投资大多也折戟沉沙，一生的高光时刻可能也就这么一次，但这一次是殿堂级的。

（2）顺从。牛顿曾经卖出过南海公司的股票，盈利颇丰，但最后又买回来，损失巨大，最终其承认"可以计算天体运行，但无法计算人心的疯狂"。同样，面对科网泡沫，德鲁肯米勒在前半段选择坚守，但后面将钱交给华尔街的两名新锐，最终黯然离开索罗斯基金。这种案例举不胜举，特别是在高手身上。对于高手，一开始是可以识别泡沫的，但随着泡沫的放大，很多人会编一些借口来说服自己，最终冲进去。所以我说，我认识的许多高手在两个阶段亏钱——鱼尾和下跌中段。

（3）无视。科网泡沫中的巴菲特基本采取一种"无视"的态度，但或许也只有巴菲特的商业模式、定力和地位可以如此。换一名有排名压力、有客户压力、需要证明自己的新锐基金经理，很难做到如此与时代脱节。

纵观整个金融史，我们对泡沫，有三个知道和一个不知道。我们可以知道这是不是泡沫，可以知道泡沫的级别，我们也可以知道泡沫注定破灭和破灭后的路径。但我们不知道泡沫何时破灭，以什么形式破灭。正是对这个问题的未知，使我们无法参与泡沫，因为没有一种方法可以既享受泡沫，又全身而退。泡沫中的市场犹如海上女妖塞壬，用歌声引诱船员触礁，那些想要仗剑对抗或者顺从的水手都难逃一死，唯有蒙上眼睛，封住耳朵，绑在船桅上可逃脱。

问题二：当年进入熊市的本质原因是什么

现在很多人认为当年的人都是疯子，但站在当年的位置继续看多、持有，并非毫无道理。

第一，长期逻辑一直在兑现。当年的策略报告都认为中国正处于城镇化提升的阶段，人口红利不断兑现，地产虽有泡沫但仍有空间。这些论据很多都在兑现，就比如城镇化率。2007年城镇化率才45%，此前10年提升了12%，而此后时间也提升了13%，到2021年年底是65%（见图2-30）。

第二，从中短期和一些微观调研看，周期股的高ROE能够维持甚至进一步提升，高景气度、高增速能消化高估值。这一点从事后看也是正确的。石油的价格一直飙升到2008年7月，煤炭的价格到2008年8月甚至11月才见高点。表2-22列出一些周期股2007—2009这三年的扣非ROE水平，很多上游行业及金融股的ROE高点出现在2008年。

很多人将此后市场的下跌归咎于次贷危机，但A股是在2008年下半年甚至第三季度才开始真正担心次贷危机的，而之前股市已经腰斩。因此，如果不能深度复盘、思考，仅用"当时人们疯狂""百年一遇金融危机"等理由解释，那我们将永远无法从历史中学

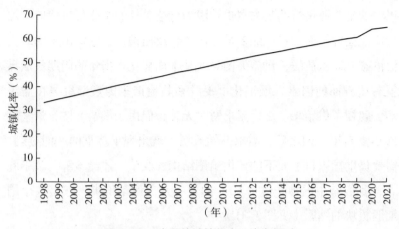

图2-30　中国的城镇化率一直在提升

资料来源：同花顺，作者整理。

表2-22　2007—2009年主流周期股扣非ROE

	2007年	2008年	2009年
山东黄金	26	43	29
万科A	22	13	15
山西焦煤	19	46	22
中国船舶	19	38	18
兖矿能源	16	28	14
海螺水泥	25	14	13
招商银行	25	28	21
江西铜业	26	15	10
三一重工	41	27	30
中信证券	39	14	15

资料来源：同花顺，作者整理。

习到任何经验。我经过多年思考，总结可能有如下几点原因。

（1）长期景气导致产能建设过度，为未来的供需失衡埋下隐患。这是产业运行的基本逻辑：因为持续景气的企业很自然地会加大产能投放，而这些产能要过几年才释放出来，当它们出来的时候恰恰碰到需求放缓，供需失衡导致基本面恶化。当年的周期股崩盘就有这方面的因素，城镇化率提升和其他诸多因素都聚焦在需求端，忽视了供给端。之后需求暂时无恙，但由于供给突增，景气度已不复当年。再之后，需求开始放缓，就出现了严重的产能过剩，需要借助国家自上而下的"供给侧结构性改革"才能缓解。关于此点，我们看中国神华过去18年的资本开支就很清晰，它是整个周期股板块的缩影（见图2-31）。

其实上述因素并不只存在于周期股板块，其他板块也大体如此。根据长江策略的研究《全球企业资本开支概览》，中国必需消费品的资本开支占比从2017年到2021年大幅提升，而这段时间正好对应必需消费品的牛市（见图2-32）。

从供给角度思考问题的书籍推荐马拉松资本的《资本回报》。

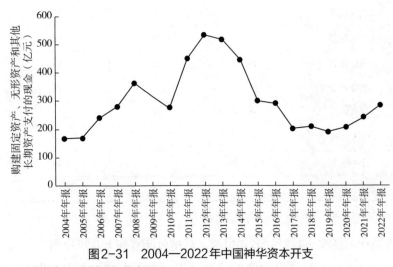

图2-31　2004—2022年中国神华资本开支

资料来源：同花顺，作者整理。

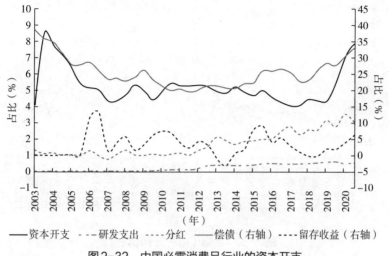

图2-32　中国必需消费品行业的资本开支

资料来源：长江策略。

（2）景气度投资的问题。2008年的ROE确实高于2007年，一些代表景气度的商品价格确实也是到2008年下半年才见顶，股价却先下跌，这就是景气度投资的问题。很多人崇尚景气度投资而忽略估值，大体逻辑如下：估值说不清楚，但景气度可以追踪，因此即便是泡沫状态，只要追踪到景气度拐点，就可全身而退。这种方法的一个前提条件是，股价只有在景气度改变后才会回落。事实上，这种前提并不成立。无论是整体市场还是单个行业，很多都是在景气度继续上行的时候股价就开始掉头，等确认景气度拐点，股价已经回落很多。

这种案例比比皆是。以2018—2021年的猪和鸡为例，除了牧原的股价，大部分的猪企和鸡企的股价高点都在2019年3—4月。但那个时候，生猪价格才从最底部起来一点点，猪价真正的主升浪发生在2019年下半年，整个2020年都徘徊在高盈利区域（见图2-33）。股价为何在景气度主升浪前就基本见顶？

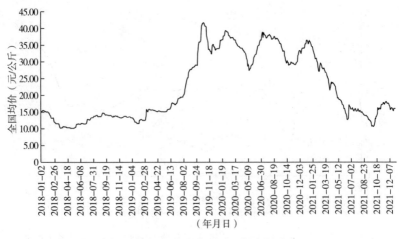

图2-33　生猪（内三元）市场价

资料来源：同花顺，作者整理。

　　当然，很多人举出一些更为先导性的指标，认为猪价只是同步指标，投资应该更靠前。但问题是，很多所谓的先导性指标不具备权威性，投资者众说纷纭。比如2012年11月的"塑化剂"算不算是白酒的先导性指标？如果看这种指标，那白酒可能永远都无法涨了。2012年7月16日茅台股价见了高点，但公司在9月1日还上调了出厂价，2013年春季全国糖酒商品交易会（简称"春糖会"）会前看不到景气度回落的具体痕迹，但股价领先于景气度拐点下跌了。

　　景气度投资的极致就是赛道投资。看好一个赛道，特别是阶段性的新兴产业，只要这个产业的渗透率不断提升，政策不变，那投资这个行业的龙头公司可以不管估值，甚至不管短时间的景气度和利空消息。这里有两个问题：首先，新兴产业也会物是人非，未来的龙头未必是现在这个，技术路径都有可能被颠覆，为尚未出现的未来支付这么高的溢价是否值得？其次，历史无数次证明，泡沫破灭并不需要行业破灭。科网泡沫破灭后，互联网的渗透率依然在上升。2015年创业板的泡沫破灭后，移动互联继续惠及人们的生活。再往前看，铁路、飞机、汽车……哪个行业不是最终改变了世界，但投资者最终鲜有获利。关于此点，可以看看巴菲特1999年7月在太阳谷峰会上的演说。因此，不能将"未来行业还有多少空间、渗透率还有多少"作为投资的唯一依据。理性的投资还是要考虑性价比、考虑估值。

（3）核心还在于估值。在上述的困惑中完全没有涉及估值，其实很多问题要看在什么位置问。如果估值高了，再大的利好消息也可能反应平平，而一旦不及预期，后果就会很严重；反之估值低了，就可以抵挡一部分的利空消息。究其根本，就价值投资而言，估值高低本身就是最大的利空和利好消息。

估值高不代表马上跌，估值低也不代表马上涨，只是高估值会使未来的预期收益率减少，并且使整个系统变得脆弱，承受不起任何"不及预期"。无论是奥肖内西的《投资策略实战分析》，还是西格尔的《股市长线法宝》，都用大量的实证证明"低估值策略好于高成长和高ROE策略"。但是，当我们回溯过去一段时间的牛股，发现很多都处于高成长或者高ROE的阶段。这两者似乎矛盾。

解决这一矛盾的关键在于时间定位。无论是奥肖内西还是西格尔，都站在T（今天）时间点，根据T时间点已经可得的信息构造组合，滚动持有到T+5时间点进行比较，发现低估值策略最好。而后一种复盘方法是站在T时间点，回溯过往一段时间，看T-5至T这段时间牛股的特征，发现很多股票都是高成长或者高ROE的。由于投资永远是在T时间点下注，在T+5时间点收获，所以奥肖内西和西格尔的结论可能更靠谱，除非你在T时间点就找到未来5年能够高成长或者高ROE的组合。

这里会有两个问题。第一，我们有多大的把握可以抓住未来？有一本书叫《基业长青》，首次出版于1994年，作者从《财富》杂志500强中选取了18家很成功的公司，并和其主要竞争对手进行比较研究，总结了一套成功经验。该研究共有21个研究员参加，跨越6年时间，花费1.5万小时，可谓煞费苦心。20年后，有学者将这个名单和实际情况进行比较，发现选出来的18家基业长青的公司"8家成功、2家不确定、8家失败"，基本就是一半对一半的概率，类似猩猩掷飞镖的投中概率。如果说完全随机还好，更可怕的是我们会逆向选择，因为我们很多时候是对现状进行线性外推，认为这家公司过去两年表现良好，所以未来它也会表现良好。岂不知，万事万物都是周期，过往表现良好的公司很可能未来表现更差。我曾经做过一个统计，2000—2021年，A股所有上市公司连续N年扣非净利润增速超过某一水平的数量，如表2-23所示。

从这个数据中可以知道，如果随机选择，未来3年连续增长30%的公司有1 368家（概率大致30%），但如果先看3年，从3年连续增长30%的公司中再选择出未来还能连续2年增长30%的公司（也就是相当于连续5年都增长30%），那概率只有14%（191/1 368）。这就是低估值策略跑赢高ROE和高成长策略的根本原因，因为我们基于现在的高景气度数据去投资，未来继续高景气度的概率并不大。但由于现在的高景气度，股价和估值往往比较高，我们已经为未来

表2-23　2000—2021年，连续N年增速超过某一水平的公司数量

	30%	35%	40%	45%	50%
3年	1 368	1 127	952	793	682
4年	497	362	291	217	174
5年	191	126	92	69	55
7年	29	19	11	5	3

资料来源：万得资讯，作者整理。

不大的概率支付了过高的价格。这种过高的出价使我们对未来没有回旋的余地，未来必须美好，否则会很惨。

第二，如果付价过高，即便未来美好也会在很长的时间没有回报。西格尔在《股市长线法宝》中说："即便在1972年高点买入'漂亮50'，持有到2012年，该组合的回报依然靓丽。"我认为这句话误导了很多人，漫长的40年在前10年甚至15年都很黯淡，凭什么相信投资者还能坚持到后25年？这句话只是停留在理论层面的，在实战中并无多大的意义。并且这里还有一个前提，这是"漂亮50"，这些公司是美国当年最优秀的公司，这些公司的业绩在冷战结束后随着美国价值观在全球的推广而大幅增长。如果不具备这些条件，估计连存活40年都不行。其实在A股，也存在这一现象。看看茅台、五粮液、中国平安、招商银行等优秀的公司经过了多少年才回到2007年10月的高点？它们在过程中又回撤了多少？从2007年10月到2017年6月这10年不涨的岁月，招商银行和中国平安的净利润分别从152亿元、155亿元涨到了701亿元和1 000亿元。如果你拿出2007年10月推荐这两家公司的文章，里面关于基本面的预测大体不错，后续是逐步兑现的，但结合估值站在10年的角度上它们都不是好股票。所以说，不是基本面恶化的股票才会跌，有时候估值太高，哪怕基本面兑现了股价也不会涨。

以上三点才是当年那批股票跌的根本原因。在2007年高点，这批周期股已经处在很高的估值，这样高的估值即便后续的故事大多兑现，也已经输在起跑线。后来，即便这批股票的价格跌跌不休，消化了不少估值，但由于历史的估值水平太高，因此出清需要一个漫长的过程。

可以说，2007年是人生难得的一段经历，那年让我学会了很多。只是当时并没想到2008年又是如此极致的一年！

— 2008年 —
次贷崩盘

2008年股市几乎一路下跌，中间仅有两次上涨，算上年初10个交易日和11月以后的反弹，全年上涨的时间不到10%。2008年的下跌共分三段：1月14日—4月22日、6—9月、10月绝杀。

第一轮杀跌：1月14日—4月22日

2008年新年伊始，市场延续反弹，又上涨了10个交易日，然后转头向下。当时市场上出现了一些利空因素，比如1月17日花旗、美林陆续曝出2007年第四季度巨亏的消息。虽然美国次贷危机在2007年就已此起彼伏，但主流投行如此巨亏尚属首次，因此欧美股市大跌，进而影响A股。另外，中国平安在1月21日抛出1 600亿元定增方案，市场一片哗然，要知道当时中国平安的总市值也不过7 000亿元，所以市场选择用脚投票。最终，这个方案没有通过，我查了一下中国平安的融资史，上市以来只有这一次预案，但没有成行。

这些利空因素为2008年的A股蒙上了一层阴影，但当时市场的焦点在于"过热"，而不是"萧条"。大宗商品延续了2006年以来的上涨，2008年进一步飙升，带动PPI和CPI不断上行（见图2-34）。

在这样的背景下，政策端的定调是"双防"，央行延续加准升息，1月15日发展改革委出台了《关于对部分重要商品及服务实行临时价格干预措施的实施办法》。我记得当时很多研究员都开始下调全年盈利预测，但最主要的原因是成本上升太快而非需求不足。

2008年1月14日—4月22日，上证综指大跌42%，大部分行业和个股都同步下跌（见图2-35）。

但市场仍不乏亮点。主要是与通胀相关的主题，包括农产品、化肥、一部分医药（见图2-36）。

这三个月的跌幅很大，投资者意识到牛市结束了，要开始还账了，但彼时并没有多少人将其和"次贷危机"联系在一起。这个阶段，宏观总需求并没有受到太大影响，但微观层面由于成本上升有所挫伤。场内资金非常煎熬，但高点离场的资金却"磨刀霍霍"，

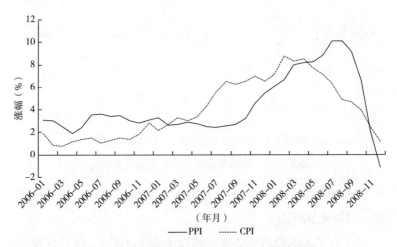

图2-34　2008年上半年CPI和PPI继续飙升

资料来源：同花顺，作者整理。

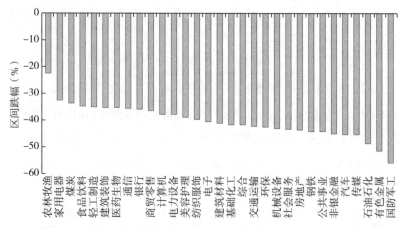

图2-35　2008年1月14日—2008年4月22日申万一级行业跌幅

资料来源：同花顺，作者整理。

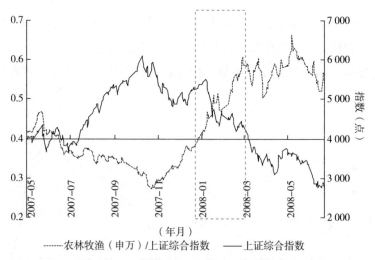

……农林牧渔（申万）/上证综合指数　——上证综合指数

图2-36　2008年春季农产品大幅跑赢市场

资料来源：同花顺，作者整理。

等待一个抄底的机会。

　　终于到了4月22日，上证综指盘中破3 000点，盘后财政部下调印花税。破3 000点让很多投资者觉得指数腰斩，已经便宜，而

2007年"5·30"的记忆让投资者对印花税调整格外重视。市场确实在那几天出现了井喷，证券股更是连续涨停。

机构在这时产生严重分歧，上海某机构在6 000点减仓，这个位置开始加仓，而北方某机构在前阶段死扛，此时开始减仓。跌到1 664点，结果是一样的。因为100元跌到10元是跌90%，而50元持有到10元也跌了80%。

第二轮杀跌：6—9月

2008年5月，汶川地震聚集社会目光，市场横盘。从6月开始，市场进入新一轮杀跌，此时次贷危机的影响才开始体现。

说起次贷危机，其实从2007年3月新世纪金融公司破产就已经若隐若现，时不时A股会出现一根大阴线，但一直没有成为主导趋势。从2007年3月至此时已经折腾了一年多，似乎都已经被股价所反映了。但从2007年10月9日高点到2008年5月4日，道琼斯工业指数仅仅下跌了7.8%。此时，作为美国第五大投行的贝尔斯登已被收购，美国国际集团（AIG）、房利美和房地美开始出问题了，但很多人认为次贷风波已经过去了。

事后，我曾经找过很多资料复盘当年的次贷危机。我发现，非但是我们，当时连美联储、美国财政部都认为危机已经过去了。复盘次贷危机最好的资料就是当时三个主要当事人的纪录，分别是本·伯南克《行动的勇气》、亨利·保尔森《峭壁边缘》和蒂莫西·盖特纳《压力测试》。伯南克当时是美联储主席，保尔森当时是布什政府的财长，盖特纳之前是纽约联邦储备银行行长，后来接替保尔森成为奥巴马政府的财长。

从这三个人的自传看，2008年6月美国当局也认为次贷危机已然过去，开始着手反思总结该轮危机的经验教训。并且由于当时石油价格飙升，美国的通胀压力也很大，所以美联储选择暂停2007年9月以来的降息，打算先观望一下。后来在伯南克的自传中，将这一"观望"视为败笔。

从图2-37就可以看出，次贷危机对美股的影响从2008年5月才出现，道琼斯工业指数从2007年10月高点到2009年3月低点跌幅超过50%，但到2008年5月才跌了不到10%。所以，将2008年A股的下跌完全归咎于次贷危机显然是错误的，因为到2008年5月A股已经从高位腰斩，而那个时候大洋彼岸作为始作俑者的美股还没真正下跌。

不管如何，此时次贷危机成为投资者关注的焦点，夜盘和海外新闻成为A股基金经理的必修课，人们迅速学习美股和美国经济的相关知识。

2008年8月，中国经济增速逐渐放缓，大宗商品陆续见顶，但

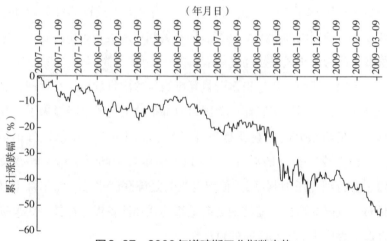

图2-37　2008年道琼斯工业指数走势

资料来源：同花顺，作者整理。

很多投资者将其解读为"奥运环保需要所致"，并未充分重视。9月中旬随着雷曼兄弟破产，全球金融市场进入冰冻时刻。关于雷曼兄弟破产，市场有很多声音。但我看前文三个人的自传，倾向于认为不是美国不想救，实在是美国当时的法案不允许，再加上英国人的临时违约所致。全世界都没有想到这个矗立150年的大投行会真的倒塌。

既然雷曼兄弟可以破产，那什么可以屹立不倒？资本市场的最后一根稻草倒了，危机疯狂蔓延，连黄金和现金理财都受到质疑，似乎只有美元才是最后的避风港（见图2-38）。

这时我国的经济压力才开始出现，订单消失、出口断崖式下跌（见图2-39），通胀到通缩，一夜入冬，债券分析师变得吃香。现在的人都不理解：为什么2008年的债券分析师大多看空，央行持续收紧货币政策？实际上，站在当年的视角，经济大部分时间过热，通胀确实是主要压力，实在想不到几个月内实体经济会有如此大的转变。

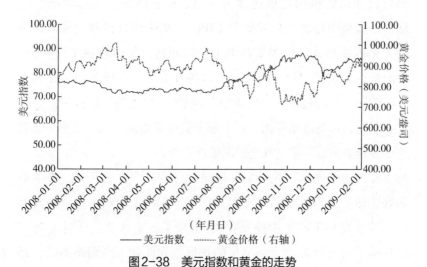

图2-38 美元指数和黄金的走势

资料来源：同花顺，作者整理。

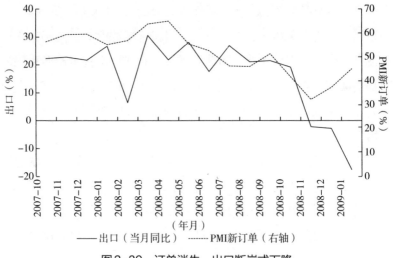

图2-39　订单消失、出口断崖式下降

资料来源：同花顺，作者整理。

雷曼兄弟破产是在周末，美国人很清楚这意味着什么，所以赶紧联络全球各大央行救市。很快，全球六大央行联合降息。中国央行和监管机构也迅速做出反应。9月16日，央行降准、降息，证监会叫停首次公开募股（IPO）。9月19日证券交易印花税改为单边征收，国资委支持央企增持回购，汇金增持工商银行、中国银行、建设银行三大行。在这些政策下，市场脉冲了五天。

那几个月的资本市场的天空是灰的，"黑天鹅"成群结队地出现。非但在宏观市场层面，行业和个股也是如此。为什么熊市会有这么多利空消息？难道真是屋漏偏逢连夜雨？

关于这个问题，我后来做过深度思考。熊市多利空，牛市多利好，似乎是事件推动基本面，其实不然。斯坦利·克罗在其著作《期货交易策略》中提及："行情来了，事件总会适时出现。"并且举了可可豆的例子。早年的我每读到此处，总困惑不已，到底是先有鸡（基本面）还是先有蛋（行情）。但这么多年经历了许多案例已经充分证明克罗的洞见：行情来了，事件总会适时出现。

因此，不是说熊市才有这么多利空因素，这些因素一直都存在，只是在牛市中被狂热的情绪忽视了，在熊市中总是被人挖掘出来而已。

10月绝杀

在强有力的救市政策下，市场急速反弹。2008年9月19日上证综指大涨9.46%，第二天又是7.77%，短短几天上证综指就从1 800点飙到2 300点。但熊市中的上涨永远是那么快、那么短，之后才是最惨烈的杀跌。

十一长假后，A股进入最黑暗的时候。在我的记忆中，但凡熊市，似乎10月都是非常煎熬的，2008年如此，2018年如此，2022年对于低估值股也是如此。

这里有几个原因：其一，十一长假堆积各种利空消息。前文讲过，熊市投资者往往会放大利空消息，十一长假堆积7~10天的利空消息会集中爆发，节后容易暴跌。其二，十一长假之后就进入全年最后两个月。此时扛了一整年的机构由于年终结算或者各种原因，可能会清算了结，放大了市场的波动。其三，熊市往往有最后一跌。任何一个大熊市的结束或者大牛市的开启往往需要最后一跌，这一跌的杀伤力非常大，达到出清的效果。

总之，2008年10月上证综指单月大跌24.6%，几乎是光头光脚的大阴线，在不到2 300点的基础上又跌了25%。至此，全市场毫无生机，再乐观、再顽强的人也不敢出手。熊市的底部和牛市的顶部完全形成镜像，投资者可以对比前文牛市顶部的三个现象与下文熊市底部的三个现象。

景气低点、估值合理，但无人敢买

如果说2007年繁荣顶部所造就的各种价格显著超越了当时的基本面，那么此时由于恐慌所达成的价格也无法体现客观性。比如，2009年第一季度中国实际GDP的增速只有6.4%，这显然低于当时中国的潜在经济增速，过了很多年才再次跌破。再如布伦特油价，自2003年突破30美元/桶后就进入了一个新的中枢，与当时世界经济发展状态相匹配。2008年年中，油价飙到147美元/桶，显然脱离基本面，但2008年年底又跌破35美元/桶，其实也是超跌了（见图2-40）。

当时很多股票的跌幅很大，仅以沪深300为例，从2007年10月的高点5 891.72点到2008年10月的低点1 606.73点，仅12个月就下跌了73%。落实到具体行业，大部分周期股都下跌了70%甚至90%（见表2-24）。这些巨大的跌幅给2009年的V形反转创造了条件，只是当时很多人被吓破胆了。

图2-40 原油价格的波动

资料来源：同花顺，作者整理。

表2-24 2008年诸多行业大幅下跌

子行业	下跌起点（点）	起点时间	下跌终点（点）	终点时间	跌幅（%）
火电(申万)	4 694.57	2007-09-19	1 351.62	2008-10-28	-71
银行Ⅲ(申万)	4 325.47	2007-11-01	1 166.29	2008-10-28	-73
工程机械(申万)	11 208.94	2007-10-17	2 940.13	2008-11-04	-74
证券Ⅲ(申万)	14 217.21	2007-11-02	3 540.51	2008-11-04	-75
房地产开发Ⅲ(申万)	6 870.02	2007-11-01	1 516.14	2008-11-07	-78
水泥制造Ⅲ(申万)	6 449.24	2007-10-12	1 388.97	2008-10-28	-78
商用载货车(申万)	4 425.82	2007-09-18	933.78	2008-11-07	-79
煤炭开采	9 604.32	2007-09-24	1 916.76	2008-11-07	-80
航运	7 615.08	2007-10-25	1 306.87	2008-11-07	-83
乘用车(申万)	7 458.38	2007-09-18	1 279.58	2008-11-07	-83
黄金Ⅲ(申万)	16 132.24	2007-09-13	2 673.34	2008-11-07	-83
保险Ⅲ(申万)	2 014.53	2007-10-24	313.79	2008-10-28	-84
航空运输Ⅲ(申万)	7 267.94	2007-09-21	977.72	2008-11-07	-87
船舶制造	10 839.65	2007-10-12	1 137.56	2008-10-28	-90
铜(申万)	13 466.63	2007-10-15	1 400.61	2008-11-04	-90

资料来源：同花顺，作者整理。

避险情绪严重

我们这个行业一直流传着这么一句话，"好做的时候不好募，好募的时候不好做"。大多数投资者习惯追涨杀跌，财富第三方和募资机构大多也是如此。因此，在2008年第四季度，资金自然而然都是避险的，当时一个典型的现象就是债券类资产大受追捧，风险收益比更好的权益资产却无人问津。

后来我阅读霍华德·马克斯的《周期》一书，其中有段对话特别精彩。当时正值次贷危机最肆虐的时候，作为逆向投资大师的霍华德·马克斯想募集一只投资高收益债的基金。投资者一上来就问："违约风险有多大？"马克斯回答："过去26年平均违约率为1%左右。"投资者二问："如果情况变得更糟糕呢？"马克斯回答："在基金历史上，最糟糕的五年平均每年的违约率为3%，相对于20%的预期收益率，3%的违约率不算什么。"投资者三问："如果情况比这更糟糕呢？"马克斯回答："在整个高收益债领域，历史违约率最高只有4.2%。"投资者四问："如果情况比这更糟糕呢？"马克斯再回答："高收益债历史最糟糕的一年，违约率为12.8%"。当投资者问到第七次："如果情况比这更糟糕呢"？马克斯忍不住说："你们的持仓里还有股票吗？如果你们手上还持有股票，并且你们真的相信这是世界末日，那你们最好现在就离开房间，把手上的股票全部卖掉。"从以上这段文字可以看出，当时的投资者对权益资产和高风险等级资产有多么不待见，在最不应该放弃的时候放弃。

又现"伟大的故事"的说辞，忽视任何利好因素

虽然从2007年开始，次贷危机就一直困扰着资本市场，但什么时候投资者才对这个问题有清晰全面的认识呢？不是2007年年初，不是2007年9月美联储开始降息的时候，不是2008年3月贝尔斯登破产的时候，甚至不是2008年9月的"雷曼时刻"，而是2008年年底在1 664点的时候。那个时候，人人都是宏观专家、金融危机史专家，认为是"百年一遇"的金融危机，类似1929—1933年那样的危机，并判断中国30年的经济增长模式（出口导向）将面临挑战，苦日子才刚刚开始。

那时候恰逢年底，有许多券商的策略会，大部分是关于金融危机的研究和历史，即便是看多也都躲躲藏藏。我那个时候在申万海外部，

年底也写了一篇关于H股和中概股的投资策略，名字叫作《黑天鹅》。我在这篇文章中核心论述了一个问题："天鹅不都是白的，也有黑的。但不是所有的天鹅都是黑的。"这是我职业生涯早期难得的优秀之作。

至于主流的投资界，更是跌蒙了，当年A股股票型基金的收益率中位数是–51%。即便你拿出再多的证据，投资者也会说"这一次不一样"。关于"这一次是不是不一样"，我还是想用霍华德·马克斯在《周期》中的一段文字作为结束：

雷曼兄弟2008年9月15日申请破产，此后不久我和布鲁斯·卡什分析得出以下结论：没有人知道这场金融机构大崩溃还会走多远，但是消极负面的态度肯定会疯狂蔓延，有很大可能已经过度了，资产便宜得简直不可思议。我们俩从战略层面进行思考后，下定决心买入。如果整个金融世界都崩溃了，不管我们买还是不买，结果都是一样的。但是如果世界没有崩溃，而我们却没有买，那么我们就不配做资产管理这个工作了。身为基金管理人，该买的时候不买，就是不称职。

4万亿投资计划正式出台

1 664点出现在2008年10月28日盘中，但当时并无政策。11月7日，市场盛传要出台大规模的刺激政策，也就是后来的4万亿投资计划。第二天，大盘暴涨7%，水泥股连续6天涨停。11月10日4万亿投资计划正式出台，12月3日国务院常务会议研究部署了金融促进经济发展的九项政策措施。

但当时市场对4万亿投资计划反应并不敏感，市场的脉冲甚至还不如4月底的"印花税行情"和9月下旬的"猛药行情"，很快就进入为期三个月的调整。

我发现对很多重大拐点，市场上总会有诸多质疑的声音。对于A股，我们必须对政策给予一定的关注，特别是处于拐点时刻。首先，政策端掌握了大量资源，其行为往往会改变市场走向；其次，也是更重要的，政策端往往会在一个行情的末端采取措施。我观察政策变迁很多年，发现确实是符合价值规律的，往往是在行情疯狂的时候实施监管，行情低迷的时候提供支持。这个时候，可能价值规律本身就会使市场反向运动，再加上政策端强有力的行动，行情就会反转。在A股做投资还是要多关注政府的行为，特别是它在产业高点、低点位置的反向运动。只是当时我对此理解并不深刻。

全年
总结及感悟

2008年我从策略部调到海外研究部，负责港股和中概股的策略研究。我入行时在策略部，方向是美国经济和港股策略，等到2007年10月申万正式成立海外部，从各部门调聚精英，我自然而然也就到了海外部。因此，2008年我在海外部以非主流的视角观察A股，但这一状态让我当年大受裨益。由于工作安排，2008年需要在香港生活几个月，这让我对次贷危机有更直观的感受。

2008年的行情让我对以下两点有深刻体会。

泡沫的破灭

我在"2007：蓝筹泡沫"中谈到"大众对泡沫的误解以及投资者对泡沫的应对，但这只是泡沫的一部分，另一部分就是泡沫的破灭。复盘国际金融泡沫史，一旦泡沫破灭，个股跌70%甚至90%是家常便饭。没有经历过总觉得"这只是书上写的","现实不一样",在2007年年底谁会想到指数和个股会跌这么多。

所以,可以说2007—2008年的市场,让我对泡沫的产生和崩溃有了非常直观的理解,纸上得来终觉浅。这就是我说的"2005年以后入行晚几年就可能错过一个时代"的原因。

2008年对我后来投资最大的启发是,"我们可能无法判断泡沫何时破裂,可一旦破裂就必须按照破裂后的走法计算"。一般而言,泡沫破裂要经过三个阶段。第一个阶段是突然大跌,这个阶段没有基本面的原因,也很难区分是熊市开启还是牛市调整,因此很难躲避。要躲避这波大跌,除了运气,只有不参与之前的泡沫。第二个阶段是快速反弹。由于之前的下跌快速且无基本面理由,所以很容易引发快速反弹,并且品种和之前牛市的主角雷同,因为大部分人将之前的下跌理解为"错杀"。这个阶段市场迅速反弹、幅度很大,部分子领域甚至会创新高。这个阶段其实很难操作。没有经验的投资者之前已被闷杀,之后也不会跑;有经验的投资者也很难想到后续还有波巨大下跌仍全力参与。第三个阶段就是绝杀和阴跌,这个过程可能会持续很长一段时间。此时估值已经大大降低,股价更已经腰斩,但还是跌跌不休。这个过程如钝刀子割肉、温水煮青蛙,时不时还来几根大阳线让人无法割舍,高手往往在这个时候抄底。

总结起来一句话:"泡沫破灭往往先跌一半,反弹一段时间再跌一半,最终高点下来跌70%,然后才可能有大行情。正是对这个规律的把握,让我对后续创业板泡沫的破灭和反弹进行了实战操作,此为后话,容后再叙。

对港股和价值投资的理解

2006—2008年,我研究港股快两年,甚至阶段性在香港居住,但始终没有亲切的感觉。这里最大的问题可能在于港股的资金，港股缺乏长期资金，大部分的资金都来无影、去无踪。在这样一个市场上，可能很难谈"价值投资"，更多的是趋势和博弈。

我以前看巴菲特的著作，经常有个困惑：为什么巴菲特说他自己是85%的格雷厄姆和15%的费雪。在我看来，巴菲特从20世纪70年代以后更多的是成长投资而非价值投资，他更注重企业的无形资产，宁愿用合理价格选择好公司而非用低估价格买入烂公司。而这些恰恰是费雪或者芒格坚持的地方，因此我认为后期的巴菲特应该是"85%的费雪和15%的格雷厄姆"才对。

后来我阅读了巴菲特所有致股东的信才明白，其实二级市场的投资只是巴菲特很小的一部分，伯克希尔-哈撒韦可能有7 000亿美元的资产，但投资在二级市场上的仅有2 000多亿美元。在二级市场投资，不管如何，流动性都偏宽松，不像一级市场和股权投资那样，投进去就很难抽身。所以，长期资金一定会比流动资金更重视企业整体的价值而非边际变化。

因此，价值投资的一个前提就是必须有一笔长期资金，不会随意离开这个市场。从这个角度讲，美股是个强大的市场，吸引了很多长期资金，一些资金即便由于金融风暴短期抽离也会投入美债或者美元，不会系统性离开这个金融市场。而港股由于缺乏长期资金，趋势的力量会更强。

这是我于2009年回归A股的原因，也是我转战投资A股后很少碰港股的原因，即便是同时在A股和港股上市的公司，我都会买A股而不是港股，因为我并不是特别清楚港股市场的行为规则。

总之，2008年又是一个神奇的年份，2009年精彩还在继续。

─ 2009年 ─
肌肉记忆

2009年是个小牛市，全年的行情分为三段：1—3月、4—7月和9—12月，其中8月的大跌非常重要，具有分水岭的意义。

1—3月的上涨

刺激政策在市场中泛起了少许涟漪，但并没有马上蔚然成风。当时很多人有两个疑问：其一，真的会有这么大的刺激力度吗？其二，是否真的有用？如果政策救助有用，那怎么会有经济周期？更何况是百年一遇的金融风暴。第一个疑问很快就被打消了，但第二个疑问整整困扰了资本市场两年。历史又一次嘲讽了人们自以为是的预判，回过头看，自那以后，经济义无反顾地走向了过热。其实一旦碰到这种问题，单纯争论没任何意义，需要为争论设置一些观察点。针对当时市场的两个疑问，需要搞清以下两个问题。

刺激力度到底有多大

由于经济的刺激手段主要是财政政策、货币政策和产业政策，而其中最直接有效的就是货币政策，所以聚焦货币政策对于解决第一个争议非常关键。而我国的货币政策分为量（信贷）、价（利率）和一些窗口指导，其中量比价更重要，所以岁末年初，投资者对信贷量非常关注。当时通过调研五大行旬度的信贷量来推算全行业的信贷量，结果相当惊人。最终，2009年1月的新增信贷是1.62万亿元，这是什么概念？在2009年之前很长一段时间，中国一年的信贷量大概只有5万亿元左右，按照银行业惯有的3∶3∶2∶2投放节奏，第一季度投放1.5万亿元左右。结果，2009年1月就投放了1.62万亿元，并且后续没有放缓，可想而知当年的刺激力度有多大（见图2-41）。

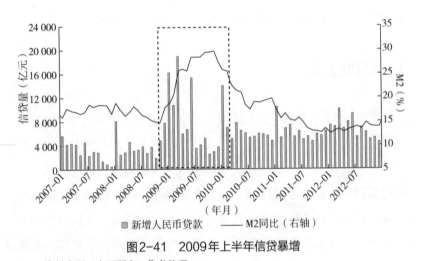

图2-41　2009年上半年信贷暴增

资料来源：申万研究，作者整理。

这么大的刺激作用如何

这可是百年一遇的金融危机，如果刺激有用，那还会有百年一遇的危机吗？针对这一问题，我们需要找到经济的反应。由于当时天寒地冻，北方无法开工，跟踪南方的数据更加合适。而此时国际市场还在进一步收缩，刺激政策更多是拉动基建和内需，所以观察工业生产比出口订单更准确。综上分析，南方六大电厂旬度的发电量是比较合适的分析指标，其数据如图2-42所示，刺激有立竿见影的效果。

以上两个数据在1月14日左右即可获得，这就是当天上证综指大涨3.52%，突破横盘区间的根本原因。当时券商有不少产业链调研，但很多都是无的放矢、缺乏规划，甚至有误导性的。比如跑到广东或者苏浙出口重镇问出口订单，结果形势异常严峻，导致对经济和市场更加悲观；或者一下子扎到西部看基建，其实当地无论之前回落还是之后复苏，受影响都较小。所以，盲目、未经设计的调研是没有意义的。

此时，利好政策持续不断。1月7日，工信部发放3G牌照。1月14日—2月25日，政策端出台十大产业规划，还有汽车和家电下乡、以旧换新等。这些规划都对当年的主题行情甚至年度行情产生重大影响。就主题而言，十大产业规划出台恰逢A股传统的春季躁动，这为主题

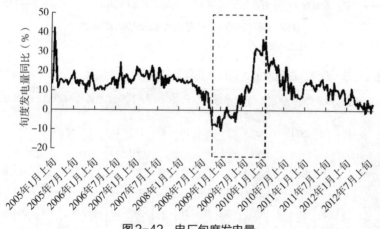

图2-42　电厂旬度发电量

资料来源：申万研究，作者整理。

投资提供了良好的素材，我记得当年新能源被炒得如火如荼。这应该是A股第一波新能源行情，纯主题，毫无基本面可言，只是想不到若干年后它会成为真正具有基本面的主流行情（见图2-43）。

此外，3G牌照发放、家电和汽车的下乡使通信设备、白色家电和乘用车成为2009年表现最好的三个板块，并且2009年也是这几个行业最风光的时候（见表2-25）。

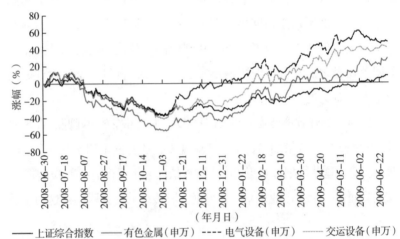

图2-43 2009年年初春季躁动热炒新能源
资料来源：申万研究，作者整理。

表2-25 通信、白色家电、乘用车历年涨跌幅 （%）

	2005	2006	2007	2008	2009	2010	2011	2012	2013	2014	2015	2016	2017	2018	2019	2020
白色家电	-12	92	255	-54	156	7	-28	16	42	17	44	4	55	-31	59	32
乘用车		139	218	-79	336	-27	-15	27	19	31	16	-5	17	-27	-2	109
通信设备	-23	49	97	-47	122	6	-37	-21	49	39	80	-19	-2	-33	20	-7

资料来源：同花顺，作者整理。

1月14日突破后，市场一直涨到2月16日，其间上证综指的涨幅为28.2%。2月17日市场急转而下，2月18日上证综指又大跌4.7%，这两天近8%的跌幅主要因为当时市场传闻"央行将严查票据融资"。其实当时票据融资占比高是很正常的，因为一方面政策力度大，另一方面经济尚未全面恢复，所以很多银行先用短期的票据占据信贷额度，这并不是不健康的套利，也不说明信贷政策的反复。但当时的市场还是如惊弓之鸟，一点点传闻就引发大跌。再加上美股次贷危机的最后一波杀跌，也加剧了A股的调整。A股最低点出现在2008年10月，但美股又多跌了4个月。2009年年初，花旗银行公布2008年第四季度高达82.9亿美元的亏损，道琼斯工业指数跌破7 500点，创6年新低。

但2月下旬的调整很快就过去了，持续不断的政策和层出不穷的利好消息支持A股继续向上，市场在3月底再次突破2 400点。整体而言，2009年1月中旬后，市场就吹响了反击的号角，中间只有短暂的波折，很快就被修复。

4—7月的加速

随着时间的流逝，越来越多的证据表明经济在次第复苏（基建先行，地产跟上，最后是制造业复苏），利好政策还在持续出现。从数据上看，2008—2009年的单季GDP是典型的V形反转，2009年第一季度掉到6.4%，2009年第三季度就恢复了（见图2-44）。随着经济的复苏，市场的上涨速度也越来越快，年初的质疑被一扫而空。

这段时间无论是大类轮动，还是行业轮动，都严格遵循着那个著名的"时钟"。一时间，美林时钟大行其道，成为策略研究的标

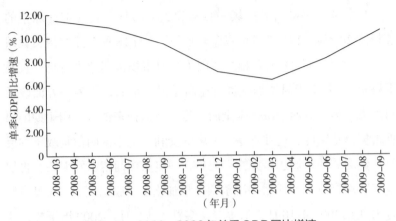

图2-44　2008—2009年单季GDP同比增速

资料来源：同花顺，作者整理。

准范式。

从表2-26就可以看出，2009年1—7月，一开始市场以先导性行业（房地产、白色家电、汽车）和资源品（煤炭、有色金属）为主，到了6—7月就过渡为金融（银行、非银金融）和中游制造（钢铁）。

其实上述行业轮动，除了投资时钟所涉及的产业复苏路径，还有一个很重要的背景，就是投资者行为。一开始，很多人都在观望，所以市场上涨比较缓慢，品种主要集中在受货币政策影响较大的可选消费品（房地产、汽车和白色家电）和肌肉记忆（2007年涨幅最大的上游资源品煤炭、有色金属）。随着时间的流逝，经济复苏的态势愈加明显，市场上涨的斜率也开始改变，踏空的人群需要寻找还未大涨的标的。所以，从2009年6月开始，一些大家伙比如银行、石油石化开始上涨，最终轮动到中游（钢铁）。我记得当时参加一个大型基金的路演，其中一位基金经理特别着急，一个劲儿问"该买什么，可以迅速填补仓位，把收益追回来"。

所以，到了2009年7月，市场的氛围已经有点狂热。当时一

表2-26 2009年1—7月行业轮动　　　　　　　　　　　　　　　　　　（%）

一级行业	2009年1月	2009年2月	2009年3月	2009年4月	2009年5月	2009年6月	2009年7月
石油石化	11.0	2.7	9.6	5.9	8.7	4.1	24.9
通信	3.4	2.3	18.0	14.5	−6.5	7.4	18.6
基础化工	14.9	4.1	17.7	5.1	4.5	2.4	22.4
计算机	10.5	2.5	18.1	10.5	4.9	−0.6	15.2
钢铁	16.0	0.2	12.9	−0.2	6.9	16.9	34.6
美容护理	11.7	3.3	10.7	10.9	−2.0	13.7	19.3
汽车	19.8	15.1	24.1	14.3	9.4	1.5	20.3
电子	15.7	8.2	24.9	5.3	6.2	0.9	15.5
家用电器	2.1	15.9	15.7	16.2	1.7	3.8	10.0
轻工制造	13.1	4.7	22.9	4.9	3.0	3.5	15.9
建筑材料	20.6	12.5	19.5	11.1	−3.2	5.2	14.7
银行	14.6	4.1	14.4	2.9	9.8	28.2	11.8
非银金融	18.7	2.6	22.9	−1.6	3.7	17.6	25.9
商贸零售	3.5	8.6	16.0	12.3	2.3	8.1	6.1
机械设备	21.4	7.3	16.3	5.4	2.7	6.7	14.6
食品饮料	1.6	10.4	7.3	6.1	2.4	18.1	10.9

一级行业	2009年1月	2009年2月	2009年3月	2009年4月	2009年5月	2009年6月	2009年7月
农林牧渔	12.7	9.2	11.5	-3.4	2.5	5.7	11.8
纺织服饰	16.4	5.2	23.6	5.1	4.6	7.7	10.2
传媒	11.2	1.4	16.0	12.0	1.6	0.8	7.9
社会服务	13.0	7.7	23.9	4.6	11.3	9.0	10.6
交通运输	13.1	4.5	21.1	2.8	1.6	7.0	15.0
国防军工	26.6	5.3	18.7	6.8	3.3	1.3	32.2
医药生物	8.3	4.8	11.8	7.3	-1.4	9.1	6.4
环保	15.6	6.6	19.4	2.1	7.7	3.0	11.6
建筑装饰	4.9	1.6	10.1	3.0	1.4	9.5	13.5
有色金属	20.7	20.1	31.1	-1.5	10.3	14.0	30.3
公共事业	6.9	5.4	13.0	0.4	3.4	3.9	18.7
电力设备	8.2	3.7	23.1	5.2	13.3	-7.7	9.1
煤炭	24.5	-3.8	25.0	21.0	16.5	13.8	29.7
综合	17.0	10.1	26.7	7.1	7.2	5.4	12.2
房地产	14.4	8.8	27.3	7.1	9.1	21.3	8.9

资料来源：同花顺，作者整理。

种比较激进的看法是，2007年的牛市根本没有结束，2008年的大跌只是牛市调整，类似1986—1990年台湾股市两次近50%的调整。当时有人认为后面会突破6 124点，把牛市引领到新的高度。

在一片祥和的气氛中，利空消息悄悄堆积。首先，在6月新增信贷大幅投放了1.5万亿元以后，7月的信贷仅为3 559亿元，远低于前几个月的平均水平（见图2-45）。其次，2008年12月以后一直停发的1年期央票在7月重新发行，并且发行利率持续上行，银行间利率也出现了飙升（见图2-46）。最后媒体报道部分地区房地产信贷有所收紧。

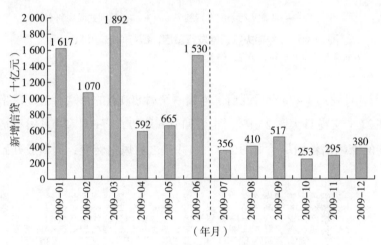

图2-45　2009年7月以后新增信贷回落

资料来源：CEIC、申万研究，作者整理。

8月大跌

2009年7月29日一根5%的大阴线如当头一棒，好久没有幅度这么大的日阴线了。像所有牛市顶部的大阴线一样，这种突发的阴线成为加仓的良机，此后三天市场慢慢回来，并创出新高。终于在

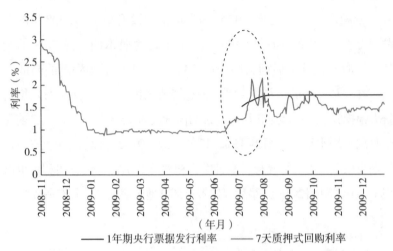

图2-46 1年期央行票据发行重启，银行间市场利率飙升

资料来源：CEIC、申万研究，作者整理。

8月4日到达3 478点后开启了连续一个月800点的杀跌，上证综指在21个交易日大跌24.1%，指数回到6月初，将6月和7月斜率最陡的涨幅消耗殆尽（见图2-47），并且之后风格转变，周期股开始

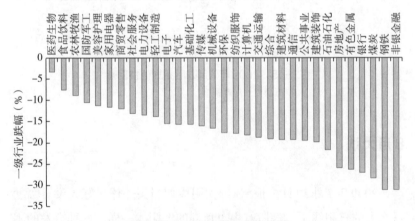

图2-47 2009年8月市场大跌

资料来源：同花顺，作者整理。

走弱，消费股成为主角。

　　这场杀跌令人猝不及防，很多人损失惨重，因为他们在第一季度甚至第二季度都抱着将信将疑的态度，直到7月才重仓参与。这种杀跌使市场的论调又回到了年初的说法：百年一遇的金融危机怎么可能这么快就过去，政策终究还是救不起来的，市场又变得非常悲观。

　　2009年8月到底发生了什么？事后看又是怎样？我曾反复复盘咀嚼，启发如下。

宏观和策略的区别

　　由于2003年以后的行情都是在经济强势推动下的周期股行情，所以宏观和策略经常混为一谈。而2009年的V形反弹又是在货币放水下的"救助行情"，所以市场非常关心"政策何时停止""经济走势如何"等问题。刚开始跌的那几天，市场确实有关于政策变化的传闻，所以很多人都将所有精力放在关注政策、分析宏观上，认为只要把这些问题解决了，就可以把握行情的走向。当时某大型公募基金动用了所有的资源，进行各个层面的调研，最终判断"政策不会收，经济会朝着过热的方向行进，所以市场跌错了，是加仓周期股的机会"。

　　事后看，央行当时确实没有收紧，经济确实朝着过热的方向行进（见图2-48），但是市场跌了就是跌了。并且多年后回头看，市场非常有效，2009年8月就是周期股的顶部，此后几年一直走下坡路。

　　所以当时市场真实的矛盾并不是"宏观调控"和"短期经济走向"，而是这种经济增长的模式以及周期股的估值状态。虽然短期内经济走向过热而非萧条，周期股的景气度大体不差，但市场已经意识到这种经济增长模式不健康，而当时周期股的估值虽不及2007

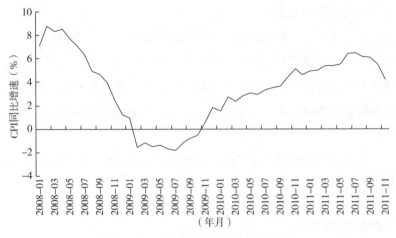

图2-48 经济朝着过热的方向行进

资料来源：同花顺，荒原投资。

年盛世，但整体也不低。在这种情况下，周期股被慢慢抛弃，风格开始转换。市场拥抱更有前景的成长股，这是一个时代的结束，同时又是一个时代的开始。

所以从这个点起，宏观和策略产生了分歧，此后几年即便判断对宏观也未必能看对市场。当然在当时，绝大部分人并未意识到这个问题，很多人甚至是错了两次才做对的。他们首先认为经济会二次探底，然后根据这个宏观判断卖出周期股，负负得正最终做对了。

市场有时候真的很神奇，即便大多数人不这么想，不这么做，它依然会循着内在的规律运行。这段经历让我在以后的投研生涯中格外重视市场的规律研究，而不太在意资金流向、大众看法以及主流机构的观点，因为我经常发现大众的想法、做法可能跟市场走向背道而驰。在很多行业、很多地方跟大多数人站在一起都是安全的，唯独二级市场可能不同。

有没有一种稳定的逃顶模式

2009年8月见顶的模式符合经典的范式，先是慢慢上涨，然后斜率改变，沿着均线上行，突发巨阴，小阳收回，再出巨阴，资金出逃！这种模式在以后也多次出现，特别是2015年6月5—18日的顶，似乎创造了一种模式。

很多人说，要放弃鱼头和鱼尾，只吃鱼身。但实际的情况是，鱼尾比鱼身更肥美，因为经过了长时间的酝酿，最后一个阶段的冲顶是很疯狂的。所以很多人都想把握鱼尾，多持有一天就有以前一个月的收益。可问题是，鱼尾多刺，很危险，这个时候最容易赚钱也最容易亏钱。事实上，我认识的诸多高手都在两个阶段（鱼尾和下跌中段）亏钱。到底有没有一种模式既可以享受鱼尾又可以从容逃顶？这个问题我思考多年，也尝试过很多模式。我相信在这个过程中一定有少数人可以逃顶，也会有一些经验和技巧，但很难形成一种系统可靠的模式，并且这种经验和技巧随着学习效应的扩散最终会失效。所以这世界没有一种既享受又不付出的模式，高手之所以会在鱼尾阶段亏钱，是因为他总觉得自己掌握了某种模式，水平比别人高。

关于风格切换

事后看，2009年8月是个分水岭，之前周期股占优，之后消费股崛起，而且这不是短期的切换，而是一个时代的变化，至此A股就进入我所称的第二个阶段"成长致胜"。

2005年至今，A股有过四次比较明显的风格切换，分别是2010年周期股转消费股、2013年周期股转TMT股、2014年下半年蓝筹股逆袭和2016年的核心资产崛起。第三次和其他三次不同，第三次属于增量切换，而其他三次属于存量切换。所谓增量切换是指有增量资金入场，全市场的资产都涨，原本落后的资产阶段性涨幅更多，从而带来风格切换。而所谓存量切换是指全市场整体资金没有变化，存量博弈、此消彼长，风格切换的效应会更加明显。

存量切换已有三次，因此有些规律可以总结。

（1）切换前往往出现泥沙俱下的暴跌。恰如人的性情，大病一场才可能大变，市场长期形成的风格很难轻易改变，往往需要一场暴跌。2010年的风格切换源自2009年8月的暴跌，2013年之前有2011年开始的两年调整，2016年白马股崛起前经历过"熔断"。

（2）风格切换前需要一段模糊期。暴跌之后不会马上切换风格，需要一段模糊期，前期的强势品种多有复辟，两类资产纠缠不清，最终新的资产才能杀出重围。2009年8月暴跌后，2009年第四季度和2010年第一季度都是模糊期，煤炭、汽车等周期股多有脉冲，直到2010年第二季度才确立消费股的主导地位。2011年暴跌后，2012年市场陷入低位调整，周期股逐步让位于后来牛市的一些品种，但2012年年底起来的第一波还是以民生银行为代表的周期股，直到2013年4月创业板才确立了其龙头地位。2016年年初"熔断"后，市场还时不时地炒一下TMT股，2016年的"两会"之后"互联网金融"大有"复辟"之势，直到2016年8月优质资产才占据主导地位，2017年4月才开始扩散强化。所以说，大的风格切换是一个中长期过程，错过开头完全无所谓，关键是后续的确立及扩散强化。

（3）必然伴随着基本面的此消彼长。大的风格切换很难归为主题投资，因为只有基本面明显的此消彼长才会导致原来聚集的资金放弃原先头寸而转投其他。这种基本面的此消彼长不可能只是概念和梦想，而必须是每股收益（EPS）实质性的变化。2010年风格的实质性变化是由于2010年4月的地产调控，周期股的实质性利空消息出现了。"新医改"带来医药股的黄金三年，白酒一线品牌向二三线扩张，纺织服饰处于门店扩展期……消费股除了属于后周期，子行业确实也有很多自下而上的基本面亮点，基本面的此消彼长最终促成了资金的迁移。2013年TMT股的崛起更是有明显的产业逻辑，智能手机的渗透率已到拐点，移动互联的应用开始爆发，再加上并购重组和外延增长，很多股票的EPS增长迅速，并且这种增长可以脱离当时的整体经济增速回落。多重因素下，市场有极其强烈的转型预期，传统经济不断受到挤压，EPS加速萎缩。所以，此消彼长也促成了风格切换。而2017年的TMT股转回核心资产也大同小异。一方面，"供给侧结构性改革"和三、四线房地产的兴盛导致周期白马股的业绩暴涨；另一方面，前几年坏账的清理导致小盘股不断被打压，EPS也出现了极大的缺口，而这是资金不断迁移的根本。

增量切换只有一次，尚无法形成统计规律的总结，仅能做单独的案例分析。彼时，经过2013—2014年年中近一年半时间小盘股的上涨，市场的热情和赚钱效应是很强的，正是这种热情和赚钱效应驱动增量资金入场。此外，周期股确实处在一个极其便宜的位置，茅台千亿元的市值、万科不到6倍的P/E、银行股普遍低于一倍的P/B，蓝筹股的估值甚至低于998点和1 664点的时候。正由于如此，增量资金入场选择这些向下空间极小、向上空间不明的资产，特别是当时还有一批杠杆型的资金。而当时这批蓝筹股（除了证券）从基本面而言并没有特别的亮点，这一点不符合存量切换的要求，所以这种切换没有导致原先强势资产的下跌，也没有带来场内资金的叛变。放在更长的一段时间看（2015年以后风格马上切回来），转换也并不成功。从本质上讲，这种风格切换与其说是切换，还不如说是牛市扩散，从操作上切换不如死守。

因此，从投资的角度看，我们应更加着重于存量切换而不是增量切换。这个存量切换的过程其实也就是主流机构底仓替换的过程。

平淡的9—12月

经过2009年8月大跌，市场一片悲观，但9月开始市场连涨两周，慢慢修复，这里面确实有政策端的维稳措施。关于维稳行情，我在2012年9月18日《宽体策论》第17篇有过专门论述。

第一，重要事件前夕股市多有上涨，之后大多回落。

第二，熊市中的维稳措施短期有助于股市企稳，但无法形成中长期的支点。

第三，股市呵护政策短期有提振作用，长期来看效果一般。从历史来看，为了呵护股市，监管层会推出一些直接利好股市的政策，如鼓励国有企业增持、汇金增持、停发新股、降低印花税等。这些措施短期可能引发一些反弹，但也很难改变中长期趋势（见表2-27、表2-28、表2-29）。

所以，整体结论就是："维稳行情"短期可以有所期待，中长期难改趋势。

2009年第四季度，上证综指不知不觉又摸到3 300点，这个过程，指数是回去了，但品种换了一批（见图2-49）。8月大跌前，市场反弹的主力是周期股，大跌之后，除了煤炭、汽车等股票，主力换成了消费股和成长股，并且这种风格延续到了2010年。

这个阶段还有一个重要的事件就是创业板首批28家公司集体上市。在这之前，创业板筹备已久，人们期待这就是中国的纳斯达克。2009年9月，首批28家公司千呼万唤始出来。这批股票受到市场的

表2-27　历史上三次汇金增持短期对市场均有积极影响

增持开始 日期	增持行为	当日涨幅 （%）	一周后涨幅 （%）	一个月后 涨幅（%）	一季度后涨 幅（%）
2008-09-18	汇金公司宣布自主购入工商银行、中国银行、建设银行三行股票，并从即日起开始相关市场操作	9.45	21.19	4.12	6.32
2009-10-09	汇金公司宣布增持工商银行、中国银行、建设银行三行的A股股份，并拟在未来12个月内以自身名义继续增持三行股份	4.76	7.21	14.25	14.99
2011-10-10	汇金公司宣布已在二级市场自主购入工商银行、农业银行、中国银行、建设银行四行股票，并继续进行相关市场操作	-0.61	3.44	7.02	-5.65

资料来源：申万研究，作者整理。

表2-28　IPO暂停初期市场维持原有趋势，后续涨幅较大

IPO暂停 日期	IPO重启 日期	当日涨 幅（%）	一周后涨 幅（%）	一个月后 涨幅（%）	一季度后 涨幅（%）	IPO暂停期 间涨幅（%）
2004-08-31	2005-01-23	1.72	0.37	5.86	1.37	-6.44
2005-05-25	2006-06-02	-0.16	-3.23	2.61	7.09	55.46
2008-09-16	2009-06-29	-4.47	5.86	-8.16	-5.54	43.07

资料来源：申万研究，作者整理。

热捧，连带后来上市的诸多公司都大幅上涨，等到2010年6月创业板形成指数的市盈率达到70多倍。这么高的估值调整了两年多（见图2-50），最终形成了历史级别的行情，此为后话。

表2-29　印花税调整对A股市场脉冲效应明显，长期影响不显著

印花税 调整时间	调整 内容	当日涨幅 （%）	一周后涨 幅（%）	一个月后 涨幅（%）	一季度后涨 幅（%）
2001-11-16	从4‰调至2‰	1.57	5.63	3.34	-7.08
2005-01-23	从2‰调至1‰	1.73	-1.69	6.06	-5.29
2007-05-30	从1‰调至3‰	-6.50	-12.89	-11.86	19.83
2008-04-24	从3‰调至1‰	9.29	12.65	5.94	-13.44
2008-09-19	单边征收，税率 不变	9.46	20.99	1.84	6.32

资料来源：申万研究，作者整理。

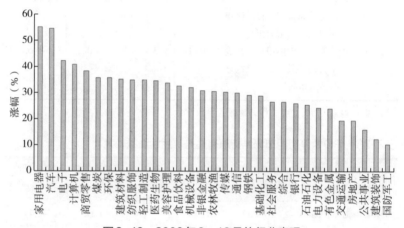

图2-49　2009年9—12月的行业表现

资料来源：同花顺，作者整理。

全年
总结及感悟

2009年是我入行的第三年，也是我从海外部重回A股的年份。

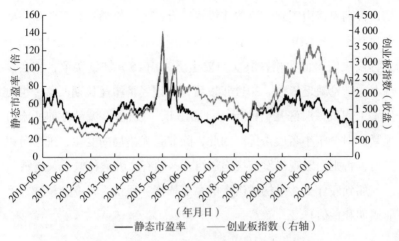

图2-50 创业板指数的历史走势及估值

资料来源：同花顺，作者整理。

那一年由于在香港偶获"投资时钟"，相当于得到武功秘籍，所以在前7个月的判断中如有神助。但8月的大跌又把我拉回人间，让我困惑了好一阵子，之前"神乎其神"的判断方法突然失效了，此后很长一段时间我的判断结论都是错误的。

市场判断就是如此，总是对一阵、错一阵。从我开始对市场有感觉后，就是如此。2008年年底至2009年7月正确、2009年8月至2011年8月错误、2011年9月至2012年11月如有神助、2012年12月至2014年7月错误、2014年8月至2016年3月正确、2016年4月至2017年12月错误、2018年1月至2019年8月正确、2019年9月至2021年8月错误、2021年8月至今又正确……

所以宏观和市场判断只是A股投资的一个维度，甚至不是最主要的依据。就市场和风格而言，虽然我们或多或少都会考虑，但将其作为投资的出发点，无疑是将城堡建立在沙滩上。市场变幻莫测、风格起伏不定，我至今没见过一个人、一本书或者一种方法能稳定有效。至于宏观，除非是做宏观对冲或者碰到大起大落的市场，否则直接由宏观结论构建投资组合，过于粗糙。我经常看一些宏观专家，从GDP的判断直接过渡到周期股的投资，从流动性的多少直接决定市值风格，其实只要坐下来用15分钟做实证，就会发现上述结论缺乏依据。2011年以后，中国经济增速长期回落，也诞生了工程机械股涨几倍的行情；2013年"钱荒"，流动性前所未有地紧，但全年小盘股占优。因此，除非是大格局的变化，细节可以忽略，否则由宏观出发直接构建组合，颇有"大炮打蚊子"之嫌。

那到底什么才是构建组合的主要依据？我认为是商业模式、产业周期和估值！

商业模式

商业模式决定了企业永续经营的状态，是中期ROE和估值中枢的重要依托。虽然凯恩斯说"长期我们都死了"，但"基于永恒来看待现在"能让投资更长久。一个不好的商业模式，即便短期有爆发力和新鲜感，但中期难免一地鸡毛；而一个好的商业模式，即便短期陷入困境，最终也会改善。因此，不是所有陷入周期困境、估值低位的品种都值得逆向投资，只有那些根子上好的商业模式才有重回巅峰的可能。所以，商业模式可能是三者中最重要的因素，也是后两者的前提。

基于此，我们将中信证券行业分类的一级29个行业2004—2021年平均ROE做了排序，以证明商业模式的重要性。之所以选择2004—2021年，是因为该阶段中国经济经历了向上和向下的完整周期，对所有行业都大致公平，最大程度上剔除了产业周期带来的影响。最终结果如图2-51所示。

从图2-51中我们可以得出几个令人惊讶同时又合乎情理的结论：其一，市场公认"价值陷阱"的银行的平均ROE排名居前

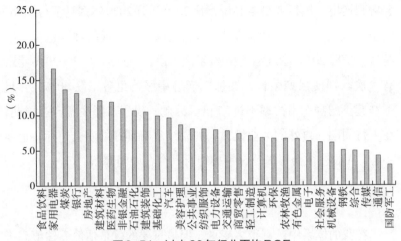

图 2-51　过去 20 年行业平均 ROE

资料来源：同花顺，作者整理。

（其实你去看看美国过去 100 年的银行业，其平均 ROE 也有 10%，银行股成为巴菲特持仓最长的股票是有道理的）。其二，市场追捧的 TMT、军工和科技行业排名居末。这一点其实很好理解，投资不应该追求变化，而应该基于不变，那些长期稳定存在、不断掘取消费者剩余的行业才是真正好的行业。从这个意义上讲，白酒业、银行业还有彼得·林奇书中的殡葬业都是极好的行业。科技股能推动人类进步，能给投资者带来短期绚烂的业绩，但最终大多都陨落在历史的长河中。

产业周期

没有永恒的赛道，只有永远的周期波动。一个再好的商业模式也会碰到逆境，当一个好的商业模式碰到周期逆境、股价大跌，就创造了巨大的投资机会，我们仔细分析巴菲特的经典案例，大多如此。前文提及，白酒业和银行业都是极好的商业模式，但它们同样会碰到逆境。银行业自不必说，从2013年到2020年都是下行周期，以至于被人当作"价值陷阱"。白酒业这个"永远的神"也曾经蹉跎过，摈除20世纪80年代和90年代不说，最近的2013—2016年就有一次。即便强如茅台，在那次逆境中股价也曾下跌60%，并且下跌起点的静态市盈率不过27倍。因此，投资需要注意产业周期，在下行周期，再好的商业模式，如果没有特别好的安全边际，也要小心，A股往往会很极致，钟摆绝对不会在中间停留。

估值

在我的体系中，有很多变量，但最重要的就是估值。估值高了未必一定就跌，但中期的潜在复合收益率就低了，而且会让整个系统变得脆弱。古今中外很多案例表明：一个公司有良好的商业模式，处于蒸蒸日上的产业周期，但由于估值过高，可能导致很长一段时间没有收益。1972年以后15年的"漂亮50"，1998年以后近20年的可口可乐，还有2007年以后的茅台、招商银行、中国平安、五粮液……要知道，这些公司还是大浪淘沙的幸运儿。所以，估值是保护自己最好的方式。无论是投资还是对世界的认知，我们都有很多缺陷，必须预留安全边际。

对我个人而言，2009年还有一个重要的变化，就是经过几年的思考阅读，开始输出体系研究的结果。从2009年9月开始，以一月一篇的速度撰写《策略思考》的18篇文章，这个过程一直持续到2013年2月。当时我完成了《策略思考》18篇、《行业比较思考》13篇和《宽体策论》21篇，共52篇文章，这些文章在2014年形成了一本书，就是《策略投资方法论》，这应该是我在卖方生涯最大的成绩，而不是新财富的第一名。至今仍有人读这些文章，仍有人说当年是读着我的书入行的，这也是我今天认真写这本书的动力。

第三章

2010—2015 年：
成长致胜

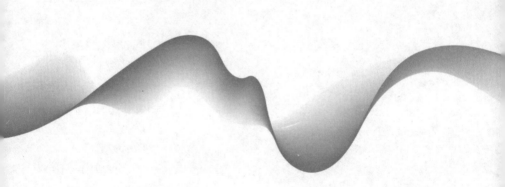

成长崛起与互联网思维

2010年以后，市场进入第二阶段，行情特征和主流方法论与上个阶段迥然不同，本节先描述行情演变，再总结主流方法论。

行情总论：周期退去、成长崛起，先经典成长、后赛道成长

2009年8月之后，周期股逐步退去，成长股开始崛起。所谓成长股是一个很宽泛的概念，难以精确定义。即便在周期为王的年代，很多强周期股也被说成成长股，因为其净利润可以连续多年稳定、高速地成长。所以，这里所谓的成长股更多的是一种约定俗成的说法，主要分为两类，一类是经典成长股，即必需消费品，如白酒、医药等；另一类是赛道成长股，如2013年的传媒和2019年的新能源。

中信证券金融工程部有个风格指数，包含金融、周期、消费、成长和稳定五大类，其中周期指数就是我们所谓的周期股，消费指数就是经典成长股，成长指数就是赛道成长股。我们挑选周期、消费和成长三大指数，并且用消费指数/周期指数、成长指数/周期指数来绘制两条曲线，2005—2015年该曲线如图3-1所示。

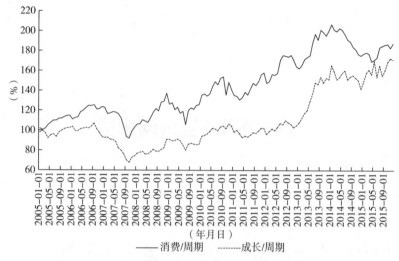

图3-1　消费指数/周期指数和成长指数/周期指数
资料来源：同花顺，作者整理。

从图3-1可以明显看出，2005—2015年分为两个阶段。

第一阶段：2005年1月—2009年7月，周期为王的年代。其实从2003年开始，周期股就已经跑赢成长股，只是中信证券的这套指数从2005年才开始，所以我们的分析也从2005年开始。

从图3-1看，周期指数明显跑赢成长指数，但和消费指数大体相当。这里最主要的原因就是白酒股一枝独秀，即便是在那个"周期为王"的年代白酒股也不遑多让。我们所谓的经典成长股主要包括食品饮料、医药生物、家用电器、纺织服饰、商贸零售和社会服务六大行业，从图3-2可以看出，2005年1月—2009年7月，商贸零售还跑赢了周期股中最典型的煤炭。

这个阶段又分为如下几个小阶段：2005年1月—2006年8月同步上涨，周期股还略微跑输；2006年9月—2007年9月周期股大幅跑赢，这一年是周期股的盛世，也体现了那个牛市最主要的特征；

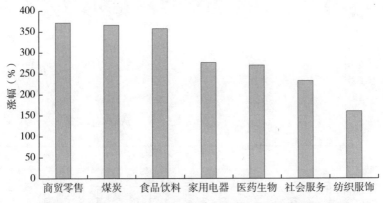

图3-2　2005年1月—2009年7月消费行业与周期股的涨幅

资料来源：同花顺，作者整理。

2007年10月—2008年12月周期股大幅跑输；2009年1月—2009年7月是周期股最后的荣光。

第二阶段：2009年8月—2015年12月成长致胜的年代。从图3-1可见，这个阶段消费成长股基本一骑绝尘，与周期股的比值从2009年7月的105.7%大幅扩大到2015年12月的187.42%，中间还在2014年1月创出高点206.79%；而赛道成长股在一开始优势并不大，到了2012年12月才开始发力，最终它和周期股的比值也从2009年7月的低点80.13%扩大到2015年12月的142.23%。

这个过程除了成长股整体占优，更重要的是成长股内部的轮动。消费成长股的上涨贯穿始终，但赛道成长股后来居上。这种模式在过去十几年（2009—2021年）发生过两次。第一次是2009年7月—2015年12月，前半段2009年7月—2012年12月消费成长股上涨、赛道成长股跟随，而在下半段2013年1月—2015年12月赛道成长股明显更疯狂。当时的赛道主要是以移动互联网为代表的传媒股，我们以食品饮料指数和传媒指数作为佐征，如图3-3所示。

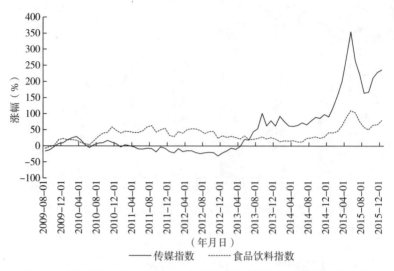

图3-3　2009年7月—2015年12月食品饮料指数和传媒指数的走势

资料来源：同花顺，作者整理。

　　第二次是2016年2月—2021年12月，前半段2016年2月—2019年12月也是传统的消费成长股占优，而在下半段2020年1月—2021年12月就是赛道成长股占优，只不过当时的赛道成长股换成了新能源。我们用食品饮料指数和新能源指数为佐征，如图3-4所示。

　　为什么会出现这种情况？我想这和市场的风险偏好有直接关系。经典的消费成长股，可以有稳稳的幸福但想象空间并不大。消费能力不会骤然提升，人们不会突然多喝许多白酒、多吃许多酱油，因此这些经典成长股即便因稳定性而获得一定溢价，但也不能太离谱，其估值有一定的天花板。可市场经过一段时间的酝酿，风险偏好明显提升，需要寻找标的发泄。此时若能找到渗透率提升的赛道，就很容易炒成泡沫。2013—2015年的移动互联网和2019—2021年的新能源即属此类。这类品种由于是新兴事物，估值没有天

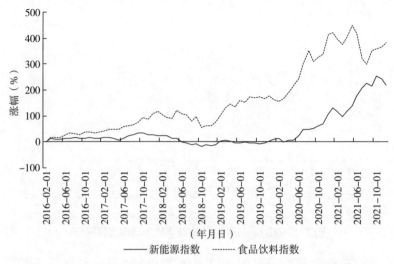

图3-4 2016年2月—2021年12月食品饮料指数和新能源指数的走势
资料来源：同花顺，作者整理。

花板。

因此，科技股投资或者赛道股投资是成长股投资的极限，这就类似正股和衍生品，经典成长股是正股，赛道成长股是衍生品。反之，一旦经典成长股开始崩溃，赛道成长股也就危险了。

就2010—2015年而言，前半段以经典成长股为主，白酒业一如既往的强势、医药业开始走向舞台中央，"喝酒""吃药""吹空调"成为经典的组合。后半段借助智能手机的崛起，还有移动互联和兼并重组等概念，创业板的走势是集中体现。

智能手机渗透率的提升以及在此基础上的衍生应用，主导了2010—2015年五年的成长股投资。从图3-5看，智能手机渗透率在2011—2014年的短短四年就从10%提升到90%，这在人类科技史上都是非常罕见的存在。

这种巨变也给资本市场带来了巨大的投资机会，分为两个

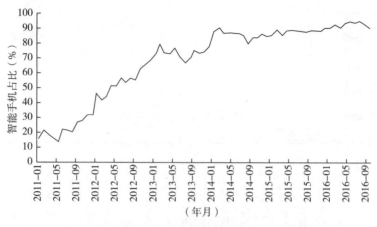

图3-5　2011—2014年智能手机渗透率大幅提升

阶段。第一个阶段是2012年1月—2013年5月，炒硬件（智能手机配件）带来"消费电子行情"。其实这个行情从2010年就开始了，最典型的就是歌尔股份。2007—2009年歌尔股份的归母净利润一直在0.8亿~1.2亿元徘徊，2010年开始突破，到2014年翻了16倍，此后又在高位徘徊。相应估值从2008年的23倍提升至2010年的74倍，又回落到2013年的41倍，最后到25倍左右（见图3-6）。

从2013年6月开始，随着渗透率到达一定程度，硬件的增速开始下降、应用的红利开始出现，例如手游、各种App以及最终的互联网金融股票大涨（见表3-1）。

反映在创业板指数上，指数从2012年11月的585点见底，到2015年6月的4 037点，共涨了590%，涨幅和2005—2007年的"周期牛"相当，是我入行以来第二个全面的大牛市。

如果把上证综指（沪深300指数从2005年才开始，所以这里用更早的上证综指代替）2003年1月—2014年6月近10年的走势，与创业板指数2010年6月—2018年12月近10年的走势比较，就会发

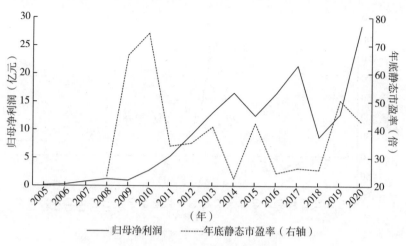

图3-6 歌尔股份的盈利和估值

资料来源：同花顺，作者整理。

表3-1 硬件股和应用股的表现

	欧菲光	歌尔股份	银之杰	恒生电子	卫宁健康	网宿科技	掌趣科技
2012年1月—2013年5月（%）	423.22	164.75	45.11	10.10	74.12	161.50	259.03
2013年6月—2015年5月（%）	90.46	16.57	3 482.94	825.22	856.21	610.02	205.82

资料来源：同花顺，作者整理。

现有很多共同之处（见图3-7）。

第一，同样经历过酝酿预演的阶段。我在前文已经写得很清楚：2005—2007年周期大牛市在2003年的"五朵金花"就已经有所预演，但最终上证综指还是破了前期低点，最低跌至998点。创业板也是如此，创业板首批28只股票在2009年10月上市，指数在2010年6月形成，创业板从2009年10月—2010年12月大致涨了

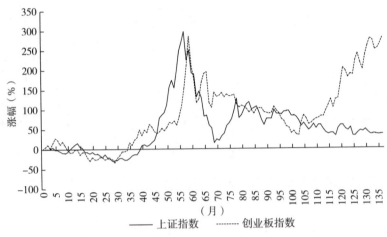

图3-7　上证综指和创业板指数的走势

资料来源：同花顺，作者整理。

20%。而智能手机的硬件行情从2010年就出现了，莱宝高科是当年的大牛股。这也相当于"五朵金花"，但创业板指数后来同样创了新低，甚至跌到585点。

　　第二，同样出现了近6倍的大行情。从2005年6月的998点到2007年10月的6 124点上证综指大涨514%，类比创业板指数590%的上涨，同样是两年半时间。而且走势大体相同，从2005年6月到2007年"5·30"上证综指两年涨了两倍，后面斜率改变半年又翻一倍。创业板指数从2012年12月到2014年12月两年涨了两倍，此后半年又翻1.5倍。

　　第三，同样大跌超过70%。上证综指在2008年就大跌70%，创业板指数花了三年半的时间才跌了70%。即便是个大泡沫，只要指数下跌了70%，泡沫也基本出清，机会开始大于风险。

　　第四，泡沫出清后，指数又大涨，几乎创新高。上证综指在深度调整后，借着创业板牛市大涨，虽然不是主角但也接近前期高点。同样，创业板在深度调整后，在2019—2021年新能源的大牛市中又翻了两番，几乎接近前期高点。

总之，2010—2015年是成长致胜的年代，与上个阶段的选美标准有很大不同，之前的王者在这个阶段非常不适应。

主流方法论：互联网思维

行情的变化导致方法论的变化。之前统御江湖的投资时钟逐渐失效，以至于绝迹江湖。其实很多方法论都是事后总结，我们不可能凭空创造一套方法论。投资时钟是2009年才出现在A股的，那个时候已经接近周期行情的尾声。2010—2011年投资者还在不断总结，出现了诸多版本的"A股时钟"，可效果却不如当年。之后大类资产仍在变迁、行业依旧轮动，幅度很大、时间很长，但基本与投资时钟无关，有时候甚至背道而驰。比如，2013—2015年年中的大牛市处于经济迅速下台阶的阶段，按照投资时钟标准权益资产显然不应该成为首选；同样，2015年8月—2016年10月，经济暂时企稳，但债券市场迎来了大牛市，这显然也不是投资时钟所能解释的。因此，2010—2015年，投资时钟法力尽失，再也无人提及。事后总结，投资时钟之所以失效是因为中国经济的波动开始收敛（见图3-8），2012—2019年中国经济总体波动收敛，既无通胀也无通缩，时钟不转了，效果自然就没了。

投资时钟失效后，自上而下大一统的模式没有了，市场陷入暂时的混乱，接下来群雄并起，更多采取自下而上"翻石头"的方法。2010—2011年，由于全球央行放水带来的通胀依然隶属宏观领域，投资时钟还散发着最后的余晖。2012年货币政策开始放松，但投资者更多倾向于自下而上挖掘个股，仅年底有波脉冲。2013—

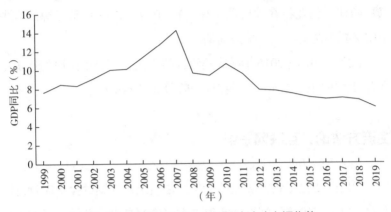

图3-8 2012年以后，中国经济波动大幅收敛

资料来源：同花顺，作者整理。

2014年，随着创业板的崛起，资金不断向互联网相关的股票集中。到了2015年，恰如2007年下半年，市场开始总结提炼相关的方法论。

当时总结的方法论一言以蔽之——互联网思维。首先，模式重于报表，看一家公司就看商业模式，而且这种商业模式跟我们传统意义上的商业模式不一样，不是公司赚钱盈利的方式，而是聚拢数据、吸引流量、争取资源的能力。这种能力只是提供了未来变现的一种可能性，但对于这种可能性市场并不去深究，更不会看当前的报表。当时有句话，叫"看报表就已经输在起跑线"，事后证明很多模式没有兑现、一地鸡毛。其次，重视转型，轻视传统。在那个年代，很多经典白马股被抛弃，一方面当时白马股的基本面确实不好，另一方面由于传统的业务受到歧视，估值被极度压缩。当然，物极必反，盛极而衰，正是由于这种极致压缩使它们成为下一个年代（茅宁共舞的年代）的主角；最后，借助外延，忽视内生。这个年代外延并购蔚然成风，很多机构忽视内生主业，甚至希望主业越差越好，因为越差转型的概率越大。市场似乎又回到了"5·19"炒壳的年代，这种并购重组、资产注入也为2018年年底的大量商誉计提埋下祸患。

坦率而言，以上的视角我觉得很难算是一种系统的方法，只能算是当年市场主流的"选美"标准。这种标准令很多较传统的基金经理无所适从，所以当年出了很多新锐基金经理，而很多老牌基金经理都噤若寒蝉。当年也出了很多爆款产品，名称中带有"轻资产""商业模式"等字眼，集中体现了当时的市场偏好。而我深刻记得2007年的时候市场还偏好"重资产"，只要家里有"矿"就一切安好。

尽管那个年代的方法论"离经叛道"，但依然有很多是符合规律的部分。比如，景气度周期依然遵循由低到高的过程：移动互联网的景气度从一开始的3G、4G建设和Iphone 4的出现，再到后来渗透率的提升，前后经历了五年的时间；App的大量出现、应用端的普及也有一个过程，整体而言移动互联网的景气度提升肉眼可见。又如，估值也是一个不断提升的过程。在2010年年初，消费股相对于周期股处于一个系统低估的状态，到了2012年年底创业板指数的静态P/E已经不到30倍。此后几年慢慢爬升，2015年年中到了令人瞠目结舌的地步。再如，人性还是由恐惧到贪婪。一开始投资者对新事物也是将信将疑，随着股价的上涨，投资者最终觉得"互联网改变人生"。

所以，尽管那五年的方法论有变化，但依然透露着不变。

— 2010年 —
尝试切换

2010年是个典型的V形走势，上半年下跌，下半年收回。2010年的走势几乎完全可以用季度表述：第一季度是传统意义的春季躁动、第二季度大跌、第三季度回升横盘、第四季度飙升回落。

第一季度春季躁动

2009年下半年市场就一直有"宏观调控"的传闻，2010年年初终于靴子落地。1月12日国务院发布了《关于促进房地产市场平稳健康发展的通知》，这是房地产重回调控的开始，后续不断加码，限购限贷，但这并没有阻止房地产进一步走向泡沫。同一日央行上调存款准备金率，这是自2008年9月"双降"后货币政策的实质性转向，此后一年5次提准、2次加息，但这也没有阻止通胀的爆发。

此外，欧债危机开始出现，2月5日欧洲某些国家债务违约，西班牙股市大跌6%，国际市场的风险似乎又来了。但2010年年初A股的波动并不大，还是出现了传统意义上的春季躁动。

2010年的春季躁动略显平淡，唯一的亮点在出口相关的板块，如纺织服饰和轻工制造等（见图3-9）。我在2012年3月的文章《春

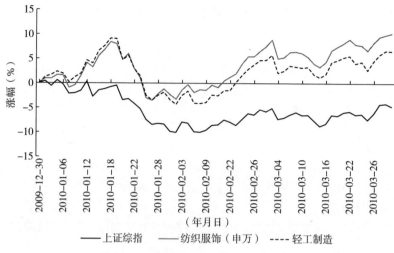

图3-9 2010年春季出口板块表现优异

资料来源：万得资讯，作者整理。

季躁动，四月决断》中曾总结过：A股的春季躁动往往会延续前一年的"成功"主题，因为这个主题已深入人心，无须再多酝酿，2010年年初的春季躁动即是如此。

2009年A股全年的主题词就是"复苏"：先是基建复苏，然后是地产复苏，最后是制造业复苏。但上述"三复苏"都只是投资层面的，市场相信2010年复苏会进一步拓展到出口，因此2010年年初就产生了出口相关的躁动。事后看，宏观层面的认知完全正确，2010年的出口完全恢复到危机前（见图3-10），但股票在躁动后就重归尘土。

2010年第一季度还有一个重要的事就是3月31日"两融"（融资和融券交易）试点正式启动。我在A股很多年，发现"祸兮福所倚，福兮祸所伏"，很多事情在一开始压根儿没人注意，但多年以后追本溯源却发现源头在那个不起眼的角落。这个"两融"试点在2010年3月底出现时，甚至算不上一个新闻，也无

人关注，但五年之后成为创业板泡沫和崩盘的重要力量（见图
3-11）。

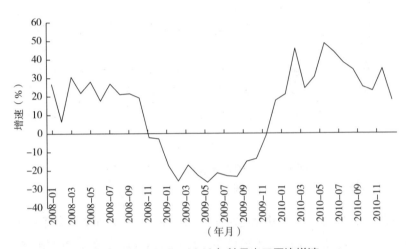

图3-10　2008—2010年单月出口同比增速

资料来源：同花顺，作者整理。

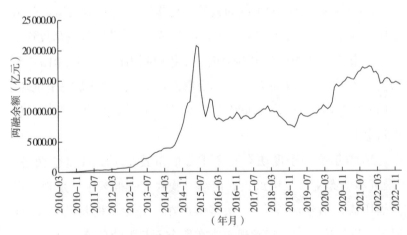

图3-11　两融规模

资料来源：同花顺，作者整理。

第二季度大跌

　　行情就这么不温不火地来到2010年4月中旬，4月12—16日这周发生了三件大事：第一季度GDP数据大好，地产调控加剧，基于沪深300的股指期货正式开锣。

　　第一季度的GDP为12.2%，几乎是2009年第一季度的两倍，这本来是个好事，但在当时适得其反。果不其然，GDP公布当天地产调控就进一步加剧，但由于年初就有《关于促进房地产市场平稳健康发展的通知》，所以市场并未当回事，4月16日周五仅下跌了1.1%。可周末发布的地产调控配套细则却远超预期，投资者变得很紧张。与3月底的"两融"试点一样，当时市场对"股指期货"的关注度也不大。我记得当时正随所长在台湾路演，一个当地券商前辈反复提醒我要关注此事，他认为股指期货的出现创造了一种全新的打法，以后可以通过做空股指赚钱。不知是否巧合，基于沪深300的股指期货开通后，沪深300马上迎来了25%的下跌；同样，2015年4月基于中证500的股指期货出来后，创业板泡沫在两个月后就破灭了。

　　由于周末信息的发酵，4月19日周一上证综指大跌4.79%，正式开启了两个半月25%的下跌。在这轮杀跌中，申万一级行业的表现如图3-12所示。

　　从图3-12可以看出，杀跌的主要是强周期股，而食品饮料、医药生物等消费股的跌幅较小。这轮杀跌的意义非凡，创造了长期和短期两个机会。

就长期而言，消费成长股正式开启10年牛市

　　我在前面曾经说过："2009年8月大跌是个分水岭，之前周期

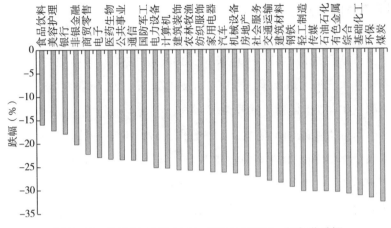

图3-12　2010年4月16日—7月2日申万一级行业跌幅

资料来源：万得资讯，作者整理。

股占优，之后消费股崛起。"但这种变化不是一蹴而就的，2010年是个模糊的年份，2011年成长股还遭遇了"倒春寒"，只是此后每一次挫折都让成长股变得更强。

在2010年第二季度的大跌中，成长股的跌幅明显小于周期股，只是在当时投资者还是基于"消费防御"的角度去解释，殊不知一场变革正在悄然发生。当然，成长股的崛起并非只有自上而下的原因，其微观基础也非常雄厚，比如，医药股正受益于"新医改"的红利，白酒股正处于一线向二线扩散的过程，纺织服饰股也处于向渠道压货以获得高增速的阶段中……

周期股短期被错杀，为第三季度的修复和第四季度的飙升埋下伏笔

当时周期股的大跌似乎有着明确的逻辑线条。首先，经济过热导致宏观调控。之后，宏观调控导致经济下行。最后，经济下行导致周期股盈利恶化，股价大跌。

在这个逻辑链条中，经济过热和宏观调控已是事实，无须争论。经济下行似乎也很明显，当时确实看到了工业增加值快速回落。那么后续的周期股盈利恶化就是1+1=2的推论。所以，第二季度的周期股大跌似乎有理有据。

但当时我对此一直表示怀疑，因为并没有看到房地产和出口等终端数据的恶化（见图3-13）。中游工业增加值乃至GDP的回落有两种可能性：第一种就是上述逻辑，宏观调控带来需求回落；第二种就是宏观调控并未损伤终端需求，经济还是朝着过热的方向行进。但由于投资者担心第一种可能性，所以不敢累积社会库存，而去库存又导致中游生产放缓，GDP下降。如果是这种可能性，那一旦去库存结束，随之而来的补库存就会使经济企稳，之前的"周期股大跌"就可能是一种"假摔"，中间蕴含着巨大的短期机会。

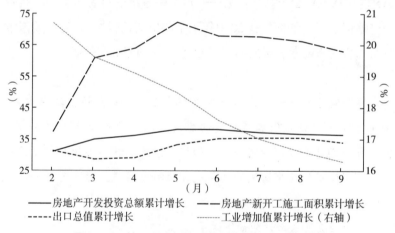

图3-13　第二季度经济回落但终端需求依然良好

第三季度回升横盘

指数一路跌到7月2日盘中2 319.74点，市场消息让投资者觉得宏观调控有暂停的可能。指数迅速反弹到8月2日的2 672点，然后进入长达两个月的横盘调整。

事后看，7月单月的反弹只是小V形，主要的反弹要等到10月爆发。而这一波行情，我们当年通过对中观数据库的跟踪准确把握住了，这也算体系建设的一个实战运用。

我们从2009年9月开始输出体系建设的文章，一个月一篇，到2010年年中已经完成上、中、下游行业指标体系的搭建，因此可以通过一些中观数据定位经济、把握周期行情。我们当时的体系比较复杂，分为实体实验和市场实验两部分（具体参见2011年5月12日《策略思考》的最后一篇文章《对外策略、对内策划——关于申万策略体系和分工的重新阐述》），在2012年4月11日《宽体策论》第5篇《基于预测与基于对策——对策略系统的再思考》中，我曾经完整记录了"如何把握2010年下半年的周期行情"，有点类似索罗斯《金融炼金术》里面的"实验笔记"，现摘录如下。

举个实际的例子，如何把握2010年下半年的行情？现在看来，2010年下半年股市上涨最重要的原因是经济见底回升。但是如何在当时而不是事后预测这一点，如何在市场上涨的主升浪中抓住机会？从实体实验和市场实验的角度分为两个问题，其一是经济何时见底回升？其二是市场何时意识到这个问题，做何反应？

判断经济见底回升分如下两步。

其一，辨析经济回落的原因，只有明白经济回落的原因才可以集中精力判断这种力量在什么时候衰退，当这种力量衰退之时，或许就是经济见底回升之时。2010年4月，很多人担心欧债危机导致出口回落、房地产调控导致投资回落，全面看空中国经济，而第二季度工业增加值的变化似乎验证这种逻辑。事后看来，这种判断是错误的，因为出口数据、房地产投资数据、房地产新开工数据从来没有下来过。但是事后解释没意义，如何在事中把握才最关键。观察水泥和螺纹钢的产量使我们了解这一轮下跌的真正原因，并且这种观察在事中而不是事后就可以明晰。

2010年4—7月，螺纹钢产量增速急剧回落而水泥增速保持不变，出现背离（见图3-14）。在史上最严厉的房地产调控政策出台的背景下，钢铁经销商对未来房地产开工情况的预期非常悲观，不再进货，钢铁厂商主动减产去库存，导致钢铁产量和工业增加值明显回落。所以，工业增加值的下降是钢铁厂商主动调整生产行为导致的。一旦钢铁经销商发现下游需求没那么差，而库存已经削减到较低水平时，其补库存行为会带动钢价上涨，进而促使厂商生产，工业增加值将会迅速恢复。

其二，经济回升取决于库存水平和下游需求好转。一旦明晰了经济回落的原因，就可以知道经济上升的动力是补库存，而补库存的基础是下游需求改善，所以我们将目光转向汽车和房地产销售。

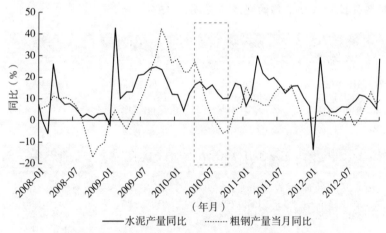

图3-14 2010年二季度螺纹钢和水泥产量的背离
资料来源：申万研究，作者整理。

通过周度的数据跟踪，基本可以确定9月公布的8月汽车和房地产销售数据均超预期，通过跟踪8月旬度的发电量可以确认9月11日公布的8月工业增加值和发电量可能出现跳升。所以基本就可以确定经济会在8月见底回升。至此，我们在8月底就完成了实体实验，确认了经济的拐点大致在8月，但是所有数据要在9月上旬公布，所有的推论届时等待最终检验。

此时开始进入市场实验，对于8月经济见底的预测，一些投资者认为要清仓，因为经济好、政策会强化、市场要跌；而另一些投资者认为要满仓，因为经济拐点已现，周期股估值低。所以，即使面对同样实体实验的结果，投资者依然会做出不同的选择，而市场是所有投资者交易行为的综合，最终市场会选择哪种决策还是要等待市场实验的信号。

我们将9月1日、9月9日的汽车销售数据，9月11日的工业增加值和10月8日的采购经理指数（PMI）等数据设为我们的观察点。发现市场在一步步强化，所以市场在慢慢认同经济拐点出现、周期股投资机会来临的观点（见图3-15）。

9月1日	9月9日	9月11日	10月8日
汽研销量环比15%↑ PMI51.7% 沪市0.60%	汽协销量 环比6.3%↑ 沪市1.44%	工业增加值 同比13.9% 沪市0.94%	PMI53.7% 沪市3.13%
10月18日	10月19日	11月1日	11月11日
秦皇岛动力煤价 每吨上涨10元 沪市0.54%	存贷款利率 上调0.25% 沪市0.07%	PMI54.7% 沪市2.52%	准备金上调0.5% 工业增加值 同比13.1% 沪市1.04%

图3-15 市场实验的点

上述内容完整记录了我们当时的想法和策略，从结果看非常理想，使投资策略变成了可跟踪、可验证、可调整的步骤。但也正是当时的成功，使我陷入误区，我的体系建设朝着更细节、更精细的方向行进。对于投资，模糊正确永远比精确错误有效。直到很多年后，我才从中挣脱出来，此为后话，容后再叙。

第四季度飙升回落

市场在横盘两个月后，10月突然爆发，十一长假之后两周就大涨15%，领军的是煤炭有色，龙头股国阳新能[①]更是几天就翻了一倍。10月的"煤飞色舞"似乎又回到了之前那个火热的年代，可谁承想这就是周期股最后的余晖了。11月11日上证综指回到3 186点，几乎收复了第二季度所有的下跌，可10月份4.4%的CPI坚定了央行调控的决心，整个第四季度两次加息、三次提准，地产也正式进入限购的年代。

整个第四季度像个倒V形，10月在美国第二轮量化宽松（QE2）的刺激下爆发，11月由于通胀和加息下跌。2010年第四季度的行情有如下几点值得深入思考。

市场是连续的

10月的股市爆发看似由美国第二轮量化宽松驱动，实则不然，因为第二轮量化宽松早在7月的杰克逊·霍尔（Jackson Hole）全球央行年会就已确定，10月爆发的本质还是上文论述的"短期机会"。经济从"假摔"中恢复，周期股还残存着最后的肌肉记忆，10月爆发只是7月修复、8—9月横盘后的延续而已。

---

① 　国阳新能现更名为华阳股份。——编者注

市场是连续的，从来没有无缘故的"爱"与"恨"。即使是美国 1987 年 10 月 19 日的黑色星期一也并非毫无征兆。1987 年 8 月以后，纽约股市就开始出现较大的波动，尤其是 10 月前两周股票价格不断下降。同样，2016 年年初的大跌似乎突如其来，但仔细分析 2015 年 11 月 16 日以后的市场走势，还是可以发现端倪。

市场突然爆发并不需要增量资金

很多人认为行情的突然爆发一定和增量资金有关，这似乎是一个很顺的逻辑，没钱怎么涨？但很多时候，A 股的短期爆发真不需要增量资金，只要场内资金活跃，换手率提升，两融增加即可。所以，指望跟踪资金流向来把握行情，并不可行。

一年中的两个"行情突变点"

一年之内，有两个点要特别注意，行情可能会突然变化，一个是春季躁动，另一个就是十一长假后。前者在年初，投资者风险偏好高，迎接新的开始。后者快接近年末，还可以奋力一搏、扭转颓势。实际上，过去这么多年，2010 年、2008 年和 2018 年的十一长假后出现大跌，2015 年的十一长假后出现大涨，这不是一个单独的偶然。如果我们再把时间再放宽一点，2012 年 12 月大涨一个月扭转全年格局，2011 年最后一个月尾盘杀跌，2014 年最后一个月逆袭，2016 年最后一个月债灾。所以投资要时刻警惕，永不放松，不到最后一刻，比赛就没有结束。

中小盘指数的牛市

其实从 2008 年 10 月反弹以后，最牛的指数不是沪深 300 指数，而是以中小综指为代表的中小盘指数（见图 3-16）。

图3-16　中小盘指数和沪深300指数走势对比

资料来源：同花顺，作者整理。

从图3-16可以清晰看出，从2008年年底到2010年年底，中小盘指数的走势比沪深300指数强很多，沪深300指数在2009年7月底就停止了上涨，而中小盘指数的牛市却延续到2010年11月，其高点甚至突破了2007年的高点。

● 全年
总结及感悟

2010年比较特殊，一般而言A股的年度节奏是"春季躁动，四月决断"，每年经过年初的躁动后，后面就是一种风格、一种策略直到年底。但2010年是一个典型的V形走势，周期股第二季度大跌、第三季度却全部涨回来，全年的风格多次变化。2010年市场尝试切换，周期股退去、消费股展示进攻性，但过程并非坦途，2011年还遭遇"逆春之寒"。

从回溯的视角看，2010年消费股之所以变得"进攻"主要是医药股和消费电子股的崛起。我在前文曾经讲过：消费之王白酒股一直具备进攻性，在"周期为王"的年代也不遑多让。但单有白酒股显得孤掌难鸣，消费股要成就一个时代需要其他伙伴，2010年以后的医药股和消费电子股就是重要援军，当然还有白色家电、旅游等板块的点缀。

医药股号称"永远的朝阳行业"，看似与人口结构及疾病谱相关，实则受政策影响更大。过去10年，医药领域最重要的政策有两个，分别是2009年3月《关于深化医药卫生体制改革的意见》（简称"新医改"）和2017年10月的《关于深化审评审批制度改革鼓励药品医疗器械创新的意见》（简称"42号文"）。前者主导了医药股2010—2015年的行情，后者主导了2017—2020年的行情，而每个阶段走强的子行业不同，甚至研究方法都大相径庭。我从时间的维度上，将医药股的行情分为三个阶段。

2010年以前：个股为主，防御特征

2010年以前，医药股也有结构性机会，但整体在市场的地位不高，更多体现的是下跌过程的防御价值。当年中金的孙雅娜有篇著名的文章《他山之石，可以攻玉》，探讨印度仿制药的模式，认为这也是中国制药业的出路。而对应的医药子行业就是原料药和代工仿制药，海正和华海是典型的牛股。另外一路就是申万的罗鶄，对中药，特别是消费型的中药有很深的研究，给很多股票如云南白药、东阿阿胶都打上了品牌烙印（见图3-17）。

2010—2015年：全面走牛，百花齐放

转折发生在2009年，2009年3月"新医改"出台。这个政策几

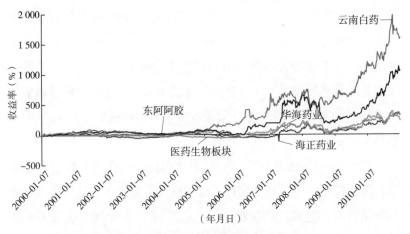

图3-17　2010年以前医药投资以个股为主

资料来源：同花顺，作者整理。

乎主导了未来五年医药股的行情脉络，首先是医保覆盖度提升和数千亿元的财政支持，迅速提升了医药的需求，导致该行业很多公司在那几年的复合增速达到30%。2010年医药股百花齐放，医药股作为一个重要的板块登上历史舞台，与白酒股交相辉映，共同撑起了消费股的一片天。

但任何新生儿都要经历成长礼。2010年11月，在全国范围内开始推广安徽探索出的"双信封"模式。医保覆盖度提升带来医药需求暴增，但同时也增加了国家的财政负担，所以医药降价也随之而生。此后10年，降价以各种形式出现，也阶段性给医药股的行情增加压力。2011年，医药指数大跌31%，很多人认为2010年的医药行情只是昙花一现。

到了2012年，特别是4月以后，医药股开始呈现零星的机会，但品种已经和前面有天壤之别。如果说2010年以前医药股的机会更多在于原料药和中药，2010年的机会是百花齐放，那么在2012年以后，机会更多在于医疗服务、医疗器械和医院。这一点其实和政策有直接的关系，2012年6月国务院办公厅印发《关于县级公立医院综合改革试点的意见》开启县级医院改革，2013年9月国务院印发《关于促进健康服务业发展的若干意见》，2014年3月发展改革委等三部委发布《关于非公立医疗机构医疗服务实行市场调节价有关问题的通知》。其实这些政策本身也是2009年"新医改"的一部分。

但2012—2015年的医药行情使很多传统的医药投资者水土不服，因为投资的逻辑和之前有天壤之别。之前更多是从周期和消费的视角看待，但那两年主要围绕"医院"展开。各地要开设更多的医院，所以投资者炒医院并购、转型和床位概念；医院要增添更多的器械，所以投资者炒医疗器械概念；医院需要购置或者外包更多的服务，所以投资者炒医疗服务概念。由于医院是重资产项目，而医疗器械公司天然需要大量的并购重组，因此那两年市场出现了很多外生增长的故事，而这一点正好与当时互联网、创业板并购重组的大潮流契合（见图3–18）。

当年市场上有大量的报告，人们做了大量的研究，但时过境迁，最终很多故事都被证伪，这个年代真正能走出来的上市公司很少。

2017—2020年：创新药

2016年的医药股整体沉寂，但2017年就开始暗潮涌动。2017年10月8日，中共中央办公厅、国务院办公厅印发了"42号文"。42号文从多方面就优化审评审批制度、鼓励药品和器械创新提出36条意见。42号文对推进中国药品创新和与国际接轨意义重大，国产创新药公司也迎来全新发展环境。42号文是继2009年3月"新医改"后的又一纲领性文件。

2017—2020年的医药行情由两条主线组成：一条线是创新

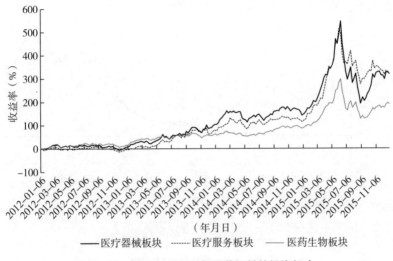

图3-18 2012—2015年医药相关的投资机会

资料来源：同花顺，作者整理。

药及相关。除了各式各样的"创新药"，医药外包（CXO）本质上也借了创新药的风，疫苗也带有一定的科技属性；另一条线就是医疗服务，主要是爱尔眼科、通策医疗和美年健康，这是另外的逻辑。但整体而言，2017—2020年，医药股的行情主要是创新药。

说到创新药，不得不说恒瑞医药，这可能是A股最纯正、最被人认同的创新药股了。很多人说恒瑞是"药中茅台"，但我觉得恒瑞更像"药中华为"。在1999年那个相对匮乏的年代，恒瑞就舍弃短期利益开始做创新药的研发，到了2010年投资者普遍认为恒瑞是好公司。可奇怪的是，恒瑞作为一只医药股，直到2016年才体现出超额收益，这是多么寂寞的16年（见图3-19）。

对创新药的研发增加了医药投资的难度，医药股开始摆脱周期股、消费股的属性，更多靠向科技股。这一点可能也是医药股最终

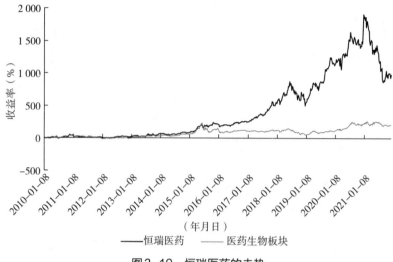

図3-19 恒瑞医药的走势

资料来源：同花顺，作者整理。

的归属。我们看美股的历史，也是如此。过去70年美国的医药股在三个阶段有超额收益：1966年3月—1973年7月、1984年9月—2001年9月、2009年至今。前两个阶段，医药股在科技股和消费股中两边沾光，而最后一个阶段主要是与科技股相关。1966—1973年又分两个阶段，前一个阶段是美国的电子股泡沫时期，最终导致巴菲特关掉合伙人公司，后面是"漂亮50"时期，是消费股的牛市；1984—2001年也分为两个阶段，1984—1998年是消费股的黄金年代，后面就是科网泡沫时期。

因此，从这个角度讲，未来的医药股会越来越向科技股靠近，投资思路和估值方法要重新思考。2017年以来的创新药行情，可能也只是新生儿，是预演，也会经历成长礼，并最终展开大行情。

纵观医药股过去20年的投资机会，经历了上述几个阶段。医药研究员可以算是全市场最幸福的行业研究员了，大部分行业由于周期性都会阶段性沉寂，唯独医药行业由于子行业众多、属性不一，似乎永远有机会。如果你喜欢周期行业，那买入医药股吧，因为这里有化学原料药；如果你擅长消费行业，那买入医药股吧，因为这里有中药；如果你青睐科技行业，那买入医药股吧，因为这里有创新药和CXO。

至于消费电子，随着2010年智能手机渗透率的提升，估值就不断提升，最终在2015年6月达到极致，这个过程中也走出了一批牛股（见图3-20）。

其实"消费电子"这个概念本身就很矛盾，很多台湾的分析师始终无法理解，因为在他们眼里电子具有强周期属性，与消费属性格格不入，只不过之前的载体是诺基亚等，如今的载体变成了智能手机。因此，他们很难理解为什么可以给电子股这么高的估值，并且还可以持续这么长时间。这就是智能手机和乔布斯的伟大之处，其使电子配件具备了消费属性，提升了估值，消费电子的崛起也成为2010年以后"成长致胜"的重要环节。

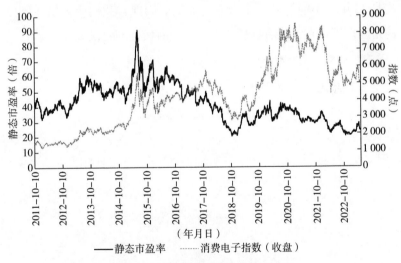

图3-20 消费电子板块的估值变化

资料来源：万得资讯，作者整理。

2010年对我个人最大的帮助就是让我学会站在历史的角度审视现在。其实只要我们认真研究一下美股的历史，好好考察一下消费股和周期股的商业模式，就会知道消费股是个更好的机会。但在我入行后的很多年周期股都是主角，所以自然而然就认定"周期股是永恒的赛道"。

2020年年底，经过10年的上涨，消费股已然成为共识，很多人也得出同样的结论：消费股是永恒的赛道。从美股的历史看，这个观点显然也不成立。根据《美股70年》的数据，必需消费品只有两个年代跑赢，分别是1966—1972年（以"漂亮50"为代表）、1980—1992年（真正盈利驱动的消费浪潮）。1992年至今已经近30年，消费股并没有跑赢指数，消费股的一个时代缩影就是可口可乐。可口可乐复权价从1998年7月14日的高点24.69美元到2020年11月17日的53.85美元仅涨了118%（复权价已包括分红送股），而同期道琼斯、纳斯达克和标普500分别涨了224%、505%和208%。这是22年，不能算是一个很短的周期。因此，我们应该站在历史的角度审视现在，只有这样才不至于犯时代性的错误。

— 2011年 —
倒春之寒

2011年是个大熊市，虽然幅度没有2008年那么大，但杀伤力也足够强。2011年真可谓"一波三折"，年初涨了一波之后就是连续三波杀跌，一直持续到2012年年初。

1—4月的上涨

2010年11月加息后，市场开始下跌，通胀持续上升，货币紧缩不断强化。可神奇的是，市场跌到2011年1月25日后居然转头向上，连续涨了近三个月，从2 600点到3 000点。虽然幅度不大，但迷惑性很强。

按照正常的经济学逻辑，货币收缩和宏观调控最终导致经济增长放缓，周期股首当其冲。但当时的经济似乎并未受到影响，通胀愈演愈烈，市场反而上涨，并且上涨的主力还是周期股和高端装备制造股。

那三个月市场上涨的主线有两条。其一是传统的涨价品种，钛白粉、氟化工，甚至扩散到电力和钢铁。当时的说辞是，"由于盈利下滑、产能收缩，这些传统的周期产品现在供给不足了"。这个说辞在当时是无稽之谈，因为周期行业的盈利下滑和产能收缩从2011年才刚开始，当时何来"供给不足"一说。涨价只不过是每年开春正常的季节反应而已，但这个说辞在10年后一语成谶，引发了周期股的王者归来，此为后话，容后再叙。其二是农田水利股和高端装备制造股。当时，高铁也算是一个新事物，科技属性和成长属性兼具，一时成为市场的宠儿（见图3-21）。

当时围绕"经济何去何从"也是众说纷纭，各领域专家都争论不休，其中最著名的就是"工程机械与重卡之争"。众所周知，工程机械和重卡同属固定资产投资的环节，一般来说，两者销量的走势应该大体相同。但2011年年初出现了明显背离，工程机械高歌猛进，重卡却徘徊不前（见图3-22）。

从图3-22看，2011年3月公布2月数据，工程机械大幅提升而重卡却非常一般，从而引发了"工程机械与重卡之争"。对宏观态势持乐观态度者拿工程机械的数据说事，对宏观态势悲观态度者更

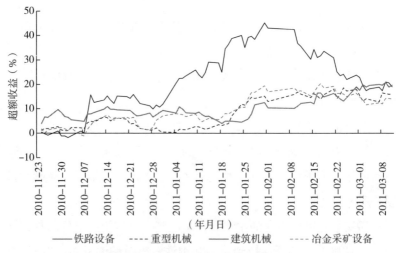

图3-21　2011年春高端装备制造股大幅跑赢沪深300指数
资料来源：万得资讯，作者整理。

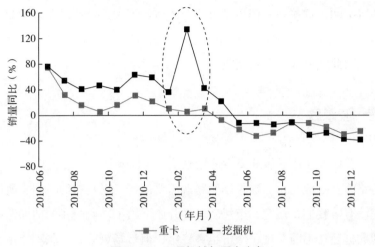

图3-22　工程机械与重卡之争

资料来源：万得资讯，作者整理。

重视重卡的指标，两者相持不下。现在看来，这个数据只是一个异常值，可当时投资界并不知晓。

因为市场在上涨，所以舆论总是站在乐观者一边，投资界炮制了很多"歪理邪说"，其中不乏专家身影。我当时初掌申万策略，从中后台走向前台，虽然之前受过严格的经济学训练，但面对这一悖论也困惑不已。我当时并不知道"这其实只是A股年初惯有的春季躁动，与基本面没什么关系"，既然现实和理论差异巨大，分析师都各持己见，那不如出去走一走，眼见为实。

所以我当时发动申万所有的周期研究员去进行微观调研，光是为了挖掘机数据我们就跑了7个省。结果发现，需求仍在，订单不错，应该可持续。虽然在逻辑上我始终想不通，但市场天天涨，理性输给了压力。于是在3月23日郑州策略会上我们表示看多周期股，首推房地产，并且编造了一个伟大的逻辑"长尾效应"。所谓"长尾效应"就是宏观调控只影响大中城市，但中国有着广阔的县域空间，这些三、四线城市的个体体量不大，但数量众多构成长尾。它们不受宏观调控影响，还在不断扩张，支撑着中国的总需求，因此还可以看多周期股。

第一波杀跌

我们在3月下旬开完春季策略会，4月就开始"北上广深"四地路演。一般而言，这种季度路演需要消耗三周左右的时间，所以还没有等我们路演完，市场就已经开始下跌了。此时我们前期调研的数据还在不断兑现，经济也算稳定，但市场更关心通胀和货币紧缩，很多人觉得经济数据恶化是迟早的事。

并且此时出来一个新的事物——银行理财产品及其高企的无风险利率。2009年第二季度，GDP见底回升，地方融资平台、房地产和民间投资的信贷需求强烈，且需求不会马上停止。此外，银行和各地信托也有强烈的信贷投放欲望，导致出现了许多表外融资。于是，传统的信贷无法描述这种现象，社会融资总额应运而生，大量的资金借道理财产品进入房地产和融资平台。此后两年，资金的错配越来越严重，终于在2013年6月出现"钱荒"。此为后话，但当时理财产品收益率的高企确实给资本市场极大的压力。这样，一条完整的下跌逻辑链就形成了：通胀上行—货币收紧—无风险利率上行—股市下跌。

很多东西都有前世今生，都有历史局限性。比如社融，很多人以为它一直都很重要，其实在2009年以前社融并不重要，因为大部分的社融都是信贷，表外融资并不多。而2020年以后，随着时间的流逝和监管的趋严，社融和信贷之间的差距也会逐步缩小。

4月15日—6月20日，市场形成了第一波杀跌，上证综指从3 000点跌回到2 600点，行业跌幅如图3-23所示。

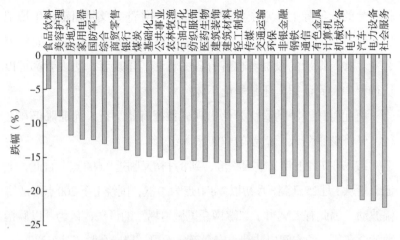

图3-23　2011年第一波杀跌的行业跌幅

资料来源：同花顺，作者整理。

此时市场的焦点无疑在通胀上，它是整个下跌逻辑链的起点。2011年6月20日监管层表示"中国的通胀可控"，于是引发两周近200点的反弹，市场又回到2 800点的位置。

第二波杀跌

2011年7月上旬公布的6月CPI还在超预期、创新高，市场出现恐慌，通胀何时是个头？当时中国宏观经济和资本市场都被"猪"决定，由于食品在CPI中所占的权重很大，而食品价格又受制于猪价走势，因此猪价的走势直接决定了中国经济的通胀形式和资本市场走势。

为了解决这个问题，我们在2011年7月组织了为期一周，跨越两省的猪产业链调研，从田间地头的散户猪农到覆盖全产业链的正大、温氏。但说实话，一周走访给我印象最深刻的就是"猪看上去脏兮兮的，实际上非常金贵，我们每到一处都要反复消毒，生怕把病毒带进去"。但除此之外，我还是不知道猪价会怎么走，通胀怎么变。参与调研的投资者也各有各的看法，乐观者、悲观者都可以从行程中得到证据，还是争论不休。

而此时，经济的隐忧开始出现，数据开始下行，而通胀仍在上行，经济似乎陷入了最差的"滞胀"组合。

市场在7月下旬又重回跌势，到8月初又临近2 600点。自此，上证综指从1月25日到8月初以2 800点为中枢，围绕上下200点形成窄幅波动，因此有人喊出了"螺蛳壳里做道场"的说法，认为"以后指数就会在狭小的空间内波动，宏观策略无用，精选个股才是王道"。

岂不知，正当投资者觉得指数临近下轨要反弹时，真正的破位和趋势来了，而打破均势的是一个看似"毫不相关"的消息。8月6日周六标准普尔下调了美债的评级，虽然该消息与A股的关系不大，但8月8日周一开盘就破掉了固守的2 600点，全天下跌了3.79%。从此雁门一破，再无天险可守，A股进入主跌浪。由于经历了2007年的"5·30"，我这个时候已经能够理解为什么这么一个无关的事件能打破均势，其实就是当时的风险累积到一定程度，需要发泄而已。

7月中旬至9月底构成了当年的第二波杀跌，指数跌了15%左右。当时投资者还是将其归咎于通胀，实际上CPI在7月就见顶了，困扰市场大半年的"理财收益率高企"也随之下滑，但市场陷入主跌浪。因此，尽管许多笼统的分析将2011年说成"通胀无牛市"，但站在亲历者的角度看并非这么简单。这里面有以下两个问题。

通胀是如何形成的

当年从各种视角研究通胀的文章很多。最终有主流经济学家将当时的通胀定义为"中国的刘易斯拐点""人口红利消失带来的系统性上升的成本地平线"。似乎中国的通胀是个无解的问题，可能会持续很多年，简单的货币收缩无济于事。可问题是，从数据上看，那轮通胀仅仅维持了16个月（2010年10月—2012年1月），毫无刚性可言（见图3-24）。

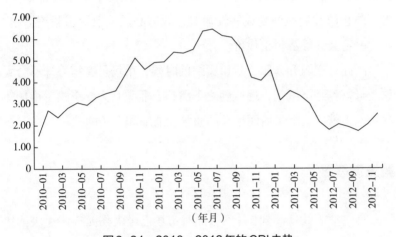

图3-24　2010—2012年的CPI走势

资料来源：同花顺，作者整理。

所以，当年的通胀是如何形成的？按照弗里德曼的说法"通胀在任何时间、任何地点都只是货币现象"，后续随着货币收缩，很快也就结束了。但当时有些专家学者将其描述成"伟大的故事"，事后看来着实好笑。

就市场而言，更害怕通胀，还是通缩

有句话叫"通胀无牛市"，但就我的经验而言，市场似乎更害怕通缩。过去20年时间，中国经历过两轮通胀，分别是2007—2008年年中、2010年10月—2011年7月。从时间来看，2008年上半年市场虽已大跌，但主跌发生在2008年下半年，也就是经济由通胀变通缩的时候。2011年更是如此，通胀肆虐的时候指数在"螺蛳壳里做道场"，主跌发生在通胀下行的阶段。所以，似乎市场更害怕通缩，而非通胀。

其实这个问题应该这么说：温和通胀可能对市场有利，因为其会助长收入但未必挫伤利润，恶性通胀显然对经济和市场都不利。为了防止温和通胀演变成恶性通胀，政府必然采取货币紧缩措施，而这一定会让经济付出代价。

因此，在温和通胀、货币紧缩的时候，市场虽有担心却不会大跌。可一旦经济减速，通胀随之下滑，企业盈利大受影响，市场才会陷入主跌。这就是前面论及的通胀、通缩和市场的关系。

第三波杀跌

第二波杀跌持续到9月底，此时市场已经大伤元气，通胀虽然已经过去但经济回落也在加速。于是市场开始预期政策放松，监管层的态度也有呵护之意，10月市场慢慢回暖。

但这种回暖的幅度非常有限，时间也很短，到11月中旬市场又开始新一轮杀跌。本轮杀跌的一个关键点就是11月30日，当日市场大跌3.27%，盘后央行宣布降准。这次降准是2010年11月以来货币政策的又一个转向，预示着货币宽松的开始，市场再次来到了十字路口。

降准当晚有两个预断：其一，流动性开始放松，是拐点；其二，经济可能加速回落，放松无法扭转经济颓势。那么市场到底会反映前者还是后者呢？其实当晚不得而知。那一天我正好在路演，得知降准消息后，整个晚上都在思考何去何从。最终我选择相信经济回落这一变量，并且按照经验熊市尾部往往会有极端事件发生，所以我们当晚写报告坚持看空。第二天路演的时候我也在关注大盘，我深知当天的走势非常关键，这就是所谓的"市场实验"或者"市场测试"。12月1日高开低走，带了一个极长的上影线，第二天继续颓势，此后市场就是一波惨烈的主跌（见图3-25）。

这波杀跌更猛，在原来的基础上雪上加霜，最终股票型和偏股混合型基金的全年收益率中位数为亏损24.1%，仅次于2008年。这波杀跌再次证明了两个观点：其一，熊市一般要杀三波，第一波杀估值，第二波戴维斯双杀，第三波尾部杀跌；其二，熊市尾部往往会出现一些极端事件导致情绪崩盘，而这一次的极端事件就是重庆啤酒。

重庆啤酒这个经典案例在A股历史中应该有一席之地，我曾经深度复盘过这只股票。为什么它会吸引这么多资金？为什么它会突然陨落？2011年11月23日周三晚间，重庆啤酒突然

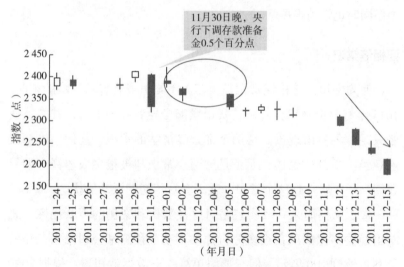

图3-25　2011年11月30日降准后的市场走势
资料来源：万得资讯，作者整理。

发布公告说要从周末开始停牌。这个事情放在今天是无法想象的：公布重大事项但不马上停牌，还可以继续交易两天。由于市场对停牌背后的重大事项抱有很高的期待，所以第二天大幅高开，很快封涨停，第三天涨停开盘但尾盘却打开，两天流入十几亿元的资金。最终，12月8日复牌开始连续11个跌停，这波杀跌直接带崩了一众小盘股，也把悲观情绪推向极致。

时隔多年我们再来看这个事，还是非常感慨。现在看，当年的高点早已被突破，当年的11个跌停也已收复，这么大的事拉长了时间在历史长河中也只不过是一粒尘埃而已。

• 全年 总结及感悟

2011年是我个人职业生涯发生重大转变的一年，承受了巨大压力但同时也学到很多。

要相信常识

何为常识？芒格说常识是很多人不知道或者容易忽略的东西。2011年有两个常识：其一，货币紧缩会导致经济下行；其二，通胀只是一种货币现象。这两个都是经济学的常识，任何一本初级宏观经济学都会论述，而正是这两个常识却被很多人忽视。如果我们当年能坚守这两个常识，就不会被年初的躁动所扰。

常识从何而来？其实就是对过往数据和案例的不断提炼，总结出经验。比如现在很多分析师动不动就预测某公司未来三年的盈利可达到100亿元，但只要简单算一下数据就知道：根据2020年的年报数据，在A股的3 975家公司中仅有105家的归属于母公司所有者净利润超过50亿元，超过100亿元的只有59家。这59家公司大多属于银行（20家），此外还有地产（8家）、建筑（5家）、证券保险（6家）、采掘（4家）、电力（1家）、钢铁（1家）和铁路（2家）等天然大市值领域，剩余的12家优秀公司分别是茅台（412亿元）、五粮液（174亿元）、上汽（256亿元）、温氏（140亿元）、海螺水泥（336亿元）、格力（247亿元）、美的（242亿元）、三一重工（112亿元）、万华化学（101亿元）、恒力石化（100亿元）、工业富联（186亿元）和海康（124亿元）。这么多年也就这几十家公司的盈利规模如此可观，其难度可想而知，所以当你预测一家上市公司明年会有100亿元净利润的时候是不是应该停下来想一想这种概率？

资本市场存在这两种投资者：第一种是没做过研究，缺乏常识的。这种投资者由于不做研究，不知道概率分布，不知道归属于母公司所有者净利润100亿元是什么概念，自然也就无法形成常识认识。第二种是做过研究、有数据概念的，但在极端情况下会放弃常识。认知只是基础，如果没有基础认知就是无源之水。但有了认知后，真临事时，又需要经历人性的考验。我们平时做了很多研究，但到关键的时候如果不能控制自己的情绪，那平时做再多的研究都没用。2011年年初，我又何尝不知道"货币紧缩会导致经济回落"，但市场天天上涨，理性终究还是输给了压力。

不要将行情寄托于一个更难判断的变量

我们经常犯一个错误：希望判断A，却要通过一个更难判断的B。比如2011年上半年市场受困于通胀，投资者希望通过判断通胀来判断市场，可问题是判断通胀走势的难度并不亚于直接判断市场走势。很多投资者在年终总结的时候经常会这么反思：今年的行情取决于"某某"，我们年初是这么判断的，结果"某某"最终不是如此，所以今年看错了。其实这种反思方法类似"夸父追日"，"某某"可能比行情更难判断，夸父追一步，日就退一步，最终永远都追不上。

莫盲信资源

离开学校以后我在主流机构待了10年，接触了大量的资源，每当陷入迷茫和困境时，很多人都想通过调研来解决问题，我们当时也这么想。其实面对2011年年初的"躁动"我一开始还保持清醒，担心经济增长会减速。所以，当时我想调动研究所的所有资源去调研，去系统性把握经济的每步动向。而且当时我有侥幸心理：我们是三个月出一份季报，可以不断调研，时刻把握经济波动的节奏，在出现拐点那一刻才写报告看空，这样既可以享受拐点之前的余温，又可以全身而退。

事实上，当时调研的情况基本真实，企业并没有骗我们，数据全面利空要到6月以后，但市场就是在4月见顶，这就是景气度投资的问题，我们在前面章节已经有所论述。投资还是要坚持常识，如果投资真的只靠资源，那么个人就永远无法战胜机构。迷信资源而不相信常识，最终会吃大亏。

生于忧患而死于安乐

很多人说2011年的下跌是因为通胀，因为加息和理财利率高企。但事实上通胀7月见顶，理财利率9月见顶，央行10月就放松货币，11月30日降准。在上半年最忧患的时候，市场其实没怎么跌，反而在下半年一切担忧有所缓解的时候主跌来临了。

这种情况在A股并不少见。2012年年初投资者最担心经济回落，而2011年第四季度和2012年第一季度经济确实回落许多，后面就企稳了，但主跌发生在5—9月，中间还伴随着降准降息。2018年5月初，中美曾短暂达成协议，直到6月14日协议才被美方撕毁，但市场在5月22日就开始主跌了。

　　这种情况在美国似乎也存在。2007年美国次贷危机显现，2008年3月16日贝尔斯登就破产，5—6月房利美和房地美以及AIG就有问题，但直到那个时候道琼斯工业指数从最高点也就跌了8%。2022年美国通胀、利率不断上行，但直到2023年年初道琼斯工业指数从高位下来也不过8%。

　　之所以出现这种情况，可能和熊市的节奏有关系。熊市之初虽然出现诸多利空消息，但市场还沉浸在牛市氛围中，可以原谅一切，如果此时有政策支持或者央行放水，就很容易大幅反弹，最终从高位下来没多少，给人一种"坏事过去了""跌不动了""利空出尽又要上涨"的感觉。说白了，这个阶段人气还在，市场心心念念要上涨，铆足劲儿对付利空消息的时候市场反而跌不深。

　　可就像人一样，一旦忧患缓解了、气松了，人也就蔫儿了。这其实就进入熊市的第二个阶段了，这个时候人气逐步消散，投资者开始接受牛市已去、熊市来临的想法。如果此时有利空消息，更容易被放大，下跌会变得很流畅。

　　到了熊市尾部，容易出现极端事件，甚至害怕利好消息。"害怕利好消息"看似非常荒谬实则客观存在，这个时候人心很脆弱、麻木，很多人都想找机会离场。如果市场一直下跌会难下决心斩仓，但如果突发利好消息或大盘高开反而给这些人出逃的决心。因此，熊市尾部经常有高开低走、翻绿的阴线，这就和牛市利空消息创造低开买入的机会一样。

熊市A浪和C浪的区别

借助技术分析的语言，我们把熊市的下跌分为A浪和C浪。所谓A浪就是泡沫刚破灭时急速而剧烈的下跌，例如2008年的沪深300指数和2015年下半年至2016年年初"熔断"的创业板。而所谓C浪就是经过A浪杀跌、B浪反弹后的再次下跌，例如2011年至2012年12月的主板以及2016年至2018年年底的创业板。

A浪的杀跌很剧烈，但C浪的杀跌更磨人，因为其时间更长、位置更低、迷惑性更强。但凡对泡沫和估值稍有警惕之心的人，只要不是太过贪婪和无知，对高位还是很敏感的，因此很多高手可以躲过A浪杀跌。但C浪就不是如此，此时指数已经跌了很多，下跌时间可能也持续了一年多，似乎风险已经完全释放了，此时很容易进去被砍一刀，这就是所谓的"高手死在半山腰"。只有对全局有通透想法的人才能完整躲过，正所谓"不谋全局者不足以谋一隅，不谋万世者不足以谋一时"。

因此，从这个意义上讲，2011年的市场比2008年的更凶险。而且从全年行业涨跌幅上看，我发现一个很有意思的问题：代表"陈旧"方向的银行股和地产股跌幅远小于代表"未来方向"的医药股和电子股（见图3-26）。

我在前面章节反复提及："2009年8月是个分水岭，之前周期股占优，之后消费股崛起。"但2011年是个"逆流"，医药股经历"成长礼"、电子股大跌，而一些基金经理凭借毫无新意的金融地产股在全年胜出。但并不是说风格重新回来了，只是在熊市下跌中估值多少起了作用，金融地产股经过前面几轮杀跌，估值已经比较低了。

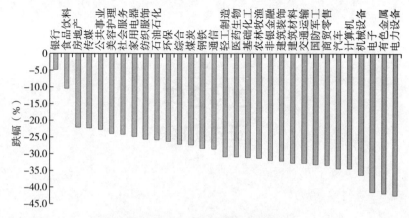

图3-26　2011年全年行业跌幅

资料来源：同花顺，作者整理。

2011年年底，市场已经极度悲观，各种"伟大的故事"的总结又甚嚣尘上。正是在一片质疑声中，新一年的春季躁动开始了。

— 2012年 —
正式切换

2012年的行情充满了戏剧性。年初开启了传统意义的春季躁动，但5—11月长达半年一路下跌，正当投资者陷入迷茫之际，12月单月就收复了全年的失地。

年初的躁动

延续2011年的第三波杀跌，市场一路跌到了2012年1月6日。当晚几家大型煤炭和石化公司增持，但市场信心尚未恢复。此后两天，市场以两根中阳线开启了当年的春季躁动。由于当时欧洲央行提出长期再融资计划（LTRO）延缓了欧债危机，所以大宗商品表现强势，映射到国内就是"煤飞色舞"，而这几乎是此后两年半周期股最后的荣光了。

2月18日央行再次降准，延续2011年11月30日开启的货币宽松周期。当时市场虽有所回暖，但主流投资界还是比较迷茫，市场一天牛市、一天熊市。可能也是运气，我们在1月6日率先翻多，很多人问我们"为什么看多，有什么大的逻辑"，我说"没什么大的逻辑，年初都要炒一把"。这种理由似乎不应该是主流卖方首席策略分析师说的话，所以我专门写了一篇文章《春季躁动，四月决断——解密A股投资节奏》。这篇文章成为经典，而"春季躁动"一词也流传了下来。

躁动持续到3月14日，当天沪指大跌80个点。此后两周，市场继续回落，资金进入消费股避险，三线白酒股开始走强。

本来市场应该就此结束"躁动"，展开全年的主线。但3月28日国务院决定设立"温州市金融综合改革试验区"（简称"金改"），"金改"驱动了证券、地产和金融股的行情，而改革预期也进一步蔓延到"铁改""土改""资源改革"，4月市场有所反弹。

因此，2012年的春季躁动有两波：1—2月一波强周期行情、4月一波金融地产行情。由于行情反复，又加上整体市场处于低位，投资者一致认为"年初2 132点不会被跌破，风险过去了，应该积极寻找机会"。岂料春季躁动结束后，市场开启了一波长达半年的下跌，这半年的下跌把市场的悲观情绪推向极致，但也为新一轮牛市铺平道路。

还有一件大事就是2012年第一季度的GDP增速接近8%，此后更是不足8%。中国在2005年以后一直有"保8"的传统，这主要是因为上一轮经济周期（1992—2000年）受经济"软着陆"和东南亚经济危机的冲击，GDP增速降到8%以下。但问题是从2003年以后，中国经济进入新一轮高速增长周期，每年的GDP增速都大幅超过8%，"保8"显得有点过于保守了。但2012年以后，中国经济确实进入中期降速的过程，8%再也不是轻易企及的目标了（见表3-2）。

表3-2　中国经济历年目标值和实际值

年份	GDP增速目标（%）	GDP初步核算值（%）	年份	GDP增速目标（%）	GDP初步核算值（%）
1995	8~9	10.9	2008	8左右	9.0
1996	8	9.7	2009	8左右	8.7
1997	8	9.2	2010	8左右	10.3
1998	8	7.8	2011	8左右	9.2
1999	7左右	7.6	2012	7.5左右	7.8
2000	未提及	8.0	2013	7.5左右	7.7
2001	未提及	7.3	2014	7.5左右	7.4
2002	未提及	8.0	2015	7左右	6.9
2003	7左右	10.0	2016	6.5~7	6.7
2004	7左右	9.5	2017	6.5左右	6.9
2005	8左右	10.2	2018	6.5左右	6.6
2006	8左右	10.7	2019	6~6.5	6.1
2007	8左右	11.4	2020	未提及	2.3

资料来源：万得资讯，国海证券研究所。

5—11月长达半年的主跌

步入5月，经济的颓势愈发明显。本来随着货币宽松，投资者对经济企稳的期待很高，但5月公布的工业增加值低于预期，动摇了投资者的共同预期。5月12日、6月8日和7月16日央行一次降准、两次降息，但大盘和周期股一路阴跌，投资者对"货币宽松—周期反弹"的模式明显厌倦了。

7月下旬，上证综指终于跌破了年初的低点，市场开始恐慌。此前投资者觉得2 132点牢不可破，现在跌破了，市场会走向何方？于是8月、9月市场顺势下跌，9月26日盘中一度跌破2 000

点。十一长假前后，市场有所反弹，但不改回落趋势。到12月4日盘中大涨前，市场跌到1 949.6点。

5—11月整整持续了半年的下跌。相对于2011年的三波杀跌，这半年的阴跌有种令人窒息的感觉，这个过程有以下三点值得关注。

极致压缩，为牛市铺垫

这半年的下跌属于熊市尾部出清阶段，弹簧被压缩到极致，主板数度跌破2 000点，创业板跌到585点。中间伴随着诸多利好因素：若干次降准、降息，9月以后经济有企稳的迹象，10月10日汇金公司购入四大行股票，11月16日IPO暂停直到2014年年初才重启，但市场还是一路阴跌。

12月初，市场一片寂静，静到可以听到落叶的声音。这就是熊市最可怕的地方，熊市跌掉的不仅是净值和钱财，更多的是信心和憧憬。盛极而衰，否极泰来，正是这种极致的落寞为12月的反转以及后续的牛市埋下伏笔。

中国版"漂亮50"

在这半年的下跌中，市场并非毫无亮点，中间一些股票表现不错。这些股票隶属新产业，有着新的商业模式，如环保（碧水源、龙净环保等）、中药（云南白药、天士力，中药注射剂相关公司）、苹果供应链（歌尔股份等）、传媒板块，还有杰瑞股份、富瑞特装，甚至包括乐视网①。这些公司市值不大，估值靠谱，给人耳目一新的感觉，虽然后面多有证伪，但在当时确实就是中国版"漂亮50"。

---

① 乐视网已在创业板退市。——编者注

所谓"漂亮50"是美国20世纪六七十年代的50只股票，由于其特殊的历史地位被人不断提及。在A股曾经出现过若干次"漂亮50"行情，比如2003—2004年抱团的个股（茅台、张裕、苏宁等）、2012年的上述这些股票、2019—2020年的核心资产。但客观讲，最像美股当年"漂亮50"的就是2012年的这批股票。

首先，美股"漂亮50"是成长股，而不是价值股，单这一点就可以直接剔除2019—2020年的核心资产。美股"漂亮50"起步市值都很低，比如可口可乐才50亿美元市值、宝洁38亿美元、吉列14亿美元、百事12亿美元、麦当劳9亿美元、运通13亿美元、花旗9亿美元。这些股票现在人们耳熟能详，都已长成大家伙，但在50年前是新事物，市值不大，而成长空间巨大。2019—2020年以"茅指数"为代表的核心资产都是过去20年中国各传统行业的龙头，市值巨大、成长性普遍不高，是价值白马股，而不是成长股，这一点跟美股"漂亮50"迥然不同。

其次，美股"漂亮50"是经济驱动力发生转换时的产物。在美股70多年的历史中，从20世纪60年代末到70年代末这10年非常特殊，正值美国经济核心驱动力转变的10年，中间伴随着供给侧改革、里根经济学、第一次石油危机、布雷顿森林体系瓦解和沃尔克的加息。"漂亮50"产生的背景正在于此，彼时投资者已经充分意识到战后复苏和投资驱动无法持续，但消费崛起尚未实现，"漂亮50"就充分表达了这种预期。此点与2012年的背景非常类似，当时中国经济也正处于从高速成长期转换到中速成长期之时，经济驱动力也面临转变，投资者放弃周期股转向这批股票，颇有当年美股"漂亮50"的味道。而2003—2004年那波行情只是若干个股，没有大规模出现，市场还是以周期性的"五朵金花"为主。

白酒股开始陨落

　　这半年时间还有一个重要的事情就是白酒股的陨落。我在前面章节讲过，白酒股作为消费之王，即便在那个"周期为王"的年代也不遑多让，白酒股上一轮的兴盛周期从2002年开始，持续了10年。这一点从茅台一批价走势就可以知道，从2009年2月低点540元（由于数据限制，没有更早的数据）一路攀升到2012年1月高点1 850元，随后回落（见图3-27）。

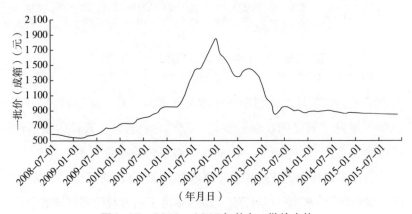

图3-27　2008—2015年茅台一批价走势
资料来源：万得资讯，作者整理。

　　所以，事后看2012年年初就是那轮白酒股周期的高点，但由于这个行业兴盛了10年，投资者觉得这是永恒的赛道，不可能陨落。因此对于年初基本面的波动非常宽容，并且此时行业内部轮动尚未结束，三、四线白酒股（俗称"小酒"）表现良好（见图3-28）。

　　到了2012年7月，连"小酒"都开始涨不动了，当时市场的一个焦点就是茅台还会不会中秋提价。9月3日，茅台停牌提价，次日复牌大涨6.22%，但其他白酒股悉数下跌，连市场都发出了

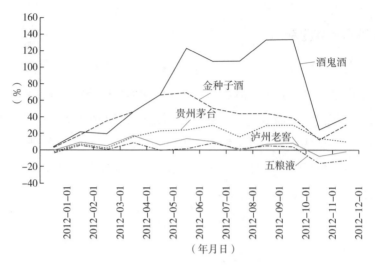

图3-28　2012年"小酒"远远跑赢"茅老五"

资料来源：同花顺，作者整理。

白酒股见顶的信号。白酒股在顶部又磨了两个月，直到11月19日酒鬼酒爆发"塑化剂超标"事件，连续5个跌停，直接带崩了白酒板块。至此，当年最后一个顽抗的板块也终于低下了头。

我在多个场合表达过，单一事件并非当年白酒股下跌的核心原因。但白酒股的故事只是开始，2013年由于白酒股的陨落导致食品饮料内部发生了重大变化，2016年以后白酒股周期回归引起了整个"核心资产"的复兴。此为后话，容后再叙。

12月大涨，牛市之始

12月4日市场再破2 000点，5日平地起惊雷，大涨2.87%。市场反应较为平静，"熊市多长阳"，这种阳线之前也出现过。又岂料，这就是一个牛市的开始。最终12月指数涨了15%，一举收复了2012年全年的失地。

当时我们正在三亚开会，团队也沉浸在"新财富"再次夺魁的喜悦中，并且我个人也正打算前往买方。因此，我个人和团队都非常放松，再无之前15个月绷紧的状态，对于突发的行情只是简单地点评了下，并未重视。但事后多年，我回头反思这段行情，即便认真做，可能还会看空、错过，原因如下。

无知和狂妄

我们自从2011年8月认错翻空后，到2012年11月底共15个月如有神助，大小波段全都判断正确，在这种情况下难免飘飘然。2012年11月底我们在策略会上提出"熊牛之界"，认为之前是熊市，后面是牛市，市场会在2013年1月的春季躁动之时迎来上涨。可会后三天市场就开始上涨了，这本是一个很好的现象，但是我居然狂妄地认为"说好了明年1月才涨，怎么能现在就涨呢"？所以当时以及此后相当长的一段时间，我都是看空的，幸亏我很快离开卖方并且暂未开始做投资，所以不用为这种无知和狂妄买单。

过了很多年，我回顾那15个月的神奇之处，其实当时的很多判断我现在都做不到，所以确实有运气的成分。一个人在正确的时候，很难区分能力和运气的；只有当屡屡犯错的时候，才会深度反思，从而进步。

着眼大道，不拘小节

2012年我们最神奇的表现莫过于9—11月。9月初我们发表月报《等待发令枪》，认为月底会涨，要等待发令枪。9月7日市场大涨3.7%后，发表评论认为是抢跑，还要跌回去。后来市场果然下跌，26日盘中破2 000点，又发表评论《发令枪响》。此后市场很快上涨近200点，再发表评论《百米过后，还要休息》。最终12月3

日市场再次破2 000点。以上种种，神乎其神，完美把握了市场的每个小波段，一时风光无限。

但回过头看，其实大错特错。那恰逢是一个大牛市的前夜，对于一个做了很多年的首席策略分析师，在那种位置没有意识到这一点，而玩弄各种技巧，实在得不偿失。在大行情面前应该保持钝感，而不是自作聪明，自以为是。这段经历让我自己在2018年年底重仓待涨，不惧波动。

作为首席策略分析师，2012年无数次精准踩点都不及年底坚定看多，因为谁也不知道市场会跌到何时、何地，但在那种位置"买买买"才是一个首席策略分析师该有的立场。很多策略都把精力放在对波段的准确把握上，实际上这既无可能，也没必要。好的策略只能在几个关键时点发挥作用，所以说"大势判断"是寂寞的，过去10年也就在2012年年底、2015年年中、2018年年初和2018年年底有意义，其余时间大多都是结构行情，是行业比较的范畴。

新的品种和框架

2012年12月市场普涨，最亮眼的是银行股，龙头是民生银行。但周期股和金融股的行情只持续到2013年2月，随之而来的就是分化，周期股和金融股回落，成长股继续高歌猛进。到2014年年中，主板又跌回2 000点，而创业板在2012年年底的基础上涨了1.5倍（见图3-29）。

在这个过程中，市场出现的是新的品种、新的产业、新的方向，甚至是新的投资方法。而我是从2005年到2009年"周期为王"的年代走出来的，信奉的方法论是"投资时钟"。我们当时基于宏观判断不看好周期股和上证综指，其实并没有太多错误。对于这些新的东西，从业7年的我也不过是新手而已。

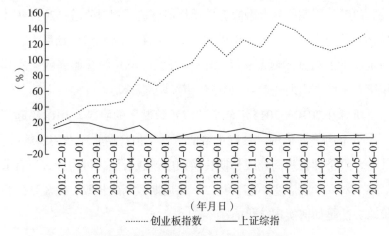

图3-29　主板和创业板指数的分化

资料来源：同花顺，作者整理。

　　所以只能说我是幸运的，在2012年这个新老交替的年份，最后一次应用了原来的框架，赶上末班车，再拿"新财富"，为7年卖方生涯画上一个完美的句号。

全年
总结及感悟

　　2012年的市场是一个自上而下和自下而上都大有可为的市场。自上而下，策略发挥了很大的作用。年初春季躁动，中间一路下跌，年底平地惊雷，可以做出波段，中间还有很多主题。自下而上，是一个成长股经典教科书式的市场，全年浮现了一批有模式、有业绩、估值和市值可接受的股票。

　　我在前面的章节一直提及："2009年8月是个分水岭，之前周期股占优，之后成长股崛起。"但这不是一个一蹴而就的过程：2010年两种力量纠缠在一起，各有千秋；2011年成长股还遭遇了

"倒春寒"，周期股和金融股凭借低估值创造了相对收益；2012年才是真正的切换之年，这一年周期股仍在阴跌，成长股波动巨大，但一批新的股票开始崛起；从2013年开始，成长股开始完胜；2014年第四季度"周期逆袭"；2015年市场剧烈波动。

所以在2010—2015年整个"成长致胜"的阶段，2012年起到一个承上启下的作用，具有重要的意义。但有两个问题需要解决：其一，经济即将从高速成长期转换到中速成长期，可为什么还有那么多人对周期股念念不忘？其二，从周期股到成长股，微观基础和策略方法是如何实现转化的？

为什么那么多人对周期股念念不忘

现在看来，2012年买入周期股是一个失败的案例，虽然之前已经躲过一波，但后续仍在下跌，更重要的是其占用仓位，导致错过消费股成长的大机会。可仔细思考当时投资者的逻辑，并非毫无道理。

（1）伟大的故事仍在兑现。当年投资者持有周期股的一个重要逻辑就是，中国的城镇化率还有提升空间，房地产的上涨还在继续。事后看，这一论断非常正确。此后10年，中国的城镇化率从49.7%（2010年数据）提升到63.89%（2020年数据），房价更是翻了一番，但这个"伟大的故事"并未阻止周期股的跌跌不休。因此，很多"伟大的故事"，如消费升级、人均GDP提升，不能直接得出行业选择，这一逻辑过于简单。反思这个逻辑，很多人忽视了一点，即虽然故事仍在兑现，但最好的时候可能过去了，并且在那个最好的时候各大企业拼命扩张产能，这些产能在未来需求斜率放缓的时候大量兑现。关于供给角度的思考，我还是推荐马拉松资本的《资本回报》一书。

（2）估值处于之前5年最低位。2012年，由于之前两年的下跌，很多周期行业的估值处于之前5年最低。很多人以此为由来推荐周期股，岂不知2012年之前的5年甚至7年，周期股都处于估值高位，可谓从珠穆朗玛峰下来1 000米甚至2 000米都不算低。估值高位有时候会持续很长时间，可能都不止一两年，当你5年甚至10年都处于一个行业的繁荣中，自然对高位习以为常。但最终随潮水退去，估值会杀到令你无法想象的位置。2020年，周期股的估值普遍是2007年的10%甚至更低。

（3）短期基本面没问题。投资者很难基于很远的未来做决策，能够看一两年就不错了。2012年，现在看是10年经济增速回落的开始，但这种回落很慢，导致周期股在2012—2013年的业绩并不差。所以当时的投资者经过深度研究和不断跟踪，觉得基本面没问题，如果有投资者在当时看空周期股，他们会拿出无数微观调研和企业咨询数据，耻笑看空者缺乏深度研究。他们不知道当一个行业下行时是先杀估值，然后基本面才兑现。等到2014—2015年，周期股的基本面才显著恶化，这跟之前盛世堆积的产能在缓慢释放有直接关系。

（4）利空消息正在逝去，利好消息正在出现。当年周期股研究员对于货币政策十分关注。2010年年底至2011年年底，中国的货币政策处于收紧的时期，很多人认为周期股的下跌是这个因素决定的。因此，当2012年中国的货币政策重新转向宽松，很多投资者都无比兴奋，而周期股在降准、降息的前后一段时间确实出现了脉冲式的上涨，但转而就进一步下跌。慢慢地，市场对货币政策的反应时间从一个月变为几天，最后投资者就不关注宏观了，周期股也彻底沦为僵尸股。其实从2010年开始，周期股的回落已经不是受货币政策影响的了，而是一个时代的结束。只是站在那个当口，投资者还没有从原来的投资习惯中挣脱出来，股价仍会做"肌肉记忆式"反应，但大势已去。

因此，虽然从现在的视角看2012年投资周期股的行为是错误的，但在当时还是情有可原的。我们复盘历史不能刻舟求剑，而是希望从中总结普遍规律，指导后续的投资。比如2022年年底的消费股就与2012年年初的周期股很像，虽然经过了2021年和2022年两年下跌，但投资者还是念念不忘。理由无非那些，如"伟大的故事"仍在（消费升级），估值处在5年最低，基本面没有多少问题……而这可能也是一个时代的结束。

其实2022年年底的消费股投资者比2012年年初的周期股投资者幸运，因为当年的投资者没有那么多历史可以借鉴。上述问题，我当年亲身经历，充满困惑，都是事后不断复盘、不断研究美股一点点琢磨出来的。

从周期股到成长股的微观转换如何实现

关于此点，我们在历史上写过两篇文章：2010年11月30日《策略思考》第13篇文章《经济为本，资金助势——对风格转换的若干理解》和2012年4月17日《宽体策论》第6篇《周期搭台，成长唱戏——对当前A股一种战法的若干解释》。这两篇文章在无意中记录了风格转化前后市场主流的打法，可以作为历史文献进行对比。

第一篇文章分析了2005年11月—2009年7月四次周期股跑赢成长股的行情，分别是2005年11月18日—2006年4月6日、2006年10月11日—2007年1月4日、2007年5月31日—2007年10月30日、2009年1月5日—2009年7月31日（见图3-30）。

这种打法的完整图景：经济景气度预期是风格转换的源动力。

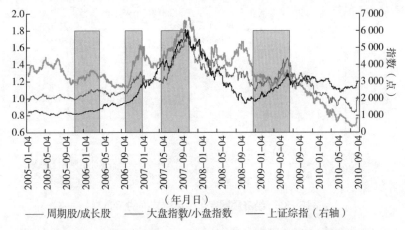

图3-30　2005年11月—2009年7月周期股四次跑赢成长股

资料来源：同花顺，作者整理。

当经济刚刚复苏，投资者对经济前景莫衷一是时，对经济和资金特别敏感的煤炭和有色板块率先上涨，场内资金开始活跃，换手率上升，风格开始转向周期股和大盘股。此时，估值高企始终是投资者对重仓煤炭和有色板块的担忧，微弱的经济复苏尚不足以使分析员上调盈利预测，市场在战战兢兢中上涨，多数投资者将这段行情归于资金推动或者流动性泛滥。随着经济复苏渐成共识，煤炭和有色等周期股的业绩出现上调，迎来股价上涨的第二波，场外资金受财富效应吸引流入场内。随着经济慢慢出现过热，银行、钢铁和石化等行业的基本面得到改善，资金开始追逐这些前期没涨太多的大盘股，大盘加速上扬，情绪亢奋到极点。而此时恰恰是最危险的时候——成本上升挫伤利润，紧缩政策悄然而至。一旦经济预期改变，在汹涌而至的场外资金的掩护下敏感性资金开始撤退，周期敏感型行业（煤炭和有色）率先下跌，市场进入反向循环，风格重回成长股和小盘股，直到产业资本增持、经济政策宽松，经济预期重新改善，新的轮回开始（见图3-31）。

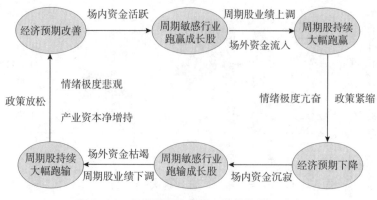

图3-31　经济预期变化是风格转换的源动力

在上述打法中，周期股始终处于主导的地位，只有在其休整的时候成长股才有所表现。但在2011年中期以后，这种格局发生了变化。通过复盘研究，我们发现2011年年中至2012年4月出现过以下三次"周期搭台、成长唱戏"的行情。

第一次行情发生在2011年6—7月。6月底，监管层表示通胀可控，市场受到鼓舞，政策放松预期再起。房地产、有色金属和采掘等周期股率先启动，此后经典消费股如医药生物、农林牧渔、纺织服饰和食品饮料等开始上涨，涨幅均超过14%，高于周期股。周期股的异动仅有两周，但成长股的行情持续到8月中（见图3-32）。

第二次行情发生在2011年10月—11月中旬。10月底，监管层表示"宏观政策要适时适度预调微调"，这再次引发政策放松预期。与上次不同，这次有一些实质性的措施，股市开始演绎"蜜月行情"。在这波行情中，地产和水泥股先行上涨，但持续时间不长（大约10天），幅度也不大（平均涨幅10%左右）。随后，市场开始热炒传媒、农用机械、环保等概念类股票，行情更为持续，平均涨幅在20%以上（见图3-33）。

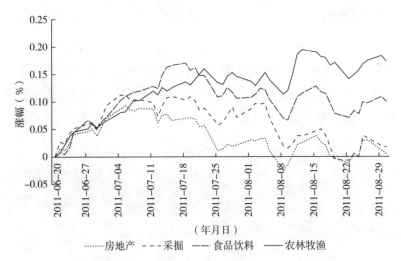

图3-32 2011年年中的第一波周期搭台，成长唱戏

资料来源：万得资讯，作者整理。

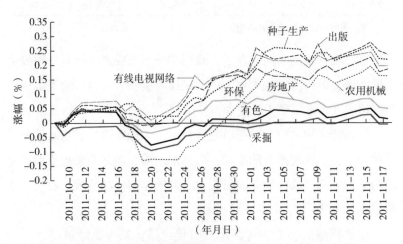

图3-33 2011年年底第二波周期搭台、成长唱戏

资料来源：万得资讯，作者整理。

第三次行情发生在2012年第一季度。海外数据强于预期，再加上传统春季躁动的因素，春节前市场炒了一把煤炭、有色、建筑

建材等周期股，节后进入"游资模式，乱战行情"，电子元器件、信息设备、信息服务等小盘股扎堆的行业领涨大盘，进入3月，经济证伪，梦醒时分，食品饮料、餐饮旅游、商业贸易等消费股体现防御价值。这次行情比前两次更容易参与，同样，成长股的行情比周期股更持续（见表3-3）。

表3-3　2012年第一季度周期股、电子信息股、消费股的轮动

1月5日—1月20日		1月30日—2月28日		3月1日—3月15日	
行业	涨幅（%）	行业	涨幅（%）	行业	涨幅（%）
有色金属	21.29	电子元器件	17.44	商业贸易	3.90
采掘	14.82	房地产	16.40	食品饮料	3.71
建筑建材	11.29	信息服务	15.77	医药生物	1.64
黑色金属	11.17	信息设备	14.40	餐饮旅游	1.27
上证综指	7.94	上证综指	7.30	上证综指	-2.16

资料来源：同花顺，作者整理。

这三次行情的共同点在于，政策宽松预期或者实际宽松引发周期股上涨，但行情太快太短，随后经典消费或者主题概念类的成长股开始表现，涨幅更大且更加持续。

这种打法和之前几年已经完全不同，2011年以后货币政策和经济预期也会引发周期股的波动，但越来越弱，随之而来更重要的是消费成长股的涨跌，周期股只起到搭台的作用，消费成长股逐步成为主角。

这种打法的转变有着深厚的时代背景。第一，经济整体下台阶，原来的增长模式备受质疑，周期股的EPS即便短期受益于经济刺激，市场也已经很难给高估值了，所以无法形成中期上涨的格局。第二，由于2010—2012年连续三年下跌，周期股的估值已经降到一个比较低的水平，这个时候指望进一步大幅度杀估值也比

较困难。实际上，后面几年周期股估值进一步下降更多的是EPS提升，而非股价下跌。第三，在这种背景下，周期股以及整体市场构造了一个坚实的舞台，每次货币宽松和经济刺激都进一步夯实这个舞台，但在这个舞台上表演的舞者再也不是周期股了。第四，成长股由于符合转型预期，有远景，所以可以不断提升估值。

从2011年年中开始，反复若干次，这种打法越来越被投资者熟识，再加上学习效应，渐渐地，周期股就彻底沦为配角、僵尸股，市场终于完成了从周期到成长的切换。此后三年，即便2014年年底周期股有过短暂逆袭，但拉长了时间来看，这种"风格切换"也是失败的。经过了前面三年的酝酿，成长股终于进入"封神"的阶段，这波牛市的幅度和时间可以类比2005—2007年的"蓝筹泡沫"，只不过主角变成了创业板指数。

— 2013年 —
成长完胜

2013年是极致分化的一年，在此之前A股整体性更强、同涨同跌，但2013年主板下跌6.75%、创业板大涨82.73%，分化巨大。2013年的主角无疑是创业板指数，所以本节我们用创业板指数的走势来划分阶段。

2013年创业板指数共分四个阶段：年初至春节前（2月8日）的躁动、春节后（2月18日）至6月的"钱荒"、第三季度的主题行情和第四季度的高位横盘。

年初至春节前的躁动

2013年开年延续2012年12月的涨势，继续气势如虹，直到当年的春节前（2月8日）。这波上涨持续两个多月，行业涨幅如图3-34所示。

从图3-34可以看出，领涨这波行情的还是传统的金融类周期股，代表下轮牛市的TMT表现并不突出，而食品饮料由于白酒股的崩盘居于末席。

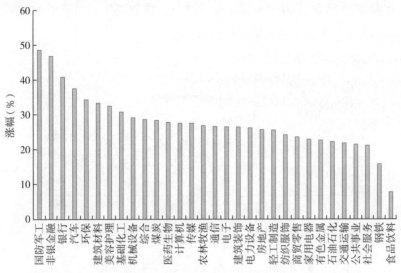

图3-34　2012年12月4日—2013年2月8日行业涨幅

资料来源：同花顺，作者整理。

其实2012年12月5日—2013年2月8日，上证综指只涨了25%，而同期创业板指数大涨40%。虽然涨幅更大，但投资者认为这只是因为小盘股波动更大，主战场仍在主板。我当时正准备离开申万研究所，带着继任者交接客户，所到之处客户问得最多的就是"别人配了多少银行"。又岂知，从那个时候开始，这个2009年10月才出现，一开始备受关注而又逐步被人遗忘的创业板指数，正一步步走向历史的舞台中央，成为主角。

创业板酝酿多年，一直被视为"中国的纳斯达克"，2009年10月千呼万唤始出来，首批登陆28家公司，到2010年6月才形成指数。

创业板刚上市的时候估值极高，到2010年12月指数达到1 200点，静态市盈率约75倍。此后两年，创业板指数随大盘下跌，弹性更大。到了2012年12月4日，创业板指数跌到585点，静态市盈率为29倍，相较于两年前的高点，指数腰斩，估值萎缩了约61%，具备了爆发的基础（见图3-35）。

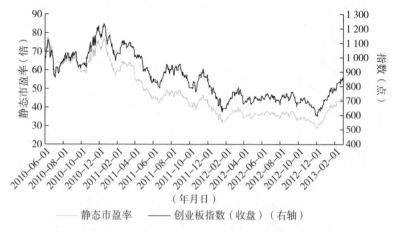

图3-35　2010年6月—2013年2月创业板指数走势和估值
资料来源：同花顺，作者整理。

春节后至6月的"钱荒"

2月18日春节后第一个交易日的走势极具代表性，上证综指跌了0.45%，而创业板指数上涨1.49%，从此两者分道扬镳。到4月底，主板再次跌破2 200点，而创业板指数飙到1 000点左右。从2012年12月5日到此时，主板仅从1 949点涨到2 100多点，而创业板几乎翻番，强弱对比，一目了然。

在这个过程中，创业板中走强的都是一些市场之前并不熟悉的股票，尤其是传媒股。在A股的行业分类中，传媒是一个比较边缘化的行业，似乎都是出版印刷、有线电视等没落行业。事实上，2012年年底曾有一波主题行情，但当时没什么好的标的，游资狂拉"中视传媒"等股票，更加坚定市场对"传媒只是主题行情"的看法。

但其实就在这个时候,《泰囧》横空出世,成为国产电影首部票房超10亿元的影片。票房的爆发力使投资者对影视公司充满想象,而智能手机的日益普及也使手游成为时尚。于是,炒票房、炒流水成为一种新的范式,《西游·降魔篇》《致我们终将逝去的青春》,以及一个个爆款的游戏……这些东西使光线传媒、华谊兄弟、中青宝、掌趣科技等股票大涨,带动整个传媒及创业板指数扶摇直上。

关于这波行情我有切身体会,当时我初到买方,尚未管理产品,所以比较空闲。于是我开启了为期两个月的调研,与深圳、杭州的游戏创业团队做了深入交流。最终我断定,无论是影视还是手游行业,确实爆发了,但对个体的公司很难给高估值,因为"有了上顿、不知下顿"。平台型的公司应该有大机会,可当时腾讯、爱奇艺和360都不在A股上市,万达影院等院线公司也没有上市,A股当时其实没有太好的标的。因此,我认为这波行情没有参与价值,估值已经太高,现在看来这种判断很正确,但在那两年这些股票还是涨了十几倍,是整整一个大牛市。

这两年的"错过"让我深入思考一个问题:何为时代的贝塔?其实无论是影视还是手游行业,商业模式都很差,拉长时间看估值都不会太高,但就在这两年估值飙升,这主要是沾了"时代的光"。这个时候,智能手机已经大幅普及,4G网络使手游更加风靡,地铁上随处可见"低头打游戏"的人。另外,人们的生活水平也有所提高,花几十元钱看场电影不再是奢望,许多大型商场和购物中心的顶楼都是一个影院。这就是时代的变化,这种时代变化一定要在A股有所表达,而这些股票正好成为这种表达方式的载体,所以估值飙升。此时市场不会细究,理性成为一种负担。

实际上,这种时代的贝塔之前有,之后也有。在此之前,

1996—1997年的家电行情和2005—2007年的地产行情都是；在此之后，2019—2021年的新能源汽车行情也是。而最离谱的行情就是1999—2001年的"5·19"行情，彼时美股正经历互联网引发的科网泡沫，A股也得有所映射。其实那个时候A股几乎没有纯正的互联网标的，但再怎么想象也要表达这个"时代的贝塔"。

一般而言，这种时代的贝塔行情不同于普通的主题概念，它一定是在现实生活中"随处可见"的，所以必须有一定的渗透率。A股经常会爆发主题行情，出现新事物，很多人忙于学习，生怕错过。其实真正了解行情的级别就不用有此担心，小级别的主题错过也无所谓，大级别的时代的贝塔只要观察身边就不会错过。

另外，对于这种时代的贝塔，一开始A股可能没有相应标的，但炒一段时间的概念股就会出现比较纯正的标的。比如2013年的传媒和手游股，一开始标的并不多，但后续上市了很多，其中不少是借壳上市；再比如2014年的新能源汽车，一开始找不到正统的标的，投资者只能围绕充电桩、电芯、电机概念等炒作，到2019年火力就集中在锂电池和宁德时代等品种。这种现象恰恰体现二级市场的资源配置能力，如果真是一个时代的贝塔，万众瞩目，股票标的迟早会出现。

到了5月，创业板继续上行，突破1 000点大关。5月下旬，伯南克暗示退出量化宽松（QE），外围市场开始波动，国内的资金面也变得紧张。可当时大多数投资者觉得这只是月末常规的资金紧张，很快就会过去。到了6月，资金并未如预期放松，反而进一步紧张，6月20日银行间隔夜回购利率一度飙到30%、7天回购利率到28%，这就是后面所说的"钱荒"（见图3-36）。

主板应声而落，短短15个交易日就跌掉20%。24、25日两天盘中更是大跌100多点，上证综指盘中最低杀到1 849点。大势如

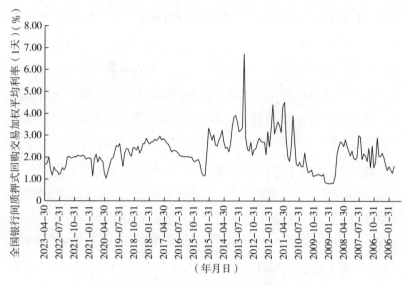

图3-36　2013年6月"钱荒"

注：图中数据为收盘利率。

资料来源：同花顺，作者整理。

此，创业板也未能幸免，但它以横盘代替调整，跌破1 000点就迅速收回。所以，主趋势才是最关键的，突发事件只会带来短暂的调整，无法阻挡主趋势的步伐，反而会进一步强化，"钱荒"的考验正式确立了创业板的龙头地位。

"钱荒"，是资本市场的一个重要片段，需要认真分析，启发如下。

（1）任何事情都有前因后果，我们必须站在历史的角度看待问题。2009年之前的市场似乎是平淡的，那时候许多投资者既不关心社融，也不看重表外，因为信贷和表内几乎就是社融的全部。到了2010年需要收缩货币政策，但全社会对资金有着饥渴的需求，金融机构也有放贷冲动，导致资金的期限错配严重。2013年3月25日，银监会下发《关于规范商业银行理财业务投资运作有关问题的通知》，对银行理财资金投资"非标"进行限制，规定理财资金投资非标的余额不超过35%。"钱荒"之后，资产回表、清理错配持续了很多年，2017年第二季度的调整就与"资管新规"有关。

（2）从其他市场寻找线索。资本市场是个整体，牵一发而动全身，我在2012年2月21日《宽体策论》第2篇《A股篮球论》就已经提及："许多A股市场的波动都可以在其他市场找到征兆。"因此，建立其他大类市场的跟踪及人脉系统，对A股的大势判断大有裨益。比如2015年8月的"股灾"，一开始是"8·11"汇改引发汇率市场大幅波动，一周以后股票市场才开始大跌。2013年的"钱荒"更是如此，从5月下旬债券市场的资金就开始紧张，过了月底还是如此，到6月下旬A股才开始反应。我研究A股多年，发现其相较于其他市场，专业程度更低。债券市场的机构投资者居多，外汇和商品市场能活下来的都是高手，只有A股市场的投资门槛较低，因此A股对很多信息的反应速度都最慢，这也给我们从容出逃留出时间。

（3）小的风格切换。正如2009年8月的案例所言："大跌之后，风格切换。""钱荒"之后，市场的风格和主线也发生了稍许变动。指数层面，正式确立了创业板的主导地位，主板从此一蹶不振，直到2014年后半段才逆袭。主线而言，正统的成长股开始停滞，市场开始炒主题和更虚、更有梦想的股票。虽然"钱荒"之前成长股和小盘股也大涨，但更多的是一些教科书式的经典成长股，如歌尔股份、云南白药等；"钱荒"之后，这类股票停滞，市场转向"纯主题式投机"，采取游资的打法。

2013年全年，对周期选手就是噩梦，面临被淘汰的命运。但2013年下半年，那些正统的成长股选手也很茫然，他们的收益大体停留在"钱荒"前。"钱荒"之后，创业板指数又涨了30%，但这些选手大多毫无斩获，反观游资如鱼得水、风生水起。

第三季度的主题行情

"钱荒"很快就过去了。创业板指数经过短暂调整，再次站上1 000点，此后市场一马平川，到9月底创业板指数又涨了近40%。这波上涨以主题行情为主，其中"自贸区行情"是当时市场上最热的主题之一。外高桥和上港集团作为两大龙头股，要么"一字板"开盘，要么开盘后很快涨停，资金只能采取"围点打援"的方法，封住龙头股去炒二、三线的股票，如浦东金桥、张江高科、陆家嘴等。自贸区的行情从8月开始，一直到10月初挂牌才结束，但由于这个主题过于火热，也带火了其他主题，如土地流转、海南概念等，一时"主题投资"风光无限。

关于主题投资，应该是策略投资的三大任务之一，其他两个是大势判断和行业选择，但主题投资的方法不同于后两者。后两者更适合学院出身的选手，按照教科书式的做法，主题投资更适合游资选手，学院出身的选手大多无法适应。关于主题投资，我们也曾经研究很多案例，总结了以下五要素。

不上不下，横盘为宜

主题投资当然不喜欢单边下跌的市场，但也不太喜欢主升浪的市场，因为一旦市场出现主升浪，龙头股会虹吸太多资金，不利于主题炒作。主题投资最好的环境应该是指数拉升一段时间后的高位横盘阶段，此时指数需要休息，但人气已被激活，风险偏好较高，主题投资适得其所。当年我和众多一线游资交流甚多的时候，他们经常问我对市场的看法，只要不是大熊市或者大牛市，他们就无所顾忌。但主题投资也有其特有的节奏，有时候市场波澜不惊，他们的股票反而突然大跌，有的两天就可以亏

15%。所以，这也是一门技术活，有很多技巧，但更多靠应对，而非预判。

空间远大，概念新颖

主题投资概念一定要"新"，"第一次"弥足珍贵，哪怕是新瓶装旧酒。例如，同样是炒区域概念，"自贸区"概念就比"区域振兴计划"概念好。互联网金融即便要卷土重来也要借着"区块链"这个概念。传媒影视被炒了几年、深有倦意，但IP[①]使其枯木再逢春。主题投资永远是新人笑、旧人哭。

主题投资未必有安全边际，也不需要业绩兑现，但一定要空间远大。实现的概率再低，可一旦实现就会翻天覆地。只有这样，才能让人忘记现在、忘记概率、忽略风险。

一波确定，二波赚钱

很多主题都是平地惊雷，等市场搞明白是什么概念，股票都已经涨了一大波。例如，2015年7月中旬的IP（7月16—24日鹿港文化上涨95%），2015年11月初的虚拟现实（VR）（11月4—19日顺网科技上涨95%）。所以，主题投资的第一波很难参与，只有快枪手和交易能力特别强的人才可以赚钱。但任何股票都会回撤，涨多了就是最大的利空。主题投资也不例外，好的主题会有第二波，并且经过了第一波的知识普及，投资者的认同度高了，第二波往往会创新高。

所以，主题投资正确的操作方法应该是在第一波观察确认，龙头股涨幅在一倍左右切不可追高，回撤过程筛选品种，回撤到第一

---

① IP是Intellectual Property的简写，直译为"知识产权"，但现在的含义有所引申。——编者注

波上涨幅度的35%~50%时就特别关注，一旦启动马上上车。先龙头股后扩散品种，等创了新高，各种相关的股票都开始补涨时就要撤退。

很多人对主题投资的态度和方法都不对。对第一波茫然不知所措，对回撤过程深度鄙视，逐步忘记这个主题，等再关注时，第二波已创新高，只能各种"嫉妒羡慕恨"。

新的主题会被编成各类概念指数，出现在各种交易软件中，后面还会有阶段性的表现，但很少有第三波，后续参与的性价比不高。

高频数据，无法证伪

很多人一开始就争论主题最终到底成不成，但事实上很多事情要彻底证伪或者证实需要很多年。在无法证伪的阶段，股价会朝着阻力最小的方向不断强化。

每次涨价行情，交易员都是看着商品价格炒股票，分析师也用当期的利润数据折成年化来压低估值。但其实谁都清楚，这是周期股，都有季节性，这么做一定是不对的。但短期无法证伪，每天上涨的高频数据不断刺激神经。所以，在一个无法证伪的阶段，如果有高频出现的催化剂，新闻也好，数据也罢，对主题投资就是如虎添翼。

只炒预期，不炒兑现

预期阶段，上涨空间无限，资金会不断涌入。可一旦进入兑现环节，投资者总要争论是"高于预期"还是"低于预期"。事实上，谁也无法说清楚之前高企的股价到底反映了多少预期。所以，最好不要赚兑现的钱，这样做太辛苦。大多数主题没有深厚的行业根基，特别是在熊市。自贸区行情从8月开始，到10月10日真正挂牌，行情也就结束了。

以上是我通过几十个案例总结出的主题投资的共性，2015—2016年我也曾经醉心于这种方式，一直期待寻找市场中"超越五界之外"的股票，但当我发现要苦守盘前时，我就知道这个方法不适合我。后来我深刻反思，发现这种方法与人的背景及性格有关，按照我的背景和性格，在这方面没有优势，因此后续也就放弃这种投资方法了。现在只看不做，仅作为观察市场的一个维度。

第四季度的高位横盘

通过三个月的主题炒作，最终市场将创业板推到了1 400点，而主板依然不过2 200点。十一长假后，自贸区如期挂牌，但这个主题也炒到头了。龙头股倒了，相关个股也戛然而止，为期一个季度的主题行情结束了。屋漏偏逢连夜雨，当时不记得是哪家传媒公司并购受阻，炒作贯穿一年的传媒股也开始调整。2013—2015年的这波牛市，其中一个很大的特征就是外延并购重组，所以当时这家公司并购受阻对市场情绪有所挫伤。只是很快并购重组又蔚然成风，在2015年达到极致，也为2018年的商誉大量计提埋下伏笔。

同时，10月恰逢三季报披露之际，一些稍有瑕疵的报表就会被放大，记得当时一天杀一只白马股，10月31日伊利跌停，实际上早在9月2日茅台就跌停了（这是茅台上市二十多年仅有的两次跌停之一，另外一次是在2018年10月29日）。其实不是白马股和传媒股真有什么问题，只是这些股票前期已经被热炒，股价涨了很多，需要回调，但这个短暂回调并未阻止这些股票继续上行，更疯狂的还在后面。

果然11月市场又大幅反弹，似乎一切都回来了，11月底创业板指数又接近年内新高。11月30日，探讨许久的新股发行制度终于尘埃落定，证监会推动股票发行从核准制向注册制过渡。12月2日周一，创业板当日大跌8%，第二天又低开3%。当时有种说法，2013年创业板之所以异常红火是因为没有新增供给，现在新股出来了，行情就要结束了。可谁又能够料到，这种新股发行制度非但没有抑制行情，反而火上浇油。由于刻意压低发行价，所有新股一上市就连板，导致A股市场许多股票出现了连续"一字板"的奇观，这进一步刺激了壳价值，并且衍生了"打新"的商业模式。由于当时的打新规则需要底仓，投资者开始买入"股价比较稳定，不太会跌"的白马股作为底仓，这也成为2016年以后白马股行情的重要推手。很多人在"打新"上并没有赚多少钱，反而因为持有"白马股底仓"而大获其利。历史总是那么奇怪，一切皆是因果。

2013年收官的三个月充满波动，10月创业板指数大跌9.68%，11月就大涨10.63%收回，但12月又下跌了4.56%，整个第四季度创业板指数处于高位横盘的状态。

全年
总结及感悟

2013年是很重要的一年，创业板横空出世，在此之前人们讨论市场多以主板为标准，在此之后也会说"创业板如何"。2013年让很多老手无所适从，像我这种2006年就入行的投资者习惯了"投资时钟"的方法论，选择一只股票总要计算其资产，但这种方法论在2013年就是束缚。

2005—2007年的牛市是"资产重估"的牛市，那个时代崇尚重资产。但2013年起看重"轻资产",恨不得是一无所有的"皮包"公司,因为只有如此的商业模式才容易迅速复制,不断扩展,如果有众多笨重的资产反而无法打开想象空间。除此之外,2013年还让我有以下几点体会。

流动性和大小盘风格并无直接关系

我在前面章节曾详细论证无风险利率和市场涨跌并无直接关系,但这只是很多人对流动性的一种误解。还有一种误解,就是认为流动性和大小盘风格有关系,流动性泛滥则小盘股横飞。

这种看法看上去很有逻辑,但只要稍微做一下实证就知道不对。比如2013年,从全年的角度看,毫无疑问流动性是偏紧的,但全年更强势的品种无疑是"偏小盘"的成长股。环顾整个历史,其实利率、资金、交易热情和风格都没有简单的线性关系。如果非要讲流动性和市场风格的关系,那它只起到推波助澜的作用,当时市场的主流是什么,什么就能更强。比如2007年,资金汹涌而入,流动性泛滥,市场追捧的就是极其大盘的蓝筹股;再如2015年,银行资金入市,民间各种点对点借款(P2P)横行,此时资金青睐更小盘的创业板股票;又如2020年,市场严重分化,有些基金大受追捧,有些基金门可罗雀,此时的资金在追逐茅台和宁德时代。因此,资金永远是加速器而不是启动机,只是一个同步甚至滞后的指标,可为解释之用但缺乏前瞻性。流动性既不能把握市场的涨跌,也不能解释市场的风格。

食品饮料内部的轮动

2013年的主线是传媒和TMT,但食品饮料内部也发生了天翻地覆的变化。其中一个最大的特点就是白酒股的陨落和其他子领域的崛起，这些子领域包括调味品、乳制品和小食品。如今调味品成为投资食品饮料必配的品种，与白酒股并称"绝代双骄"，但在2013年之前调味品处在边缘地位，调味品的估值在2013年得到系统性的提升（见图3-37）。

图3-37 2013年调味品估值得到系统性调升

资料来源：同花顺，作者整理。

调味品的估值之所以得到系统性提升得益于两个因素：其一，白酒股的陨落。在前面章节我们就提及，2012年年中白酒股见顶，11月大跌。但当时很多人仍不相信白酒股已经进入下行周期，直到2013年的春糖会，基本面开始恶化，大机构正式减持白酒股。2013年是成长股的黄金年代，无论是消费成长股还是赛道成长股，但作为"成长之王"的白酒股出现了罕见的熊市。白酒指数从2012年7

月到2014年年初跌了接近60%，茅台从高点下来也跌了55%，其静态市盈率一度跌破9倍（见图3-38）。

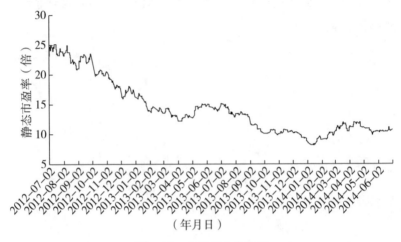

图3-38　贵州茅台的估值

资料来源：同花顺，作者整理。

　　这么大的行业一旦崩盘，许多资金需要出逃，必然引发整个系统的变化。投资者的行为是有惯性的，常年驻守在白酒股里的资金一旦出逃，不会马上奔向TMT和周期股，他们会先在周边寻找猎物。原先在白酒股光环下黯然失色的品种，现在也颇有几分姿色。都说城门失火殃及池鱼，而当年不是殃及而是惠及，同样被惠及的还有乳制品中的光明、贝因美等。

　　调味品估值系统性提升的另外一个原因就是龙头股的出现。2013年中炬高新开始逐步剥离其他业务，专注于"美味鲜"，2014年年初海天味业也上市了，这些都让调味品成为一个真正有基本面的子行业。说到海天味业，也真是刷新了我对"好公司"的认知。在上市之前海天味业就受到万众瞩目，投资者担心21%的净利润率是否见顶，可它近几年居然飙升到28%，似乎没有极限（见图3-39）。所以芒格说得对，"好公司永远会给你惊喜"。可即便如此，海天味业在2020年估值达到100倍，也着实令人费解，可见那时的泡沫有多大。

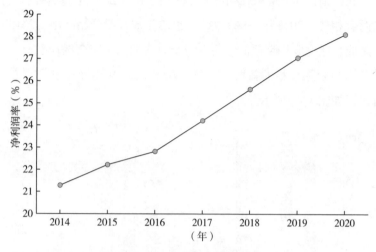

图3-39　海天味业净利润率
资料来源：同花顺，作者整理。

前文曾经提到行业比较的三个层次，其中最后一个层次是策略研究的重点。但这个层次的"行业比较"有着巨大的或然性和随机性，可以总结出一些经验和技巧，但很难形成系统性方法，因此我主张慎用这个层次的行业比较。

2013年食品饮料内部的行情轮动、估值变化，就属于这个层面的行业比较，它不是由基本面决定的，而是与资金的流动有莫大关系，因此比较脆弱。当年许多公司都讲了一些故事，其中很多都是资本市场的基金经理想出来的。基本面本没有变化，但股价涨了、估值升了、资金关注了，很多无中生有的概念也就在短期形成了，这就是资本市场的反身性。但最终尘归尘，土归土，部分调味品之所以能走出来还是靠其自身过硬的基本面。

2013年完成切换，正式确立"成长致胜"

我在前面讲到，2009年8月是个分水岭，2010年周期股和成长股两者相持，2011年"倒春寒"，2012年成长股开始胜出。2013年才是成长股完胜周期股的年份，一个时代的图景完全展开了。

我们剔除每年的新股，计算2005—2019年每年上涨股票数量占比，如图3-40所示。

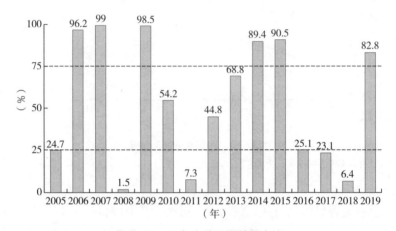

图3-40 历年上涨股票数量占比

注：剔除当年新股。

资料来源：同花顺，作者整理。

如图3-40所示，我们画两条线，分别是25%和75%，高于75%则为个股与大盘同涨，低于25%则为同跌，我们会发现，2005—2019年这15年间，只有2010年、2012年和2013年处于25%~75%，也就是包含结构性行情。而2012年如果去掉最后一个月的大涨，这个比例只有22%，所以真正有结构性行情的年份只有2010年和2013年。2010年是一个转换的开始，2013年是一个转换的结束，这就相当于倒了一个王朝，中间陷入乱战，又重新建立了一个王朝。

如果我们选取几个节点，观察机构（股票型和偏股混合型基金）前十大重仓股的变迁，这个过程会看得更加明白。表3-4选取2009年第三季度、2010年第四季度、2012年第三季度和2013年第四季度这四个时间节点。

表3-4　四个时间节点机构前十大重仓股变化

	2009年第三季度	2010年第四季度	2012年第三季度	2013年第四季度
1	中国平安	中国平安	贵州茅台	伊利股份
2	兴业银行	贵州茅台	中国平安	格力电器
3	招商银行	招商银行	格力电器	大华股份
4	贵州茅台	苏宁易购	万科A	海康威视
5	浦发银行	双汇发展	五粮液	云南白药
6	民生银行	伊利股份	伊利股份	歌尔股份
7	苏宁易购	东阿阿胶	保利地产	中国平安
8	保利地产	国电南瑞	ST康美	双汇发展
9	平安银行	兴业银行	泸州老窖	海尔智家
10	中兴通讯	中兴通讯	兴业银行	碧水源

资料来源：同花顺，作者整理。

从表3-4可以看出：2009年第三季度前十大重仓股中周期股占了七席，到了2013年第四季度只有"中国平安"一根独苗，从2009年第三季度到2013年第四季度是成长股不断替代周期股的过程。自此，成长股替代周期股真正完成，从2009年8月开始，花了三四年时间。

2014年
蓝筹逆袭

2014年是蓝筹"逆袭"的一年，中小盘股和成长股领先了近10个月，却在最后两个月被大盘股和周期股超越。并且，把2014年放在整个"成长致胜"的五年中也是例外，如果说2011年周期股基金经理靠"少跌"胜出，那2014年是真正意义上的大胜，只不过这种优势在2015年上半年又化为乌有。

2014年市场的走势可以分为四个阶段：年初至2月24日的躁动、2月25日—5月21日的调整、5月22日—11月20日的乱战和11月21日以后的蓝筹逆袭。

年初至2月24日的躁动

2014年年初至2月24日延续了2013年的格局，主板在2 100多点的位置继续下跌，盘中数次跌破2 000点，但创业板又涨了20%，接近1 600点（见图3-41）。

这个过程是传统基金经理被淘汰或者彻底"改旗易帜"的过程，钱不断涌向新锐基金经理，这些新锐拿到钱后又把自己的持仓加了一遍，而这个行为加剧了周期股下跌，创业板上行。因此，年

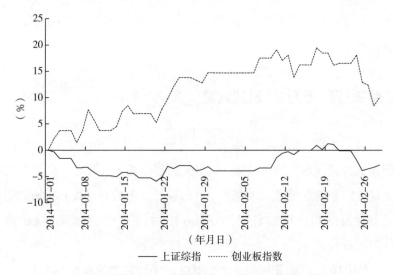

图3-41　2014年年初延续2013年的分化格局

资料来源：同花顺，作者整理。

初短短一个多月内，上海钢联、卫宁软件、飞利信等股票涨幅巨大，当年的春节是1月31日，居然有基金经理的组合在春节前的一个月就涨了42%。当时，市场把这批新锐基金经理称为"英雄联盟"，他们互通有无，一时风光无限。

1月17日，IPO重启。到春节前陆续有39只新股上市，由于其明显偏低的发行价，这批股票一上市就连板。我记得暴风影音曾取得29个连板的历史纪录，并且这种股票在开板之后还要拉升一段时间。所以，这种"刻意压低发行价"的新股发行制度非但没有抑制投机之风，反而火上加油，而一旦打中新股无疑像中彩票，一时"打新"之风盛行。当年"打新"需要底仓，蓝筹白马股由于已经沦为僵尸股，没有波动性，成为"底仓"的良好之选，市场开始有一些专职"打新"的量化基金大量买入这些白马股。又岂知，两年之后创业板泡沫破灭，打新的收益率下降，这批"底仓"白马股反而创造了巨大的收益率，真可谓"失之东隅、收之桑榆"。

2月25日—5月21日的调整

春节之后，市场就有涨不动的迹象。终于在2014年2月25日，创业板冲高回落大跌4.37%，而当时的创业板龙头股之一网宿科技更是跌停。创业板进入为期三个月的调整，事后看这段时间的调整是创业板在2012年12月至2015年6月大牛市中调整幅度最大、持续时间最长的一次。

5月16日，创业板跌至1 210点，年初以来的涨幅尽数耗尽。至此，年初占尽优势的新锐基金经理也业绩归零，新老基金经理又站在同一条起跑线。此时，市场充满分歧，很多人认为始于2012年12月的创业板牛市已经终结。牛市向来如此，在开始和中间阶段都备受质疑，只有在顶部才会趋向统一。

牛市也有调整，熊市也有反弹，如何判定市场是牛市调整还是已经步入熊市初期？这里的关键是调整的时间和空间，两者皆不可少。一般而言，牛市调整的幅度也会很大，但主要指数不太可能腰斩，调整时间也很难超过三个月。以2005—2007年的"蓝筹牛市"为例，中间出现过"5·30"，上证综指在6个交易日内最多跌了21%，随后又扶摇而上；同样，创业板在走向牛市的过程中也出现了5次较大幅度的调整，如表3-5所示。

从表3-5可知，这5次"牛市调整"幅度最大、时间最长的就是2014年2—5月，最大跌幅22.9%，持续58个交易日。所以"牛市调整"是有幅度和时间的限制的，2015年6—8月虽然创业板指数也调整了三个月，但幅度太大了，很难理解为牛市调整，应该是

表3-5 2012年12月—2015年6月创业板指数调整时间和幅度

	调整时间（交易日）	调整幅度（%）
2013年"钱荒"	7	-17.2
2013年11月	24	-16.3
2014年2—5月	58	-22.9
2014年7月	16	-12.1
2014年12月	13	-14.68

资料来源：同花顺，作者整理。

熊市的开始。同样，2021年和2022年茅指数及宁组合双双陷入调整，时间和幅度都超过"牛市调整"的范畴，大概率可以判断它们的熊市已经到来。此为后话，容后再叙。

4月10日还有一个重要的事件就是沪港通的开通，这在当时还不显眼，却深度影响了A股此后几年的行情，是2016年"熔断"之后白马股崛起的重要力量。

5月22日—11月20日的乱战

5月21日，一则不太显眼的新闻《部分企业禁用WINDOWS 8系统》引发了软件股的反弹，由于网络安全、斯诺登等是当时重要的话题，所以这则新闻迅速传导到TMT相关股票，乃至引起创业板的反弹。

到12月中旬，除了7月的短暂调整，创业板指数几乎一路向上、回到年初高位。但在这个过程中，2013年大涨的一些龙头股如华谊兄弟涨幅并不大，说明行情在进一步扩散。从龙头股到二线股、三线股，从正统股到借壳上市品种……各种故事、各种App、各种数据、各种被BAT①并购的消息……市场朝着更虚、更玄、更有想象力的方向发展。

至此，2010年开启的成长股时代有着明显的脉络：2010年成长股初露锋芒，以医药股和莱宝高科等股票为代表；2011年医药股遭遇"倒春寒"，莱宝高科走势符合科技投资的规律（虽踏准赛道仍难免成为先烈）；2012年成长股星星之火，方兴未艾；2013年"钱荒"前追捧教科书式的成长股，"钱荒"后拥抱主题投资；2014年经过两个多月的调整，行情扩散到更虚的地方，此时并购重组蔚然成风，为2018年的大量商誉计提埋下伏笔。而所有这一切都是为2015年上半年的总攻做准备，万事俱备，酝酿做足，而吹响总攻的号手却是2014年年底爆发的证券和建筑股。

这半年虽然小盘股如火如荼，主板却一直在暗潮涌动。从1月底到7月中旬，主板几乎走成了一条横线，并且数次破2 000点。到2014年年中，很多白马股的估值便宜到令人震惊的地步，五六倍P/E的万科、一千亿元市值的茅台……回顾A股历史，白马股最便宜不是在大盘998点或者1 664点的时候，而是在2014年7月（见图3-42）。

这就是后世所谓"看报表、谈价值就输在起跑线"的年代。其实当时很多人都意识到"便宜"，但"不在趋势中""不要跟趋势对抗"，很多在配置角度非常荒谬的做法从短期交易角度看又合情合理。

终于在7月下旬，主板开始向上，但许多投资者并未参与，还沉浸在另外一头"炒新、炒小、炒壳、炒烂"的行情中。主板就是

---

① BAT是百度公司、阿里巴巴集团、腾讯公司3家中国互联网公司巨头的首字母缩写。——编者注

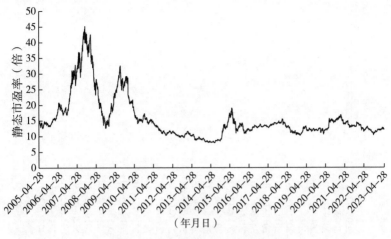

图3-42 沪深300指数的估值水平

资料来源：同花顺，作者整理。

一步一个台阶，几个小碎步后开始横盘，然后再来一组小阳线，到10月底上证综指不知不觉接近2 400点。事实上，7月以后经济基本面并不如前，企业利润萎缩得很快，如果说小盘股跟梦想相关，那大盘股为什么能摆脱基本面呢？大盘股完成蓄势，等待最后的爆发。

这半年还有一个重要的事情就是"降低社会融资成本"，新的货币工具也层出不穷。由于经济增速持续回落，政策端于年初提出"降低社会融资成本"，并且此后10年该词汇频繁出现，成为货币政策的重要目标。从图3-43可知，从彼时开始贷款加权平均利率就一路下行，到2022年年底已经处于很低的位置。

所谓"降低社会融资成本，"我理解有别于"大开大合"，而是追求"喷灌""滴灌"，所以2014年出现了很多旨在微调的货币政策，比如4月16日的"定向降准"、6月9日关于"三农"和小微企业的降准、9月18日的下调正回购利率。同时，央行开始创设SLF

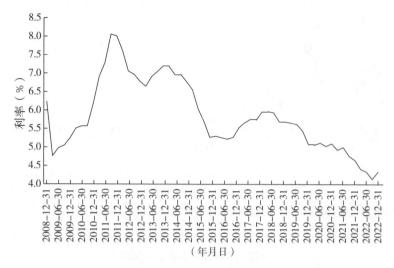

图3-43　贷款加权平均利率

资料来源：同花顺，作者整理。

（常备借贷便利，俗称"酸辣粉"）、MLF（中期借贷便利，俗称"麻辣粉"）等工具，还有所谓的利率走廊。虽然到了11月21日，央行还是开启了传统意义的降准、降息，但相信以后这种基准利率的变动会更少，创新货币工具的应用会更多。

11月21日以后的蓝筹逆袭

11月21日央行降息，这次降息既在意料之外，又在情理之中。说"情理之中"是因为经济确实有加速回落迹象，说"意料之外"是因为央行设了很多新的工具，也一再强调"精准调控"，市场认为基准利率不会变动。

不管如何，这次降息直接引爆了周期股行情，特别是证券股。那两周，证券股几乎天天涨停，吸纳了数千亿元的资金。然后是与

"一带一路"倡议相关的建筑股，并在此达到顶峰。

证券股和建筑股在此之前都是多年不涨，在此之后又沉寂若干年，只不过在那两个月散发了无限的光芒。虽然证券股和建筑股都大涨，但还是有很大区别的。证券行业由于2012年以后的"金融宽松""工具革新"，基本面确实发生了一定程度的改变，其ROE也阶段性回升，所以2014年年底爆发不仅仅是受益于"牛市旗手""货币放松"等因素，而是其行业基本面真有变化。但建筑股的爆发更多的是基于一种概念、一种主题投资的高潮（见图3-44）。

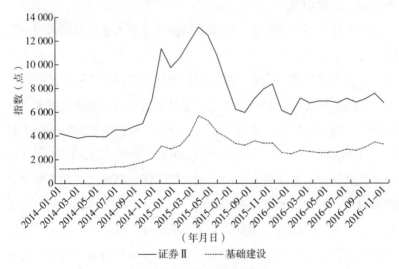

图3-44 证券股和建筑股走势

资料来源：同花顺，作者整理。

再后面就是各种各样的"消灭一倍P/B"的声音，最后连中石油和中石化都连续涨停。纵观2013—2015年的牛市，周期股和主板只是配角，但正是这个阶段配角的良好表现使整个行情成为一出大戏。自此之后，很多人才意识到牛市来了，资金汹涌而入，证券股连续涨停彻底点燃了市场的热情。

一开始，创业板还能跟主板共舞，但渐渐只剩下与证券对应的互联网金融。到12月下旬，基金经理实在不能无视这么疯狂的行情，很多人割了创业板股来追大盘股。而且恰逢年底，相对业绩的考核就在眼前，排名压力更助长了这种趋势，最后半个月创业板股和小盘股反而大跌。

　　至此，2014年最戏剧的一幕出现了。小盘股经过10个月的领先，竟然在最后一个半月被反超，最终排名领先的基金都是地产金融类基金。2014年年底证券股和地产股"逆袭"也是A股市场的经典一幕，启发如下。

　　（1）便宜还是硬道理。很多人都说"便宜不是买股票的理由"，因为便宜的还可以更便宜，贵的还可以更贵。实际上这都是在玩弄技巧，忘记了投资的大道。投资的大道其实很简单：便宜的时候买入，贵的时候卖出。2014年年底"逆袭"的基础就是蓝筹股和主板处于一个极低的位置，环顾A股历史，蓝筹股估值最低的时候不是在大盘998点、1 664点，也不是在2018年年底，而是在2014年年中。虽然当时的主线是互联网和成长股，即便那时主板和蓝筹股有诸多瑕疵，但便宜就是硬道理。当一个永续经营的主体的估值被压低到如此极限的位置，反弹就可能一触即发。这就像一根不会被压坏的弹簧，压得越极致，反弹的概率和幅度也就越大。当时市场有很多做绝对收益的资金，这批向下没空间、向上不确定的品种，对这些资金非常有吸引力。股票和期货不一样，只要上市公司不破产、不退市，其股票总归还是有"底线价值"的。

　　（2）风起于青萍之末。很多事情在一开始的时候被人忽视，但回过头来看是决定性的。2014年4月和10月的"陆港通""沪港通"就是如此，当时投资者更多关注并购重组，盯着互联网模式，对于"两市互通"并未重视。岂知"北上南下"在后续的市场发挥了很大的作用，并且这种作用在当年并未完全显现，此后很多年才逐渐发挥重大作用。罗马不是一天建成的，虽然蓝筹股在11月21日以后才爆发，但其实从年中就开始酝酿，市场在不断积蓄力量。任何事情都有前因后果，风起于青萍之末。

（3）学习效应。2014年年底的行情令人印象深刻，所以持续很长一段时间都在影响市场行为，比如后续几年证券股会偶发性的全行业涨停。又比如2014年年底虽然风格短暂切换、蓝筹股替代成长股，但2015年又迅速切换回来，所以给市场留下一个深刻的印象，即"与其切换，不如死守成长股，蓝筹股涨很久，成长股几天就可以追回"。因此，此后很长一段时间，一旦周期股异动，成长股很快就起来。但这种简单的学习，没有理解其本质，形似神不似。随着时间的流逝，这种学习效应也就慢慢淡去。

全年
总结及感悟

2014年也是我的重大转变之年，经过2013年的蛰伏和准备，2014年元月我开始正式管理资产。这一年我对两个问题有深刻体会：其一是从研究到投资的跨越，其二是关于大类资产配置。

从研究到投资的跨越

在正式管理资产之前，我在卖方做了七年的研究，然后又在买方做了一年的准备，应该说我对这次管理资产格外重视，但我的首秀是失败的。

我在2013年花了大量时间储备股票，每只股票都是我精挑细选的。最终在2014年年初，我买了茅台、格力、伊利、中国平安等一批白马股。我记得我买入茅台时的股价不到100元，事后看确实是历史级别的买点，其他白马股的情况大体也是如此。我当时买入的理由很简单，这是中国最好的一批企业，过去15年的经历也证明此点，现在虽然它们各有各的问题，但并非不可解决，而且正是由于出现这些瑕疵，市场才给出了极低的估值。好的公司在不好的时候，用便宜的价格买入，这不就是教科书上经典的案例吗？

这本应该是我投资生涯完美的开端，可惜不是，因为半年之后我就悉数卖出，转战那时市场的热点。这半年我也做了大量功课，不断调研，不断找人交流（其中不乏资深人士），但人们普遍觉得这些股票没机会，因为它们已经是过去时代的产物，类似价值陷阱，现在应该拥抱新时代。虽然我对这种说法将信将疑，但股价的剪刀差让我最终屈服。

结果可想而知，就像一个临阵的将军轻易放弃了战前周密的布局，改为随意厮杀，所以我的首秀并不成功。当时我将此归咎于公募的考核期比较短，认为只要换一种模式就可以更好，所以2015年我选择了专户，2017年开始自己做私募。直到很多年后，这种故事不断重复，我深刻反思才知道这恰恰是投资中最难的环节——克服人性！在投资中，认知只是第一步，是研究层面的问题，有时候是很简单的，但关键是如何坚持认知，如何对抗人性，如何保持独立。

对于价值投资，有人问我"价值如何测算"，我说目测即可。这就像你评价一个人的胖瘦，应该肉眼可见。如果非要借助各种精密仪器，那只能说明这人的身材还不够明显。价值投资也是如此。如果非要通过各种模型精确定位，测算出内涵价值是80元、目前股价是82元，要赚这2元钱，那只能说价值不大。价值投资的核心是安全边际，所谓4毛买1元。之所以要预留这么大的空间，就是因为世界有诸多不确定，我们的认知也有很多盲点，要给自己留下犯错的余地。那马上会有人问："显而易见的机会存在吗？天下哪有免费的午餐？"其实问这个问题的人内心深处已经不相信价值投资，就像和学生散步的尤金·法玛不相信脚下会有100美元一样。因为他认为如果有早就被人拿了，基于这种认知，他甚至不愿意低头看一眼，弯腰捡一下。

价值投资的难点不仅仅在于认知，更在于人性控制。我们在冷静状态下都能侃侃而谈，类似那个好龙的叶公，当龙真来时却不敢面对。因为在那一刻，总归会有各种逻辑来证明"这一次不一样"。坦率而言，许多在冷静状态下做的研究，在大多数时间都用处不大。比如你让我判断上证综指的波动区间，我说是2 400~4 000点。如此宽广的范围虽然正确，但无用。因为如果现在是3 200点，这个判断有什么意义？也许现在来看确实没太大意义，但在2018年年底就很有意义，因为当时的点位就在2 440点。龙真的来了，但不敢出手，因为传言"之前的研究都建立在中美尚未发生贸易摩擦的基础上，而这一次不同"。2014年年初的茅台也是如此，无数人都曾经幻想过自己在100元以下重仓茅台，而我曾经真正这样做过，但最终还是输给了人性，输给了各种担忧。

李录在北大的演讲，谈及巴菲特、芒格对接班人的看法，我惊讶地发现里面全是对人性和情绪的控制，没有任何关于智商、学历及产业经验的要求。我一开始认为这是巴菲特、芒格在炫耀，明明自己拥有了高智商，却来谈人性控制这些事。但经历了近几年的市场后，我确实感受到巴菲特、芒格的睿智和深刻。认知是基础，但人性控制才是根本，过不了"人性"这关谈什么都没用。而这一点只有"事上磨"，没有其他办法。一个朋友跟我抱怨，说投资真的太难了，除了看对，在过程中还要受各种煎熬。我说你说反了，投资的主要任务就是承受各种煎熬，这就是赚这份钱需要付出的代价。

价值的认知并不难，根本不需要精确计算，目测即可，但要兑现需要承受各种煎熬。就像那个说皇帝没穿衣服的小孩，认知并不难，可为什么就他说呢？可能他长大了以后，也不会说了。

这就是我在2014年错失那批白马股的惨痛教训，不过当时并没有这么深刻的认知，是最近几年才慢慢琢磨出来的。

关于大类资产配置

我们之前都认为"投资时钟"是对大类资产配置的唯一解释，虽然2012年以后由于中国经济增速的收敛，"投资时钟"的效用大大减弱，但2013—2016年出现了完全的背离，这一点值得深思。

从图3-45可以明显看出，中国经济增速自2011年见顶回落，2012—2015年回落明显，从"保8"到"保7"，2016—2018年暂时企稳。按照"投资时钟"的理论，2012—2015年应该是债券资产大行其道，2016—2018年权益资产才会有所表现。可事实却完全相反，2012年年底至2015年年中，A股展开了2005年以来的第二轮大牛市，2016年才迎来债券资产泡沫化（见图3-46）。

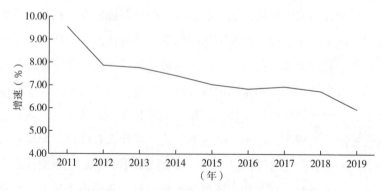

图3-45　2011—2019年的中国GDP增速
资料来源：同花顺，作者整理。

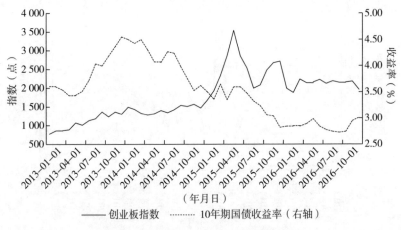

图3-46 2013—2016年的股债轮动

资料来源：万得资讯，作者整理。

那么引发这轮大类资产变动的根本原因是什么？投资时钟显然无法解释，但从银行的配置行为看，则一目了然。中国金融体系最重要的是银行，银行资产的配置方向决定了整个金融的配置方向。2009年7月以前，银行配置的主要方式还是贷款，投向的主要对象是房地产、地方融资平台和各类"铁公基"。2009年7月以后，国家开始控制贷款投放速度放缓，但银行有继续放贷的冲动，各类已经开工的项目也有继续借贷的需要。很多银行收缩表内业务，控制信贷，但依然大量扩张表外业务。存款变成理财，贷款变成各种资金池的投放，投资者关注的月度货币指标多了社会融资余额。很多银行资金继续通过理财等形式流向地产及地方融资平台。

2014年7月是个重要的变盘点，经济增速加速回落，信贷数据低于预期，而股市却开启了数年一遇的全面牛市。当时A股市场出现了很多增量资金，详见图3-47的开户数和两融余额。

那么这些新增的资金又来自何方？就是出自银行和民间借贷（以P2P为主）。中国经过了近三年（2010—2013年）的建设，地产

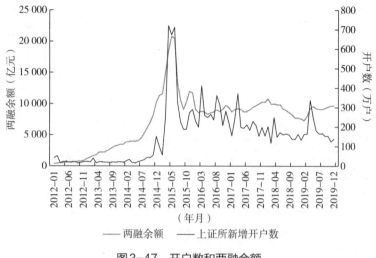

图3-47 开户数和两融余额

资料来源：万得资讯，作者整理。

及基建的很多项目已经完工，由于人工、成本和利率的提升，很多项目没有后续的建设需求，而一些项目的风险暴露也增加了银行的风险意识。因此，之前建立的"理财—投资"模式逐渐瓦解，银行需要寻找新的配置方向。

此时，A股市场自2012年12月以来的结构性行情已经充分聚集人气，有赚钱效应。我记得当年很多同行出去凭"模拟组合"都可以募集到少量资金，他们拿着这些资金作为"劣后端"去加杠杆，而银行的资金池成为"优先资金"的一个来源。他们支付银行"优先端"资金8%左右的年利率，同时有严格的止损机制，比如净值到0.92就预警，0.88就止损。如果是3∶1的杠杆，那么净值在跌到0.75之前"优先资金"都是安全的。所以对银行而言，这似乎是一个比"发行理财产品去投地产和地方融资平台"更好的商业模式。

于是，大量资金开始迁移。之前不断下降的理财收益率也不再下降，因为理财资金又一次找到了出口，5%的成本可以享受8%的收益率。这样一来，一条完整的逻辑链就形成了：一方面实体经济得不到银行资金支持，开始加速回落；另一方面资金不断流入虚拟市场，权益市场不断上行。所以，经济下行和权益资产上行同时出现，与"投资时钟"彻底背离。这也是监管层不断强调资金要"脱虚向实"的原因之一。

并且，这些增量资金彻底改变了存量博弈下的规则。它们选择了向下没风险，基本没涨过的传统行业。在投资者眼中，这些行业需要"估值修复"和"补涨"，这就是2014年下半年周期股、蓝筹股能"逆袭"的重要原因。

2014年年中至2015年5月，市场几乎没有调整，处在一种"正循环"的过程中，一方面市场"无回调式上涨"让很多投资者信心满满，融资者很乐意接受银行8%年利率的"优先资金"，因为一个涨停就回来了，真是太容易了！另一方面银行也乐意配资，因为8%的利率完全覆盖其5%的理财成本，而严格的止损机制似乎也能保证其本金的安全。这样，源源不断的资金流入使市场不断上升，这是保证这个"正循环"的根本。这种正循环持续到2015年5月，很多人不断浮盈加仓，始终保持几倍杠杆，大获其利，我身边一个最夸张的案例就是半年近100倍的盈利。

但花无百日红，从2015年6月开始市场进入负阶段，市场以一种无法止损的方式暴跌，优先资金立即平仓，而这又进一步加剧了市场的暴跌。从2014年年中至2015年8月股市异常的波动得到了完美的解释。一开始大量杠杆资金涌入市场，它们选择"安全"的蓝筹股，市场陷入狂热，从而进一步吸引场外资金；2015年上半年步入正反馈最强烈的阶段，股市以更大的斜率上涨；2015年6月市场进入负反馈阶段，资金仓皇出逃导致市场崩塌。关于2015年股市的表现，我们会在下一节详细论述。

银行资金从股市出逃后，并未消停，因为其成本端的理财收益率还是5%，必须寻找新的出口。由于这批资金首先要保证安全性，所以债券市场和保本基金（保本基金的大部分底仓也是债券）似乎都是不错的选择。此时，经济有企稳态势，但避险资金大量涌入债券市场，使债券收益率开始下滑。2015年6月的10年期国债收益率只有3.6%，不及成本端5%的理财收益率，既然无法覆盖成本那就质押债券再买一次。这种行为使当年债券交易变得异常拥挤，同时买入使国债收益率从3.6%加速下滑到2.7%。这一年近100bp的收益率下滑显然不是经济基本面所能解释的，所以与权益市场的表现一样，这一年债券市场的牛市也非"投资时钟"所能解释的，而从银行资金配置的角度看则一目了然。

同样的剧本在债券市场又发生了一遍，到了2016年10月，债券市场也发生了"债灾"，与2015年6—8月的"股灾"一模一样。关于此点，我在2016年的复盘再详细表述。

综上所述，那几年大类资产的配置逻辑，用"投资时钟"无法解释，纠结于经济的微弱波动有种鸡同鸭讲的感觉，而从银行的配置行为看就豁然开朗。所以，并非所有的大类资产轮动都可以被"投资时钟"解释。

— 2015年 —
市场巨震

2015年最大的特征就是大起大落，几乎融合了2007年、2008年和2009年所有的走势。2015年的行情分为三个阶段：年初至6月3日的狂飙、6月4日—9月2日的两轮"股灾"、9月3日至年底的大幅反弹，分别对应2007年、2008年和2009年。

年初至6月3日的狂飙

2014年最后一个半月，创业板和中小盘成长股遭遇蓝筹股"逆袭"，2015年开盘第一天还是延续了这种风格，主板大涨3.58%，创业板下跌0.47%。第二天一则关于建立征信体系的新闻不胫而走，银之杰应声涨停，当天创业板大涨5.12%。一夜之间，风格又切回来了。

2012年年底至2015年年中的牛市是以创业板和成长股为主角的牛市，移动互联网就是这个牛市的皇冠，而互联网金融是这个皇冠上的明珠。新年第二天互联网金融就成为最终冲锋的龙头板块，之前一切都在为这个龙头板块铺垫，东方财富、恒生电子、安硕信息等，但涨幅最大的还是银之杰。因此，1月6日银之杰率先封板对行情冲锋有特殊意义，这只股票也成为那轮牛市涨幅最大的股票（见图3-48）。

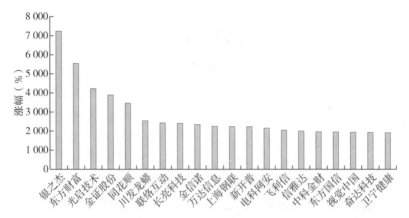

图3-48 2012年12月3日—2015年6月2日涨幅前20名的股票

资料来源：同花顺，作者整理。

此后，创业板一路坦途，沿着均线扶摇而上，主板则再次沦为配角。经过近两年的酝酿，牛市最疯狂的阶段终于要来了。与所有的牛市一样，最后半年的涨幅超过前面两年的涨幅，斜率突然变陡。在这个过程中，各种配资、各种优先劣后、各路股神频出，全社会都在谈论股市，盛况空前。

此时政策端也在助力。首先，央行保持每月降准或者降息的频率，货币政策非常宽松。其次，"大众创业、万众创新""互联网+""中国制造2025"等概念，给资本市场提供了无尽的主题机会。

人心变得无比躁动，从1月初到5月底短短5个月，创业板指数居然涨了170%，A股涨幅超10倍的股票有4只，涨幅超5倍的有36只，涨幅翻番的股票有1 202只（占所有股票的45.7%）。我那时刚从东吴基金去兴业全球基金，由于竞业限制我处于"冷眼旁观"的状态，但感觉又回到2007年"5·30"后到"6 124点"的那半年。

狂热的市场也埋下了许多隐忧。银行资金入市和民间杠杆借贷的迹象越来越明显，监管层对两融业务和民间配资进行多次"喊话"。一些真正做实业的企业家也陷入焦虑，因为不断上涨的股价导致人心浮动，减持甚至卖掉整个公司都是更理性的选择。在基金公司，很多基金经理连年终奖都等不及就出去创业了，似乎还在给人打工就是无能的表现。

到了这个时候，资本市场的乱象已经妨碍到实体经济的健康发展，崩盘只是时间而已。

6月4日—9月2日的两轮"股灾"

6月2日证监会公布《证券公司融资融券管理办法（征求意见稿）》，不知是不是巧合，第二天创业板收盘就到了那轮牛市的高点。6月4—8日，创业板指数自年初以来第一次出现三连阴，但大部分投资者都没当回事。与所有的牛市末期一样，这种下跌被许多投资者当作加仓机会，后面连续四根小阳线使指数又接近前期高点。一切都歌舞升平，一切都风平浪静，与2007年10月16日的6 124点如出一辙。

当时投资者的想法是创业板指数很快就会超越主板点位，成为中国股市的领头羊。怎奈6月15日又是一根跌幅5.22%的巨阴线，之前那个周末公布了5月的经济数据，依然不好，但央行没有像过去半年一样降准、降息。所以，一些投资者猜想货币政策是不是要紧缩了？再加上6月2日的《证券公司融资融券管理办法（征求意见稿）》和监管层三令五申的"喊话"，这一次"狼"是不是真的来了？6月16日再跌2.85%，已经跌破20日均线，要知道从年初开始创业板指数一直运行在20日均线以上，形态非常好。货币政策暂停宽松叠加技术破位，市场开始担心。6月17日大涨4.2%，重新站上20日均线，但6月18日又跌6.33%，再破20日均线。一切都已经筑成，舞曲结束了。

其实回头看，创业板的牛市很可能在4月就结束了，因为代表牛市精髓的几只龙头股在4月初就已经涨不动。最后两个月市场是各种补涨、乱涨，牛市情绪不断扩散，最典型的就是开板的新股依旧天天涨停（见图3-49）。

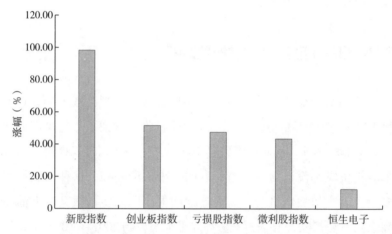

图3-49　4月1日—5月30日各大指数和核心股票涨幅
资料来源：同花顺，作者整理。

牛市有多激烈，熊市就有多惨烈。6月19日市场开始跳空下杀，指数的涨跌堪比个股，股市的涨跌堪比期货，降准、降息只不过换来高开低走的出逃机会。到7月3日，短短十几个交易日，创业板指数已经从高点下杀35%。7月4—5日是周末，市场期待政策端利用两天做出回应，国家资金入场。但7月6日一开盘，又是高开低走，创业板收盘大跌4.28%。市场似乎无底了。最终，救市策略调整，从拉银行板块变成拉创业板龙头股，东方财富和乐视网紧急复牌承担救市指标股的角色。7月8日，市场终于见底回升，此后连续四天大涨，市场暂时稳住了。从6月到7月短短两个月，市场波动剧烈，我们见证了千股跌停、千股涨停、千股停牌，多少财富灰飞烟灭。那两个月的巨震非言语所能表达，没有亲身经历很难体会万一。

8月11日央行开启了又一次汇改，人民币一次性贬值2%。当时我一看到这个消息就觉得"股市坏了"，因为当时市场惊魂未定，货币宽松成为救市的重要手段，"8·11"汇改让货币宽松受到理论上的钳制。熟悉国际贸易和货币理论的人都知道"蒙代尔不可能三角"，"8·11"汇改导致人民币有强烈的贬值预期，央行如果想要打消这个预期，国内货币政策继续宽松的概率就降低了。

当时第一轮"股灾"刚刚缓和，投资者如惊弓之鸟，如果"双降"受到钳制，投资者的信心会大受打击。因此，我当时一看到这个消息就把仓位清掉了，而很多"自下而上"的基金经理压根不知道发生了什么，有些基金经理甚至连"蒙代尔不可能三角"都不知道。"8·11"汇改后，离岸人民币市场和债券市场马上反应，但股市居然毫无反应。直到一周后的8月18日A股终于开始下跌，创业板指数先是一根跌幅6.08%的巨阴线，第二天回抽2.66%，第三天又开始了连续爆杀，最终七个交易日暴跌30%，第二轮"股灾"来袭，真是没有最猛，只有更猛。

6月2日—9月2日也就短短三个月，市场经历了两轮"股灾"，中间有一波大涨。这段经历让我对以下两个问题感触颇深。

（1）如何逃顶。很多人都知道6月之前的创业板大涨是泡沫，但鱼尾行情实在太过肥美，因此大部分人都在寻找"既享受泡沫又能逃顶"的方法。首先从"术"这个层面，确实有一些技巧可以总结。比如2015年6月的顶和2009年7月的顶就有很多类似之处，先是沿着均线系统持续向上，此时从价值角度出发显然是被高估了，只能从技术方面把握；然后突然出一根巨阴线，甚至会跌破重要均线（如20日均线），此时就要无比警惕，随时准备撤离；然后一组小阳线收回，再出巨阴线跌破重要均线，此时必须降低大部分仓位；如果后续阳线无法修复均线，重要均线从支撑位变成压力位，那就一定要悉数离场，要有壮士断腕的决心（见图3-50和图3-51）。

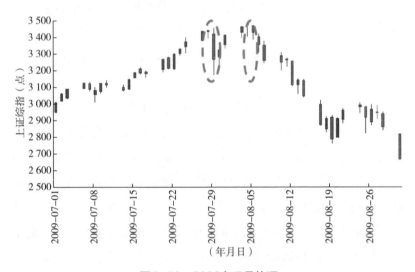

图3-50　2009年7月的顶

资料来源：同花顺，作者整理。

但上述说法只是技巧，每次顶部都有特殊因素使投资者无法全身而退。事实上，上述方法正是我一个朋友当时跟我说的，已经写入他们的操作备忘录，他们甚至准备了期货空头来做套保，但最终还是全军覆没。因为当时的"股灾"出现了两个始料未及的情况：大量上市公司直接停牌，监管层不允许增加期货空头。或许你认为

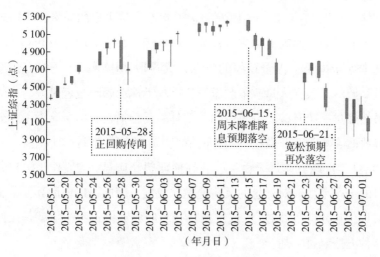

图3-51 2015年6月的顶

资料来源：同花顺，作者整理。

这种情况很罕见，属于异常值。但当你在这个市场上长期博弈，这种"异常值"最终都会出现，并且频率比你想象的要高很多。所以，从"道"的层面讲，根本就没有一种"既享受泡沫又能逃顶"的方法。想要在后续的"股灾"中不受损伤，只能在前面的泡沫中保持克制，但又有多少人有这个定力和条件呢？

（2）关于第二轮"股灾"的触发条件。我在前面提到，我因为"蒙代尔不可能三角"逃过第二轮"股灾"。事后很多人反对这个逻辑，因为后来央行又"双降"了，货币政策似乎并没有受到"蒙代尔不可能三角"的钳制。我认为这种说法半对半错，所谓"半错"就是不能用结果来验证"是否受制"。央行后来的确"双降"，但是出于应对第二轮"股灾"的考虑，如果没有第二轮"股灾"或许也不会有"双降"。只是对于社会科学，谁也无法通过反复实验来确认某个因子的实质影响。

所谓"半对"就是的确不能将所有因素都归咎于"蒙代尔不

可能三角"，它只是一个触发因素，并不是最主要的因素，当时最核心的矛盾是风险尚未充分释放。市场经过6月及7月上旬的大跌，基本处于闷杀、无量跌停的状态，大量股票停牌，市场没有成交量。此后几天在大量政策刺激下，市场迅速反弹。也就是说，市场虽然经过一个月的"闷杀"和一个月的反弹横盘，但风险尚未充分释放。在风险和收益极不对称的情况下，市场无非等一个由头，而"8·11"汇改就是那个由头。我在前面曾经讲过，A股作为散户较多的金融市场，对信息的反应速度比较慢，因此可以借助其他金融市场的启示来"出逃"。这次又是一个经典案例，我当年就是按照这种方法躲过一劫。

9月3日至年底的大幅反弹

到9月2日，市场经过近三个月的暴力杀跌，创业板指数从高点回落55%，很多代表性股票都跌了70%甚至80%。当时整个投资界处于蒙了的状态，投资者密切跟踪的基本面和各项中、微观指标并没有多大变化，而且"股灾"伊始监管层就在注入流动性，但股市就是毫无征兆地暴跌了三个月。其实这就是泡沫的破裂，这世间没有一种方法可以准确预测泡沫并全身而退，否则就太容易了。

客观来讲，这个时候股市的性价比已经比较高了，政策明显回暖，市场经过两波杀跌风险极大释放，做空力量衰竭，投资者的仓位很低……但此时的投资者无法保持客观理性的态度，杯弓蛇影，如惊弓之鸟，整个9月市场一天牛市、一天熊市，波动巨大。事后看，这就是一个阶段性的底部，是建仓最好的时候，但身处其中煎熬非凡。9月7日晚间，为应对大起大落的市场，上交所、深交所和中金所发布《关于就指数熔断相关规定公开征求意见的通知》，如无异议将在2016年年初实施。这个通知很快就被市场遗忘了，直到四个月后酿成灾难性的后果。

度过静默期，我的专户产品在8月初成立，一开始没有头寸，幸运地躲过了两轮"股灾"。因此，我的初始心态比较好，没有历史包袱，我客观分析了各种数据，觉得市场有着巨大的机会。基于此，我在9月初开始建仓，也就占了10%~20%仓位。事后看这个判断非常正确，但整个9月非常颠簸，心惊肉跳。由于是绝对收益账户，并且当时我还秉承各种安全垫及止损防回撤的机械方法，在操作上是一根阳线来了就杀入，然后几根巨阴线就被迫止损。如此反复几次，到9月底，我的10%~20%的仓位居然亏了将近4%。这4%的损失还不是最大的损失，更关键的是等后面行情真正来临的时候不敢上仓位，因此那一波70%的指数反弹我最终也就赚了10%，看对但没有赚到很多，甚是可惜。

很多人都说："等行情确立以后做右侧。"实际上，在实战过程中左侧和右侧很难辨别，只有在事后才一目了然。当时，我对大格局是看多的，一旦大阳线出现我很难继续等待，生怕错过，而底部的波动又很剧烈，几根阴线就会造成亏损。此时如果机械止损，等于既付出了成本又没有头寸。经过这次教训，我在之后的操作中会更多评估整体的位置，用工具和组合来控制波动，防止来回磨损。比如在2018年年底那四个月的磨底过程中，我就坚定持有头寸不动摇。为什么2018年10月19日一行三会"四巨头"发表讲话引发的两根巨阳线不是右侧？为什么2018年11月2日民营企业家座谈会引发的那几根巨阳线不是右侧？为什么直到2019年春节前一个交易日的巨阳线才是右侧？左侧和右侧只有事后才能明确，指望什么煎熬都不受就享受收获是不切实际的。在2018年年底那四个月的煎熬中，我一个朋友的操作就类似我在2015年9月的行为，在连续两次"加仓—止损"后，最终行情来了也不敢上车。此为后话，到2018—2019年的复盘时再详细解析。

十一长假回来后，市场开始向上突破。短短两三根阳线以后，人们惊奇地发现创业板指数已经从9月2日的最低点上涨了30%。一切都悄无声息，而当时的主流观点依然悲观，很多人都在观望。市场进一步上涨，10月21日创业板指数大跌6.63%给了一些人加仓的机会，市场两根阳线就收复了该日的下跌，到10月26日创业板指数已经从最底部涨了45%。这种涨幅，放在任何一个单独年份都算牛市。此时，市场上低仓甚至空仓的人开始焦虑，前面的下跌都承受了，这波快速上涨却错过了，来自客户和机构的压力可想而知。而我也十分焦虑，虽然我的净值快速修复并且赚了几个点，但由于仓位不够也没有赚到很多。所以，当时的市场，大部分人都在寻找股票，很多人都想把仓位加回来。

10月26日—11月3日，市场略微有所回调，但这成为加仓的号角，资金开始汹涌而入，最后的空头都被逼空了。创业板又涨了20%，这样从9月2日低点1 779.18到11月26日高点2 915.95，创业板整整上涨了约64%。幅度之大、速度之快，令人咋舌！如果说2015年年初至6月3日的上涨是2007年的走势、6月4日—9月2日的下跌是2008年的走势，那么9月3日至年底的上涨就是2009年的走势，一年之内汇集三年走势实属罕见。

到了12月，市场已经鲜有空头，当时有各种各样看多的理由，最厉害的一种说法是，前面两轮"股灾"只是牛市调整，创业板很快就要创新高，可以参见我国台湾1986—1990年大牛市中间两段50%的调整。我也变得很"疯狂"，我是早就看多的呀，不能只赚这么点，所以不断加仓，最终把仓位加到上限，而当时精挑细选的股票在事后看大多数都是垃圾股。滚滚大潮，把所有人都卷进来，最保守的人也想在2016年年初炒炒春季躁动后再跑。在这个过程中，只有一个朋友不断提醒我："泡沫崩溃，绝对不是三个月、50%就能结束，所以这只不过是一次技术反弹，随时可以结束。"我这个朋友自始至终没有加仓，中间也承受了巨大压力，但也为其2016年迎来了良好的开局。

整个12月，市场都在高位横盘，事后看，高点早在11月26日就已经出现。由于仓位重、品种激进，我的净值波动很大，一天牛市、一天熊市，但我依然憧憬再来一波大涨。到12月28日，上午我的持仓大概涨了4%，但下午突然跳水，毫无征兆，据说是受B股影响。不知道为什么，我当天突然觉得我那个朋友可能是对的。后面三天我居然把仓位从90%砍到只有5%，幸运地躲过了"熔断"。

事后看，除了后怕，没有任何的欣喜。我至今都不知道那三天为何如此坚决，但临近悬崖还如此激进，值得反思。"熔断"之后，市场的风格才真正转变，后面被称为"核心资产"的品种开始走牛，这是另外一个泡沫，直到2021年的春节。

"熔断"有其偶然性，也有其必然性。必然性是当时市场的预期实在太过一致，投资者都知道大牛之后必然大熊，所以2016年的行情不会好，但临近春季躁动，很多人都想在这时候捞一把，这样后面就会比较舒服。而偶然性是有制度加持，"股灾"后证监会讨论应对之策，最终出台"熔断"制度。关于"熔断"和后续市场的走势在下一章再详细论述。至此，惊心动魄的2015年终于结束了，我们还是应该再看看当年创业板的走势，这是一个难得的案例（见图3-52）。

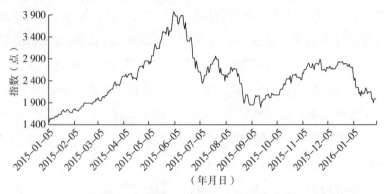

图3-52　2015年全年创业板指数走势

资料来源：同花顺，作者整理。

全年
总结及感悟

2015年虽有诸多瑕疵，但我全年表现仍可圈可点：年中高位逃顶，9月力主看多，"熔断"前神奇清仓。而这一切都得益于我的"宏观策略"功底，在2010年之后市场逐渐忽视"宏观策略"，更多采用"自下而上"的方法，到2013—2015年的牛市甚至要消灭策略分析师，又岂知2015年是"策略大年"。A股多有"莫名其妙"的暴跌，很多人辛苦累积的收益在短时间就化为乌有，因此不懂点"宏观策略"，会有夜半临渊的感觉。宏观策略至少有以下两点作用。

前瞻性

微观调研很难做到前瞻，订单、生产排期最多只能彰显几个月的景气度，中微观的高频数据确实能反映宏观，但大多只是当前的情况，无法推演。大部分群体都是被时代大潮裹挟而前，但潮流何去？2008年6月，一片繁华，谁承想三个月以后断崖式下跌。2009年年初，无人看好，没有订单，没有希望，又怎知三个月后轰轰烈烈，经济走向过热。

单靠微观调研只会贻误战机，宏观推断却可做到前瞻。因为，宏观理论是无数先贤综合社会现象和逻辑思辨的结果，自成体系，能够向前推演。但从宏观到股市，还有两个问题。其一，这么多理论，哪个理论适合当前？其二，宏观推断正确，但微观何时发生？股市何时起反应？

第一个问题，关键不在于理论如何完美、如何雄辩，而在于其推论能否解释更多的现象。解释得越多，就越可能是当前问题的正解，其理论推断的结果也越有可能成为未来事实的方向。而对于第二个问题，要结合微观调研。正常而言，宏观的判断应该可以在微观现实层面得到验证。因此，微观调研和产业链验证可以把握宏观判断的进度，而股市的反应应该不会与预测相差太远。正确流程应该是先宏观推断再微观验证，而不是相反。

打破市场均衡的重要变量

我在前面的章节中用"钱荒"、2015年第二轮"股灾"的案例反复论证：一旦市场陷入僵局，风险收益比已经极度不平衡的时候，宏观变量往往会成为打破市场僵局的重要力量。而由于A股的散户较多，其他市场对信息的反应可能会更快，这为逃离A股或者加仓留出宝贵时间。因此，观察跟踪其他市场，建立其他市场的人脉对于A股的大势判断很有好处。

从表3-6可知，A股是一个波动性较大的市场。在这样一个市场上，懂点宏观策略不无裨益，但长期观察下来，我发现许多投资者对"宏观策略"有以下两点误解。

表3-6　2005—2009年A股的年化周波动率　　　　　　　　（％）

年化周波动率	上证综指	万得全A	沪深300	上证50	中证800	深证综指	中小板指	创业板指
2005	21.2	22.6	20.8	19.3	21.7	23.4	17.0	—
2006	25.4	25.0	23.8	23.7	24.1	23.5	30.0	—
2007	29.8	34.5	33.8	33.3	34.5	35.8	36.5	—
2008	43.2	48.0	48.1	48.3	48.9	49.3	47.6	—
2009	29.0	31.5	32.3	32.6	32.4	33.2	29.8	—
2010	21.9	21.8	24.0	25.2	23.4	25.8	26.3	38.9
2011	16.8	17.7	18.8	18.0	19.9	22.6	22.6	27.2
2012	16.9	18.1	20.4	19.2	20.9	23.8	23.9	27.6
2013	17.5	19.4	20.7	23.8	20.2	20.1	21.0	29.4
2014	18.3	17.6	20.8	25.5	18.4	17.4	17.8	22.8
2015	37.3	46.2	35.4	37.0	37.3	43.9	42.1	48.5
2016	20.8	26.8	20.0	19.3	21.6	27.7	25.3	32.0
2017	8.1	10.5	9.3	11.6	9.1	13.6	11.9	15.2
2018	20.2	22.6	22.1	22.2	22.2	25.0	26.2	29.6
2019	22.3	23.9	23.7	24.3	23.9	26.2	27.2	29.0

资料来源：万得资讯，作者整理。

（1）策略靠猜市场来做投资。我翻阅无数典籍、拜访无数高人，从来没有一本书、一个人可以一直看对市场。我在前面的感悟中也回溯了自己判断市场的经历，也是一半对、一半错。由于我是"宏观策略"出身，判断市场似乎就是我的专业，因此我多年不敢承认"其实我没有一直判断对市场的能力"，我也曾为"时对时错"而苦恼。

直到有一天我打德州扑克，发现任何人都没有猜出底牌的能力。所谓高手是指能根据自己手上的牌计算概率，依此下注，并且不会为爆冷门（bad beat）而懊恼，始终保持良好的心态。由此我豁然开朗，策略其实也是如此。我们谁也无法一直猜对市场，我们分析数据、复盘案例，无非得出当前市场的胜率和赔率，再结合自己的风险偏好和资金性质下注。所以，策略并非猜市场、做投资，而是根据各种数据和案例计算概率，至于结果如何就交给市场。

就我自己的操作而言，也是如此。2018年，我们躲过了九个半月的下跌，在9月中旬我认为1 350点的创业板指数极具战略价值，因此大举加仓。结果10月大跌，并且在底部煎熬持仓近四个月才有收获。从结果的角度看，我在1 350点买入创业板指数，无论是点位还是时间都不精确，之后指数又跌10%，时间提早了四个月，也造成了持仓净值10%的回撤。但从大的格局看，这无疑是正确的，是策略运用的一次大胜。反之，我在2012年9—11月精确把握每个波段，在大行情面前玩弄小技巧，在"熔断"前三天才减仓，都是无比错误的。

（2）策略只研究宏观，不研究行业公司，纯是"自上而下"。利弗莫尔从"纸带操作"开始，最后靠大势取胜，但其反复多空的大势载体是铁路股及钢铁股，这些行业恰恰是当时美国的主导行业；索罗斯在宏观对冲领域独领风骚，但"双鹰基金"在20世纪70年代起家是靠做空"漂亮50"；斯坦利·克罗的几本书似乎更接近技术分析，但基本面分析的精髓渗于字里行间。所以，有没有纯粹的"自下而上"我不知道，但是我确认没有纯粹的"自上而下"。

事实上，缺乏微观基础的"自上而下"是没有生命力的。我经常讲的一个故事就是关于第二次世界大战德军的"曼施坦因计划"，1940年春天，曼施坦因这个战略天才相信可以通过一场战役就使高卢人屈服。而他之所以能制订出"曼施坦因计划"和闪电战的规划是因为其熟悉坦克集团军的使用。因此，很多时候微观基础直接影响了上层建筑的构建。20世纪70年代以后，宏观经济学的一个发展方向就是建构其微观基础，在此之前，建构在《就业、利息和货币通论》上的宏观经济学略显粗糙，只能应对大起大落的世界，一旦进入腹地，就不够严谨。

大类资产配置和宏观策略也是如此。花大量时间研究宏观，而一旦落实在具体的股票、债券和商品上，就缺乏基本的认识。这种缺乏微观基础的大类资产配置只有在宏观大起大落的时候才有意义，因为彼时剧烈波动的经济掩盖了细枝末节的区别。但这种大起大落的环境几年才能有一遇，平时干什么呢？

所谓微观基础就是这类资产的特殊属性，除了与基本面相关，还与参与人群、涉及制度、历史习惯息息相关。任何资产的价格都由两部分构成，基本面（X）和映射函数（F）。基本面可能是统一的，而映射关系却各有不同。A股要考虑散户主导、涨跌停制度、机构和游资的习惯、监管制度等；债券要考虑银行间市场的各种行为；商品有实体贸易商的行为、不同品种的控盘情况等。对基本面的理解是相对容易统一的，而对映射关系的理解却要花多年的精力。我一直说，我们之所以成为某个领域的专家，不在于我们对这个领域的基本面有多熟悉，而在于我们对这个领域的玩法有多理解。

如果不熟悉微观基础，即便有好的思路，也无法制定好的策略。《金融怪杰：华尔街的顶级交易员》中有这么一则故事：有个人预判2000年科网泡沫要破灭，他有两种选择，做空股市和做多债市。最终他选择做多债市，因为这个行为更确定。因为确定，所以可以下重手、加杠杆。如果做空股市，即便方向正确，但当中的一个反抽都有可能让其灭亡。因此，越熟悉微观基础，就可以掌握越多的武器，才可以真正做到进行"海陆空"的立体交易。

策略之所以给人感觉"只与宏观相关"，可能是因为大部分策略都是从宏观入手。我就是一个典型的策略分析师，入行就开始做策略，一天行业分析师都没有做过，因此我只能从宏观入手。在很长一段时间，我的投资显得非常单调，只有在大起大落的市场中才占优势，一旦陷入"巷战"就很无助。所以我离开申万以后花了近10年时间补充各个重要行业甚至个股的微观知识，直到2020年以后我的方法才更加多元化。

第四章

2016—2022年:
茅宁共舞

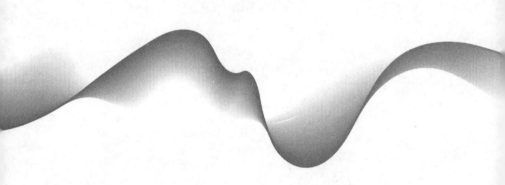

周期归来、龙头至上

行情总论：茅宁共舞的六个阶段

    我们将2016—2020年的行情称为"茅宁共舞"。之所以称为"茅宁共舞"是因为这个阶段的茅指数和宁组合表现突出，从图4-1我们可以看出，2016年1月1日—2020年12月31日，茅指数和宁组合的收益率分别是687.5%和672.6%，远超同期其他指

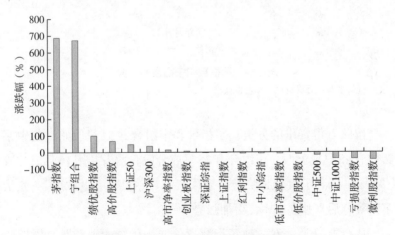

图4-1　2016—2020年主要指数涨跌幅

资料来源：同花顺，作者整理。

数，如沪深300指数（37.06%）、创业板指数（6.87%）和上证综指
（-3.52%）的收益率，独领风骚。

所谓"茅指数"和"宁组合"是市场约定俗成的说法，具体包
含哪些成分股也是众说纷纭。但万得资讯编了两个指数，所以本章
就按照万得资讯的指数及其成分股来阐述。茅指数的称谓大概出现
在2019年，宁组合出现在2020年下半年，始作俑者无法考证。茅
指数和宁组合的走势见图4-2。

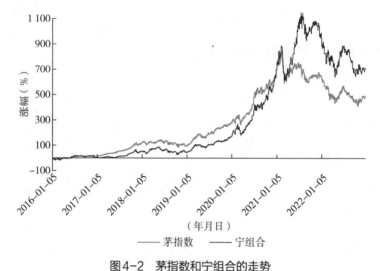

图4-2　茅指数和宁组合的走势
资料来源：万得资讯，作者整理。

按照万得资讯的分类，茅指数和宁组合共51只股票，其中茅
指数有42只成分股，宁组合有25只成分股，两者共用16只成分股
（见表4-1）。宁组合脱胎于茅指数，一开始只是"电池茅""光伏
茅"等，后来独立成军，更加强势。

从行业分类上看，纯茅指数更偏向于传统的消费股、周期股
和金融龙头股，而宁组合隶属于新兴科技产业。茅宁共舞与前两个

表4-1 茅指数和宁组合的成分股

股票简称	所属指数	行业分类	股票简称	所属指数	行业分类
中芯国际	茅指数	半导体	亿纬锂能	茅指数、宁组合	电池
中国中免	茅指数	旅游零售Ⅱ	药明康德	茅指数、宁组合	医疗服务
智飞生物	茅指数	生物制品	阳光电源	茅指数、宁组合	光伏设备
招商银行	茅指数	股份制银行Ⅱ	韦尔股份	茅指数、宁组合	半导体
长江电力	茅指数	电力	通策医疗	茅指数、宁组合	医疗服务
伊利股份	茅指数	饮料乳品	石头科技	茅指数、宁组合	小家电
五粮液	茅指数	白酒Ⅱ	宁德时代	茅指数、宁组合	电池
万华化学	茅指数	化学制品	迈瑞医疗	茅指数、宁组合	医疗器械
三一重工	茅指数	工程机械	隆基绿能	茅指数、宁组合	光伏设备
片仔癀	茅指数	中药Ⅱ	科沃斯	茅指数、宁组合	小家电
美的集团	茅指数	白色家电	汇川技术	茅指数、宁组合	自动化设备
泸州老窖	茅指数	白酒Ⅱ	华熙生物	茅指数、宁组合	医疗美容
立讯精密	茅指数	消费电子	比亚迪	茅指数、宁组合	乘用车
金山办公	茅指数	软件开发	北方华创	茅指数、宁组合	半导体
金龙鱼	茅指数	农产品加工	爱美客	茅指数、宁组合	医疗美容
恒瑞医药	茅指数	化学制药	爱尔眼科	茅指数、宁组合	医疗服务
恒立液压	茅指数	工程机械	中微公司	宁组合	半导体
海天味业	茅指数	调味发酵品Ⅱ	昭衍新药	宁组合	医疗服务
海康威视	茅指数	计算机设备	泰格医药	宁组合	医疗服务
海尔智家	茅指数	白色家电	斯达半导	宁组合	半导体
贵州茅台	茅指数	白酒Ⅱ	三安光电	宁组合	光学光电子
格力电器	茅指数	白色家电	璞泰来	宁组合	电池
歌尔股份	茅指数	消费电子	凯莱英	宁组合	医疗服务
东方雨虹	茅指数	装修建材	福斯特	宁组合	光伏设备
东方财富	茅指数	证券Ⅱ	恩捷股份	宁组合	电池
晨光股份	茅指数	文娱用品			

资料来源：万得资讯，作者整理。

阶段最大的区别在于，摒弃了行业门户，以各行业的龙头股为主。"周期为王"的年代显然以周期金融股为主，"成长致胜"的年代也以经典消费品和代表当时赛道的TMT为主，都具有强烈的行业属性。但茅指数和宁组合几乎囊括了各行业的龙头股，有消费龙头股"茅老五"、强周期龙头股"三一重工""万华化学"，也有金融龙头股"招行""平安"，更有一些科技赛道的龙头股。因此，在本章中，行业分类不再是重要维度，龙头股和市占率成为主导标准。

茅指数和宁组合成分股再加上扩散边缘品种，股票可能也就200只左右，在整体上市公司中数量占比不大，却成为那几年机构"抱团"的重仓股。从表4-2可以看出，2016—2020年，机构前十大重仓股都以茅指数和宁组合为主，只有灰色底的个股不属于此列。而这段时间的"抱团之剧"令人叹为观止，机构持仓的前10%股票市值占比创了历史新高（见图4-3）。

表4-2　2016—2020年机构前十大重仓股

2016年	2017年	2018年	2019年	2020年
信维通信	中国平安	中国平安	贵州茅台	贵州茅台
贵州茅台	五粮液	贵州茅台	五粮液	五粮液
索菲亚	伊利股份	招商银行	格力电器	泸州老窖
格力电器	贵州茅台	格力电器	万科A	宁德时代
欧菲光	格力电器	万科A	中国平安	中国中免
美的集团	分众传媒	保利地产	立讯精密	美的集团
台海核电	招商银行	长春高新	招商银行	迈瑞医疗
五粮液	美的集团	伊利股份	泸州老窖	中国平安
通化东宝	泸州老窖	泸州老窖	美的集团	隆基股份
上汽集团	新华保险	恒瑞医药	长春高新	立讯精密

资料来源：万得资讯，作者整理。

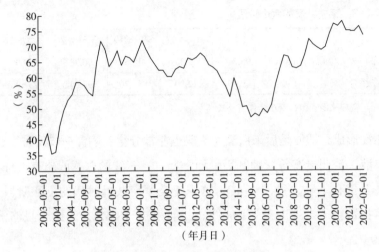

图4-3 机构持仓的前10%股票市值占比

资料来源：万得资讯，作者整理。

2016—2020年市场的整体热度远不及2007年的"蓝筹牛"和2015年的"创业板牛"，但机构迎来了第三次大发展，幅度远超前两次，管理资产超百亿元的基金经理频现，甚至出现千亿元级别的基金经理。机构投资者通过抱团这些股票取得了非常辉煌的业绩，以股票型基金和偏股混合型基金中位数为例，2016—2020年的中位数收益率分别是-13.76%、15.15%、-23.95%、45.15%和59.97%。

2016—2022年，"茅宁"指数都经历了酝酿—崛起—调整—加速和陨落的全过程，和"周期为王"的沪深300及"成长致胜"的创业板指数走势大体相同，这也是我们将其列为第三阶段的重要原因。从表4-3看，2016—2020年的上涨过程大致分为六个阶段。

第一阶段，2016年1月至2017年春节前（1月26日）。"熔断"以后，市场进入新的阶段，但当时还处于混乱之中，并且这种混乱还持续了很长一段时间，这也符合"风格切换的起始阶段"的特征。在那一年，科技股、TMT还随着创业板指数继续下跌，茅指数

表4-3 茅宁共舞的六个阶段

	第一阶段	第二阶段	第三阶段	第四阶段	第五阶段	第六阶段
茅指数（%）	18.53	95.71	2.38	−19.57	90.28	159.99
宁组合（%）	1.97	49.49	12.30	−17.70	98.29	253.96

资料来源：万得资讯，作者整理。

还没形成，即便是后来白酒龙头股也非常分化。茅台一枝独秀，五粮液、泸州老窖等紧随其后，而一些二、三线的白酒股略有上涨，甚至仍在下跌（见图4-4）。这一年是茅宁共舞时代的酝酿阶段，茅指数由于"茅老五"的权重大，上涨了18.5%，宁组合只略涨1.97%。

第二阶段，从2017年春节后，市场走势变得明朗。经过近一年的角逐，创业板终于败下阵来，资金逐步流出，而茅指数开始第一波崛起。此时，茅家族从白酒扩散到其他行业，出现了"家电茅""药茅""银行茅""保险茅"等成员，甚至一些科技股也加

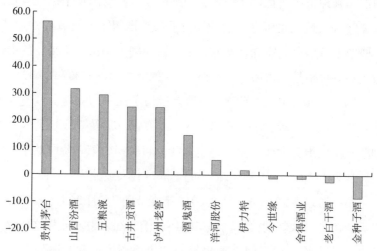

图4-4 2016年白酒股的表现

资料来源：万得资讯，作者整理。

入进来。2017年春节至2018年春节，近一年时间茅指数涨了95%，宁组合涨了49%。

第三阶段，2018年1月23日—7月16日，茅指数和宁组合陷入横盘整理。此时，市场已步入熊市。与其他指数的大跌相比，茅指数略涨2.38%，宁组合上涨12.3%，还是非常强势。

第四阶段，2018年7月17日—2019年1月3日，此时市场继续疯狂杀跌，茅指数和宁组合也扛不住了，进入补跌阶段，最终茅指数跌了19%，宁组合回撤17%，这个阶段的标志性事件就是茅台自上市以后第二次跌停。我在前两章中反复强调一个观点：一个牛市要改变斜率，迎来最疯狂的上涨，之前必须经历几次调整。这个阶段也恰恰是茅宁共舞前最后的调整，虽然茅指数和宁组合调整了，但当年整体跌幅仍远小于其他指数。

第五阶段，2019年1月4日—2020年3月23日，这个阶段茅指数和宁组合再次大涨，经过了第一阶段的酝酿，第二阶段的上涨和第三、四阶段的调整，穿越了牛熊，一直有相对收益，茅指数和宁组合逐步成为市场共识和资金流入的方向。这个阶段"茅"和"宁"的涨幅相当，有90%左右，市场开始出现"茅指数"的说法，但"宁组合"仍未见之于大众。

第六阶段，2020年3月24日—2021年2月10日，此时茅指数和宁组合斜率改变，迎来最疯狂的上涨，茅指数大涨159.9%、宁组合大涨253.9%，市场上开始出现"宁组合"这一名词。

以上就是2016—2020年（高点延续到2021年2月10日）"茅宁共舞"的上涨阶段，当然有上涨就有下跌。2021年春节以后，茅指数开始陨落，而宁组合继续高歌猛进，最终高点出现在2021年7月21日。从2016年年初到2021年7月高点，宁组合大涨了1 149.5%，远高于茅指数的844.95%。

方法论：明线和暗线的纠缠

2016—2020年实际上有两条主线，一条是明线，另一条是暗线。明的主线就是茅宁共舞，符合前面所讲的"成长投资两阶段"；暗的主线是这个阶段时不时出现传统周期股的回归，例如2016年的三一重工、2020年的航运板块和2021年的煤炭板块。把握住任何一条主线，收益率都不会差。

明线：茅宁共舞

先是经典成长股如白酒、白色家电和中药的上涨，这些都是茅指数的初始力量。到了2019年下半年，由于风险偏好的提升，赛道成长股开始盛行并最终超越经典成长股，宁组合也从茅指数中独立出来。与2010—2015年的"成长两阶段"相比，这次有以下不同之处。

（1）经典成长股的泡沫更加严重。以茅台为例，2012年高点的P/E不过27倍，但2021年高点的P/E居然超过60倍。2021年的市值和利润体量远大于2012年。理论上讲，利润体量越大，成长性放缓，估值中枢会下移，因此2021年茅台的静态P/E超过60倍令人瞠目结舌。并且这种泡沫估值不仅限于茅台等少数股票，而是普遍存在，表4-4是一些传统消费股、周期股和医药股在2021年高点的P/E和P/B，结合相应市值都到了匪夷所思的地步。

（2）新能源赛道难以媲美互联网赛道。由于当年创业板牛市给人印象太过深刻，所以本轮新能源赛道也想复制当年盛况，先硬件后软件。但其实两者有天壤之别。

首先，渗透率提升的速度和幅度，任何一次赛道投资都会炒渗透率提升的逻辑，本轮也不例外。按照国内汽车的销售数据，2014—2022年，新能源汽车的渗透率从0.32%提升到25.64%（见图

股票名称	最高P/E	最高P/B	股票名称	最高P/E	最高P/B
爱尔眼科	217.8	39.1	山西汾酒	129.1	40.6
中国中免	209.2	33.9	智飞生物	111.7	41.9
片仔癀	154.0	35.0	海天味业	109.8	38.0
金龙鱼	131.0	9.4	恒瑞医药	104.8	20.8
贵州茅台	70.0	20.3	长春高新	87.9	22.2
五粮液	67.0	15.6	恒立液压	77.2	23.6
万华化学	45.0	9.3	泸州老窖	76.6	19.9
三一重工	44.9	7.2	晨光股份	72.4	17.5
东方雨虹	44.5	9.1	伊利股份	44.4	10.3

资料来源：同花顺，作者整理。

4-5）。而智能手机代替功能手机只花了4年时间，渗透率就从2010
年的10%提升到2013年的90%。因此很多人指望新能源汽车复制当
年智能手机的路径，在接下来的几年渗透率提升到50%甚至更高。

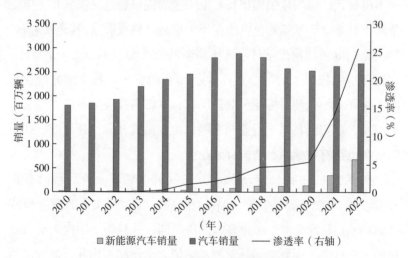

图4-5　新能源汽车的渗透率提升

资料来源：汽车工业协会，作者整理。

事实上，像智能手机代替功能手机这种速度和幅度，在人类历史上都极其罕见。蒸汽船代替帆船花了70年时间，汽车代替马车也花了很多年，不能指望新能源汽车代替燃油车也像智能手机代替功能手机一样。并且，由于产业链条更长、工艺更加复杂等诸多因素，燃油车和新能源汽车可能会长期并存，新能源汽车渗透率的天花板可能不会到100%，这就决定了本轮赛道后续的成长空间其实不大了。

其次，本轮科技赛道股在商业模式上并无创新之处。虽然冠之以"科技"，但落实到具体子行业或者个股，并无"新兴成分"。上游资源中的锂、钴、硅和稀土只是传统的资源产品，或许由于下游需求的爆发能有所受益，但并没有改变其周期股的属性，这些股票在国际市场上的对标品，比如美股上市的智利矿业化工（SQM）、Livent、美国雅保等，估值要便宜很多。至于锂电设备、光伏加工设备也属于较为简单的制造业，与当年的三一重工区别不大，不能因为其生产的品种不同就奉为神。宁德时代的市占率达到50%，似乎不可替代，可当年的四川长虹由于垄断进口彩色显像管几乎把竞争对手通杀。要知道彩色电视在当时也是"科技股"，其进入家庭，替代黑白电视的速度估计会大于当前的新能源汽车。至于半导体，那更是"老掉牙"的行业，有着近70年的历史，各个细分行业都能在国际市场找到对标龙头股。所以，本轮科技赛道股除了终端需求爆发，落实到具体子行业和个股，商业模式并无创新之处，在国际市场也都有对标品，估值有天花板。

反观2013—2015年的移动互联网就非常不一样。当时有很多商业模式的创新，手游、App、电商、线上到线下的商业模式（O2O）、互联网金融……很多都闻所未闻，并且由于国内消费互联网的水平远高于国际，国际对标品估值无法压制国内相应品种。当年很多牛股虽然涨了几十倍，但高点时的市值并不大，超过千亿元

的也就是东方财富、乐视网、恒生电子和万达电影。虽然它们的
P/E同样高得离谱，但利润体量尚小，被寄予的希望很大。如果真
能达到预期，利润就会爆发，高P/E也会得到消化。而本轮这批牛
股，国际都有成熟的对标品，天花板就在那里，利润缺乏爆发力，
动辄几千亿元的市值如何消化（见表4-5）？

表4-5　2015年牛股的估值和市值

公司名称	最大涨幅（%）	高点市值（亿元）	2015年利润（亿元）
银之杰	8 208	675	0.73
东方财富	7 041	1 565	18.49
同花顺	4 755	665	9.57
金证股份	4 642	676	2.55
上海钢联	2 846	242	−2.50
乐视网	2 596	1 527	5.73
卫宁健康	2 524	497	1.53
万达信息	2 472	775	2.31
网宿科技	2 249	496	8.31
恒生电子	1 630	1 070	4.54
掌趣科技	1 149	515	4.70
华谊兄弟	977	790	9.76
万达电影	901	1 467	11.86
蓝色光标	485	431	0.68

资料来源：同花顺，作者整理。

鉴于上述两点区别，本轮无论是经典成长股，还是赛道成长
股，泡沫都远大于上轮，值得警惕。

暗线：传统周期股的回归

事实上茅指数中很多都是传统的消费股、周期股和金融股，它

们在 2005—2009 年"周期为王"的年代曾经独领风骚。这条暗线一直存在，后面更扩散到航运股和煤炭股，只是它一直被茅宁共舞所掩盖，未引起充分重视。

在 A 股，向来有投资新兴产业、把握时代的贝塔的偏好，传统行业估值越来越低，收益率似乎也不高。但 2016 年以后，越来越多的传统周期股回归，收益率动辄几倍，值得深思。

过去这么多年 A 股追寻"时代的贝塔"本质上因为经济体还比较新。中国 1978 年改革开放，1992 年开始全面建设社会主义市场经济体制，"四大行"在 20 世纪 80 年代从人民银行中剥离出来，2001 年加入 WTO。在这种背景下万物皆新，而要形成"周期轮回"需要时间沉淀。这就好比一开始很多年都看重地产和基建的新增需求，直到最近 10 年对家电和工程机械的"替换需求"才批量出现。所以，"时代的贝塔"和渗透率提升可能只反映一个时代的产物，随着时间的流逝，"周期轮回"的现象更多地出现，投资方法论本身也会发生变化。

我复盘美股的历史，由于美股市场非常成熟，"周期轮回"的现象就更加明显。过往 70 年，周期股（工业品和资源品）曾有三次兴盛，分别是 20 世纪 50 年代、70 年代和 21 世纪前 10 年。消费股在两个阶段红火，分别是 1966—1972 年（以"漂亮 50"为代表）、1980—1992 年（真正盈利驱动的消费浪潮）。生物医药股和科技股有过四次浪潮，只是每次的主角不一样。银行股更是有过七轮周期，几乎每 10 年一次。美股汇集了全世界最优秀的一批公司，因此美股除了典型的"周期轮回"，还会不断地出现"时代的贝塔"，两种投资方法不分伯仲。而像英国、德国、日本等国，可能更多的是"周期轮回"。

过去 30 年，A 股确实以"时代的贝塔"居多，每次都能掀起一轮牛市，甚至产生泡沫。比如1996—1997年小家电进入家庭的"家电行情"、2005—2007年城镇化率提升带来的蓝筹股行情、2013—2015年智能手机渗透率提升带来的移动互联网行情以及最近几年新能源汽车渗透率提升带来的科技股行情。2016年开始，上述行情已经不是全部。纯茅指数中的很多成分股如茅台、格力、三一重工、海螺水泥、万华化学、招商银行、平安等显然不是"时代的贝塔"，不是新兴产业，它们早已不是2005—2007年那个"时代的贝塔"下的少年。但收益率依然不菲，并且这种机会在2016年以后层出不穷，比如2020年下半年的航运股（历经13年调整后王者归来）、2021—2022年的煤炭股。如果你在2016年以后着重投资于此类股票，可能收益率并不比代表"时代的贝塔"的"新半军"差。2021年年初至2023年3月中，交通银行、中石化、新能源汽车、光伏行业的收益率对比，令人深思（见图4-6）。

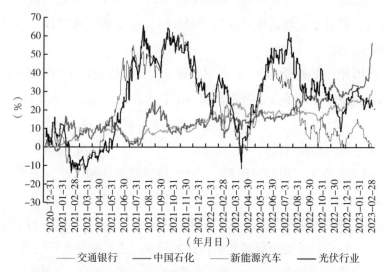

图4-6　交通银行、中石化、新能源汽车和光伏行业收益率对比
资料来源：万得资讯，作者整理。

为什么在2016年以前全都是"时代的贝塔",而2016年以后会出现传统行业的周期股回归?还是前文论述的,中国经济在成熟,周期股和传统股在沉淀,将来会有越来越多"回归"的现象出现。"时代的贝塔"和"周期轮回"是两种迥然不同的投资方法,应用不同的思路,但我观察下来有以下两点非常重要。

(1)"时代的贝塔"一定要随处可见。一个新事物突然出现,很多人都急于学习,生怕错过。"时代的贝塔"在日常生活中应随处可见,而非只停留在主题投资甚至炒作的层面,很难持续。反过来讲,如果真是"时代的贝塔",其实不易错过。

比如中国从1998年就开始进行"住房体制改革",但当时城镇化率尚低,到2003年以后才爆发;再比如智能手机行情,2010年甚至更早就出现端倪,但真正爆发要到2013年渗透率达到一定程度才行。新能源汽车也是如此,在我记忆中炒新能源汽车始于2009年年初的"十大战略新兴产业规划",2014年也曾经炒过充电桩和电机,但真正蔚然成风、成为"时代的贝塔"要等到2019年渗透率超过5%。

因此,很多新事物,比如区块链、元宇宙以及ChatGPT,除非采用游资交易的手法,否则真的不用急着介入。对于渗透率过低、商业模式还很不稳定的事物,过早介入容易成为悲剧,还记得当年的莱宝高科和特锐德吗?

(2)关于"周期轮回",一定要摒弃偏见。第一个偏见就是"空间不大",这其实还是囿于"时代的贝塔"的投资方法,认为只有在渗透率快速提升的阶段才有巨大的收益率。其实不然,当尘埃落定之后或许才是美好的开始,这时行业渗透率提升或许减慢了,但公司市占率仍在提升,并且由于商业模式趋于稳定,"剩者"更容易成为"胜者"。最核心一点还在于确定性提升,对此可以下比较重的注！

第二个偏见就是"周期股必须按照之前的模式回归"。比如有的投资者经常会问："中国经济还能高速增长吗？如果不能，传统周期股怎么会有机会？"其实之所以有这个问题就是因为前一波周期的印记太深刻了，投资者把周期股的机会和GDP增长一一对应，希望周期股按照之前的模式回归。执着于这种偏见会错失很多机会，比如2016年茅台的景气度回来时，许多投资者担心需求不足，其实后续白酒的需求并未减少。比如2016年挖掘机数据改善时，有些投资者怀疑："中国固定资产投资增速还能高增长吗？如果不能，挖掘机的数据如何持续？"结果后面三一重工数据的持续好转来自份额提升、替换需求和出口。再比如2021年煤炭股起来的时候，有些投资者也纠结宏观数据，结果后续煤炭股的火热得益于多年供给收缩导致的价格爆发。因此，周期股回归有不同的模式，看看美股70年的历史也是如此。

― 2016年 ―
破局重生

2016年和2010年一样，是转化的开始，一个旧的时代结束，一个新的时代开始。转换之年，新旧势力纠缠，并非一帆风顺，过程模糊不清。2016全年的行情分为三个阶段，分别是年初的"熔断"、3—9月的缠斗和第四季度的破局。

年初的"熔断"

2016年开盘延续弱势，并没有春季躁动，下午开盘12分钟市场就第一次"熔断"，停市15分钟后第二次"熔断"，于是"熔断"机制被执行的第一天市场就彻底"熔断"了。此后两天，市场虽收阳，但很多主流的股票一直被按在跌停板上，资金根本没有出逃的机会。1月6日夜外围市场大跌，1月7日A股注定是个悲剧的走势，最终市场只交易了15分钟就触发两次"熔断"。

在2015年的复盘中，我曾经提到，我在"熔断"前三天神奇地将仓位砍掉90%，所以2016年年初我占尽优势。1月6日夜间，我看到外围市场大跌就预料翌日A股会再次"熔断"，在两次"熔断"间我应该有15分钟可以在跌停板从容买入。并且我判定如果1

月7日再次"熔断",监管层很可能会取消该机制,因此1月6日晚我做了周密筹划,选择了一批股票准备在翌日买入。果然,1月7日开盘就"熔断",我暗自窃喜,在跌停板上买了一批股票,所以2016年年初经过两次"熔断"的我不仅几乎没有亏损,并且还建立了头寸。这应该是一个非常完美的开局。

1月7日晚,执行了三天的"熔断"机制被取消。可"熔断"取消后,市场并未马上止跌,指数又跌了三周,主板跌到2 638点,创业板跌到1 900点左右。年初的"熔断"破坏了整个生态系统,很多绝对收益的账户猝不及防,一开年就经历了极大的损失并且当年都无法回水,所以后续三周的下跌和基本面没有关系,是强震后的余震行为。我本来占尽优势,但品种选择错了。我当时的思路偏"市场分析",选择了一批经历"熔断"依然保持强势的股票,我的逻辑很简单:既然"熔断"都可以扛住,那"熔断"取消后一定会创新高。岂不知,"熔断"破坏了整个系统,导致风险偏好急剧下降,另外事后看这又是一个"五年周期、高低切换"的开始,所以我这批精挑细选的"强势股"在"熔断"后补跌得非常厉害。我确实机缘巧合地躲过了"熔断",但这批股票的补跌也给我造成了一些损失,几乎把2015年9月以后的收益尽数归还,还好一开始不是很激进,1月7日的加仓不是很重。这次的操作让我明白一个道理:所谓"强势股策略"要看具体的环境,如果是牛市中继,利用利空消息和市场颓势可以筛选出一批未来的强势股,但如果碰到新老更替,这种策略根本不行。

那时候信心弱得不行,这是此前10年最差的开局,很多投资者经历开年几天就注定全年收益不佳。市场似乎随时会下去,新低指日可待,可就是这么晃晃悠悠地到了春节。春节期间,外围市场一塌糊涂，股市、汇市、商品市场都大跌，节后估计又是悲风凄雨。果然，节后开盘主板和创业板都大跌，但后面居然一路向上，最终主板略跌，创业板收红。此后几天，市场顺势上涨，但月底又大跌，至2月底，主板接近2 638点，创业板更创了"熔断"后新低。

2016年第一季度除了"熔断"，还有一个很重要的事情就是"供给侧结构性改革"。说实话，供给侧结构性改革刚提出的时候，大多数投资者忽视，甚至轻视它。

事后看，供给侧结构性改革非常有效，并且影响深远。

首先，它对商品价格的影响立竿见影（见图4-7和图4-8）。2016年以后，商品市场进入大牛市，涨幅之大使三大期货交易所不得不在4月21日晚间出台政策抑制过热交易。

其次，有效修正了周期股的资产负债表。2016年以后，伴随着商品价格的回升，周期股的资产负债表得到有效修正，ROE普遍回升，这为周期股的王者归来创造条件。

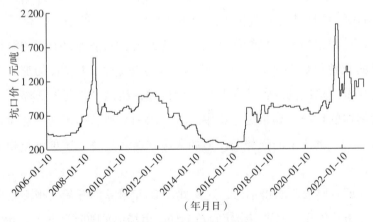

图4-7　焦煤价格走势

资料来源：万得资讯，作者整理。

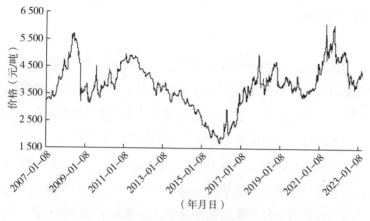

图4-8　螺纹钢价格走势

资料来源：万得资讯，作者整理。

关于供给侧结构性改革对商品价格及周期股行情的作用，我认为只是外因和助推器，内因是其自身的周期位置和估值状况。在供给侧结构性改革之前，商品价格就已经处在极低的位置，周期股由于长期低迷，产能投放自然放缓。一切的一切都预示着反转，供给侧结构性改革应运而生，成为一个强大的助推力。

最后，为之后严格的房地产调控扫清障碍。众所周知，房地产泡沫是中国经济的一个巨大隐患。但治大国若烹小鲜，处理复杂问题不能一味地莽勇，必须先清理其周边障碍，再聚焦核心。由于中国居民的高储蓄和低杠杆，中国房地产的核心问题不在居民端，而在银行业及地产上下游。2012年以后政府就着手减弱房地产和银行之间的关系。2016年以后通过供给侧结构性改革修复了周期股的资产负债表，此后就可以对过热的房地产进行重点调控。中国自2003年就对房地产进行调控，在2020年以后房地产调控的效果才立竿见影，有效降低了杠杆，尽可能释放风险，对于中国经济的长治久安意义非凡。

3-9月的缠斗

2016年3月前半月指数摇摇晃晃，很多人相信还会持续下跌。岂料非但没跌，反而大涨三天，这几乎是上半年难得的贝塔行情。此后半年，指数都在一个极小的范围内波动，主板和创业板纠缠在一起，不分胜负，行情相当乏味，令人恹恹欲睡。

在这半年有两件事情值得关注。其一是险资举牌。2013年以来随着蓝筹股的颓势，其估值越来越低，此时"门口的野蛮人"盯上了这类永续经营、暂处困境的优质资产，采取了举牌的方式。当时最著名的就是"宝万之争"，2016年7月4日万科复牌后非但没有阻止宝能系继续增持，甚至还迎来了新的掠食者恒大。这类举牌行为很快扩散到格力、金地等蓝筹股，一时之间险资举牌蔚然成风。这到底是价值发现还是恶意收购，一时众说纷纭。直到当年年底，诸多险资受到监察，通过各种方式减持之前举牌的股份，轰轰烈烈的"险资举牌行情"告一段落。

其二是6月23日的英国脱欧。本来可能是无心之举，争议双方都没想过真正脱欧，岂料公投结果人们始料未及，一时间全球大类资产震动。英国脱欧是2016年全球政治生活的第一只"黑天鹅"，第二只就是年底的"特朗普冲击"。这些事情在当时都是很大的事，汇率、商品和股指都做出了剧烈的回应，但时过境迁也只是沧海一粟，只是为那半年平淡的行情增加一些波动。

第四季度的破局

10月之后，市场有点变化，大盘股开始跑赢小盘股，并且这是一个中长期的趋势，后面愈演愈烈。我们把申万大盘指数与小盘指数做了对比，结果如图4-9所示。

从2001年到2007年10月，大盘指数的趋势一直跑赢小盘指数，这就是"周期为王"的年代；而从2007年10月到2016年10月近10年的时间，小盘指数的趋势一直跑赢大盘，也正好对应"周期衰弱、成长致胜"的10年；从2016年10月开始，一直到2021年1月底，又是大盘指数的趋势跑赢，这是"茅宁共舞"的五年。与2001—2007年不同，这五年大盘指数的趋势跑赢小盘不是源于行业，而是源于风格，主要是各个行业中的龙头股跑赢三、四线小盘股。

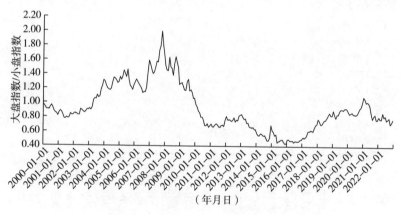

图4-9　大盘指数与小盘指数对比

资料来源：万得资讯，作者整理。

到11月9日，当年全球政治中的第二只"黑天鹅"出现了——特朗普当选美国第45任总统。一是出乎意料，二是此前其激烈的言辞，全球资本市场发生了剧烈的波动。

这只"黑天鹅"对国内影响最大的是债券市场，10年期国债收益率从10月21日的2.64%飙到12月20日的3.37%，短短两个月上升了近70bp，打破了2015年6月以来的债券牛市，是真正意义上的

"债灾"（见图4-10）。

我在前面曾经讲过这轮债券牛市的由来，本质上与经济基本面关系不大，是银行资产配置的产物，与2015年"股灾"息息相关。因此，2016年年底"债灾"的根本原因也不是"特朗普冲击"或者"通胀预期再起"，而是债券泡沫严重脱离基本面，是正常的回归而已。在2013—2015年的创业板泡沫中，很多基本面选手在最后时刻按捺不住，编造"伟大的故事"让自己买入。同样的现象在本轮债券牛市再次出现，一开始冷静的投资者不屑一顾，可市场与基本面的偏离程度越来越大，时间长度也超出投资者的容忍极限，最终被套在了高点。

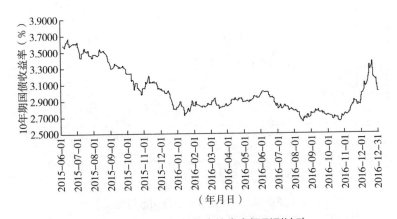

图4-10　2016年年底债券市场剧烈波动

资料来源：万得资讯，作者整理。

债券市场的崩盘也波及股票市场，2016年最后一个月股票市场大跌，主板跌了4.5%，创业板指数更跌超10%，为整个平淡的2016年画上了句号。

全年
总结及感悟

2016年除了年初的"熔断"和年末的"债灾",全年行情乏善可陈。但2016年又是一个重要的年份,一个新的开端,有很多要点值得深度总结。

白酒王者归来

我在前面的章节讲到了2012年白酒股的陨落以及2013年由于白酒股陨落带来其他食品饮料股的崛起,但这还不是白酒股故事的全部。从2016年开始,经过了三年回落,白酒股的景气度开始逐步恢复,最典型的特征就是茅台一批价企稳回升。

一开始,投资者并未对这种景气度回升投入过多关注。而"熔断"之后第一批买入茅台的投资者,很多也不是冲着景气度和低估值,而是认为茅台至少不会像创业板那样天天跌,这些投资者有着强烈的避险需求。

只是随着景气度的回升和投资者的不断加入,白酒股越涨越多,渐成主流,到2018年2月白酒指数涨了200%,并且期间最大回撤不足10%。2018年以后白酒指数的波动才开始加大,2018年随着熊市扩散在最后一个季度出现补跌。但2019年又开始大涨,并且上涨的斜率加剧,从2019年年初到2021年年中又涨了近3倍,也就是从2016年年初到2021年年中白酒指数整整涨了10倍,无疑是那段时间市场最亮眼的指数之一,这也是"核心资产"被称为茅指数的根源(见图4–11)。

并且这五年的白酒行情还有着明显的行业属性。2016年一开始涨的时候,只有"茅老五"有所表现,其他三、四线白酒股甚至还在下跌。此时市场给出的解释是,本轮白酒行情和上次(2003—

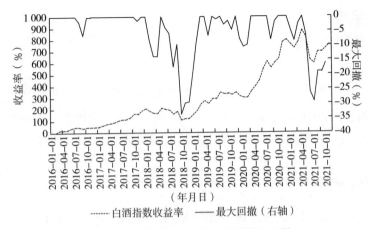

图4-11 白酒指数的收益率及最大回撤

资料来源：万得资讯，作者整理。

2012年）不同，只是名酒行情，不会扩散到全行业，需要重视个股。但随着行业的次第复苏，三、四线白酒股的基本面也开始改善，行情最终还是扩散到整个行业。很多三、四线的小酒后来居上，整体涨幅并不亚于"茅老五"，持有某只龙头股甚至还跑不赢白酒ETF（见表4-6）。

表4-6 2016—2021年白酒行业次第复苏

种类	名称	2016—2017年涨幅（%）	2018—2019年涨幅（%）	2020年涨幅（%）	2016—2020年涨幅（%）
一线	贵州茅台	232	75	71	889
一线	五粮液	206	73	122	1 074
一线	泸州老窖	155	37	164	818
二线	洋河股份	76	0	120	289
二线	山西汾酒	205	61	321	1 968
三、四线	古井贡酒	82	112	102	681
三、四线	酒鬼酒	54	32	338	794

资料来源：同花顺，作者整理。

2016年以后白酒王者归来有着重要的意义，在此之前很少有行业能够迎来"第二春"，大多在陨落后就再也不会出现在主流机构的持仓和视野中。但2016年以后白酒行业周期归来，并且明显是全行业而非某只个股，甚至引发了整个核心资产的回归，这是一个创举，值得重视。就像前文所述，A股向来有投资新兴产业、把握时代的贝塔的偏好，2016年以后，越来越多的传统行业周期股回归，方法论也变得多元。

三一重工的启发

工程机械是第二个王者归来的传统行业，三一重工的复权价从"熔断"后的4.08元到2021年春节前50.3元，最高涨幅超过11倍。但三一重工的上涨并非一帆风顺，2016—2018年这三年仅上涨了77%，真正的大涨发生在2019—2020年。

2015—2016年，三一重工正处于周期低点，ROE下降到0左右。理论上讲，景气度高点，估值低位；景气度低点，估值高位，可A股并非如此。大部分投资者追随景气度、边际定价，景气度和估值几乎同步，戴维斯双升和双杀非常频繁。彼时，三一重工正处于景气度低点，同时估值也达到了历年低点（见图4-12）。

此时工程机械的数据悄然改善，2016年2月挖掘机销售增速首次转正，在随后两年不断创新高（见图4-13）。但这种增速不被认可，投资者始终觉得固定资产投资增速下行时期工程机械的改善无法持续。

由于这种"自上而下"的担忧，市场简单无视了数据的明显改善，不究细则，不问原因。因此，即便这个行业的景气度有所改善，估值处于低位，但股价鲜有表现。三一重工或许受益于那两年整体的龙头股风格，股价稍有表现，但整个工程机械指数要到2019

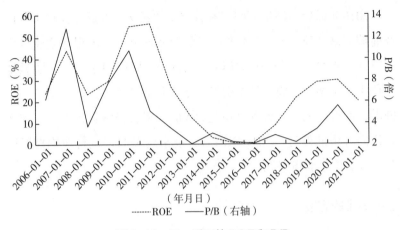

图4-12 三一重工的ROE和P/B

资料来源：同花顺，作者整理。

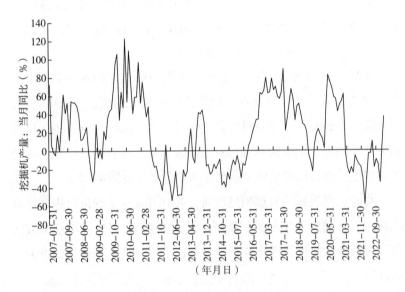

图4-13 挖掘机数据悄然改善

资料来源：同花顺，作者整理。

年1月才飙升（见图4-14）。股价对基本面的反应非常滞后。

三一重工和工程机械的走势给了我很大的启发，甚至改变了我

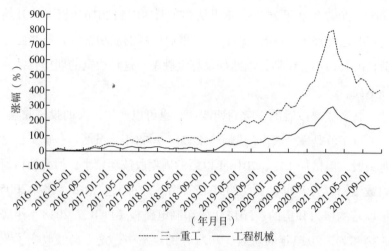

图4-14　三一重工和工程机械指数的走势

资料来源：万得资讯，作者整理。

对投资的整体看法。有以下几点值得深思。

（1）不要用"自上而下"的"伟大的故事"轻易否定"自下而上"的明显改善。比如固定资产投资增速回落，工程机械怎么会持续改善；比如地产行业回落，银行股会受牵连；比如需求萎缩，煤价岂能暴涨……宏观和微观会有某种关联，但直接用宏观推断微观，太过粗糙，更何况很多宏观逻辑也只是基于某个片段的样本。

事实上，2016年以后固定资产投资增速确实回落，但工程机械由于"更新需求"等因素有其自身的周期波动；2020—2022年很多地产公司陷入困境，但银行业的不良率越来越低；2021年以后的总需求并未大幅扩张，但煤价大幅飙升。因此，除了宏观，每个产业都有其自身的产业逻辑和周期，一旦微观数据和宏观推断发生长时间背离，要小心思考和求证。

（2）成熟期依然能产生巨大收益。很多投资者都喜欢新兴产业，陶醉于渗透率迅速提升带来的巨大收益。确实，三一重工在

2005—2007年涨了25倍，苹果从乔布斯回归到2016年巴菲特开始购买时已经涨了100倍。但这只是事后回顾的成功案例，那些已经消亡的公司不会说话，因此如果算上胜率，这种投资的期望收益率并不高。

其实成熟以后的正常周期波动，也可以产生巨大的投资收益，三一重工就是一个典型的例子。2000—2008年，虽然三一重工也是龙头股，但格局未定，2016年以后的周期股波动较小，但叠加估值的戴维斯双升，也是妥妥的10倍行情。这种案例很多，比如2005年以后的格力和美的、2017年的印制电路板（PCB）、2018年年底的猪和鸡、2020年的航运、2021年的煤炭……这也彻底改变了我的投资模式，其实我们没有必要在尘埃落定前就下注。

投资是一个基于概率的游戏。除了考虑标的物的潜在空间，还要考虑成功的概率。此外，由于是投资组合，还要考虑仓位，仓位乘以概率再乘以空间才是最终的收益来源。初创期的公司或许成长空间很大，但成功的概率偏低，因此不能投入太大的头寸，否则投资变成赌博。而一旦进入成熟期，或许丧失了部分成长空间，但胜率大幅提升，可以加大仓位，结果未必不佳。巴菲特错过了1997—2016年苹果涨100倍的机会，但2016年他看清楚后直接买了200多亿美元，最终苹果赚了1 000多亿美元，成为伯克希尔–哈撒韦有史以来最赚钱的头寸。

虽然从一开始就介入能证明一个人的智慧。但或许，尘埃落定之后才是美好的开始。

莫让偏见蒙蔽了眼睛

"熔断"之后，再乐观的人也意识到，这一次创业板可能真的要走熊了。果不其然，"熔断"之后创业板又跌了整整三年。在这个过程中,移动互联网的红利未尽,各种App加速改变人们的生活,这充分证明了我在前文中的观点,即无法通过跟踪行业景气度找到全身而退的方法,因为泡沫往往在行业一切安好的时候就已经破灭。此外,泡沫破灭的方式也符合常规。按技术分析来说,A浪下跌迅猛而激烈,C浪下跌漫长而磨人,高手或许可以躲过A浪下跌,但往往在B浪反弹介入,最终死于半山腰。

"熔断"之后,市场陷入迷茫。创业板可能要回调了,可整体市场估值并不高,不太可能进入全面熊市,所以钱该投向何处?在这种迷茫中,市场一度陷入无序波动,包括我在内的很多人都认为A股将有很长一段时间的窄幅波动。岂不知,就在此时,一轮新的牛市正在酝酿,而主导这轮牛市的恰恰就是之前被踩在地上的蓝筹股和白马股(见图4-15)。

能看到创业板的C浪下跌,已属高手;如果还能看到白马股的机会,那就是高手中的高手。这段行情更值得深究,事后总结有以

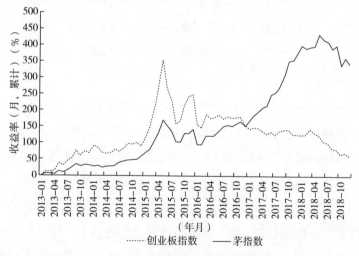

图4-15 创业板和茅指数的走势

资料来源:万得资讯,作者整理。

下几个原因。

（1）估值的有效性。"熔断"之后，结构虽参差不齐，但整体市场的估值并不高。如果把A股看成一个公司，这个公司不具备全面走熊的可能性，因此仓位不是第一选择。而从结构上讲，绩优股在全市场处于一个较低位的水平，这主要是在前面的牛市中（2013—2015年）绩优股被抛弃所致（见图4-16）。

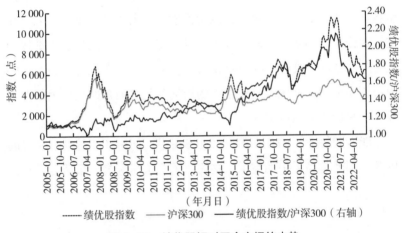

图4-16 绩优股相对于全市场的走势

资料来源：同花顺，作者整理。

当全市场处于疯狂的时候，这种估值优势被人忽视，大多数投资者都想去追涨得最快、最猛的品种，少有人看重安全边际。可一旦酒杯被撤走，避险就成为一种需求，我曾反复提及，"'熔断'后买入茅台的很多人仅仅是因为它不至于天天下跌"。

（2）周期轮回。我在前文就已经论述过，无论是白酒股还是工程机械股，都不是新事物，都是传统的周期股归来。没有永恒的赛道，只有永恒的"周期思维"。随着周期归来，这些之前被人遗弃的"核心资产"再度变成香饽饽，开始了新一轮戴维斯双升，最终又被赋予了"伟大的故事"的说辞。

（3）资金迁移。公募的重仓股有着明显的崩溃—迁移—重聚的轨迹。2010—2013年资金从周期股迁移到成长股，最终在创业板上形成积聚；2015年年中至2016年年初"熔断"的几次"股灾"彻底颠覆了原本的底仓，资金开始四处流窜，最终重新汇集到"茅"和"宁"。而"茅"是第一个立起来的旗杆，颇具讽刺意义的是，这些"茅"恰恰是当年被踩在地板上，成为提款机的蓝筹股和白马股。真是风水轮流转，"三十年河东，三十年河西"。

最后也是最重要的，就是思维的转变。俗话说："破山中贼易，破心中贼难！"我在前文就表达过，"周期为王"、"成长致胜"和"茅宁共舞"对应的是三种不同的思维，前一个阶段建立框架或者大获成功的选手未必能成为下个阶段的胜者，这也是A股少有常青树的缘故。

2010—2015年，投资者看重转型、模式和互联网思维，暂时的亏损和现金流恶化都无所谓，而代表过去时、净资产充足的蓝筹股一开始就输在起跑线。整整五年的思维定式足够使人产生偏见，我自己就是其中一个。我在2016年3月离开机构，基于多年的研究沉淀，我得出两个结论：一是创业板才跌了一半；二是全市场没有系统性风险，估值在低位。这本来是一个"1+1=2"和"2-1=1"的推论，既然全市场没有进一步下跌的可能性，而有一半股票又处于下跌的半山腰，那一定意味着有一些股票要大涨，那这些股票是什么呢？我都已经认识到这种程度，但还是没有把握住这批股票，并且这批股票都是熟悉得不能再熟悉的股票。因此，我在2016年以后错过"核心资产"只有一个原因，就是偏见。

我在前文说过："风格切换前往往出现单边下跌，恰如人的性情，大病一场才可能大变。"创业板的三轮"股灾"如一盆冷水，亏损的投资者意识到梦想和未来不可以当饭吃，还是那些过去20年证明过自己的蓝筹股和白马股靠谱。这一点与美股"漂亮50"异曲同工，1966—1969年的电子股泡沫导致巴菲特离场了，泡沫破灭后市场开始选择基本面更靠谱的"漂亮50"。

2016年从单年行情的角度看，大部分时间都乏善可陈，但对于后市确实是一个重要的年份。

2017年

渐入佳境

经过2016年的缠斗，2017年格局日渐明朗。上证50指数成为最强势的指数，而创业板指数不断阴跌，此情此景与2013年形成镜像。2017年"四季分明"，用四个季节就可以划分行情演变的四个阶段。

平淡的春季

2017年的春季非常平淡，主板比较平稳，但创业板指数跌破了"熔断"后的低点。经过近一年的纠缠，创业板终于败下阵来，资金开始向主板和龙头股聚集。从图4-17可以看出，2017年第一季度，绩优股的涨幅最大，创业板的跌幅最大，大盘股跑赢小盘股，风格切换正式开启。

至于春季躁动，还是传统意义上的"复工涨价"及"区域概念"，那时的区域聚焦于新疆建设，所以该区域的水泥股如天山股份、西部建设、祁连山、青松建化都成了明星股，涨幅巨大。至于其他，则反应寥寥，2017年的春季躁动相对乏味。

2017年第一季度还有一个重要的事件就是，央行两次上调1年期MLF利率。我在前面的复盘说过，2014年央行创设了很多新

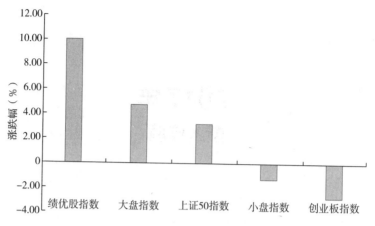

图4-17　2017年第一季度风格切换正式开启

资料来源：万得资讯，作者整理。

的货币中介工具，那一年最终还是动用了传统的存贷款利率，但在以后的岁月中越来越偏向使用创新型货币工具，因此2017年上调MLF实则就是央行的货币政策收紧。

从图4-18可以看出，在2016年以后，MLF总共上调过4次，

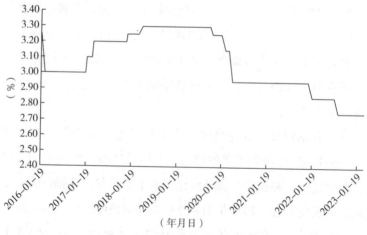

图4-18　1年期MLF操作利率

资料来源：万得资讯，作者整理。

分别是2017年1月26日、3月16日、12月14日和2018年4月17日，这与美联储的加息有关，更是央行自2014年11月21日货币政策宽松后再次收紧。

由于"周期为王"的年代早已过去，投资者不会再根据货币政策的松紧来操作周期股，但这轮货币政策的收紧还是加剧了2016年11月以来的债券熊市，同时也提升了银行股和保险股的估值。2017年年初至2018年年初，很多大型银行股和保险股几乎翻番（见表4-7）。

表4-7　2017年大型银行股和保险股大涨

	低点	低点日期	高点	高点日期	涨跌幅
银行指数	3 111.91点	2017-05-05	4 296.27点	2018-02-07	38%
保险指数	812.53点	2017-04-19	1 723.90点	2017-11-22	112%
工商银行	3.25元	2017-01-03	6.03元	2018-02-05	85%
建设银行	4.05元	2017-01-03	7.72元	2018-01-24	91%
招商银行	14.52元	2017-01-03	30.21元	2018-01-24	108%
中国平安	28.87元	2017-04-12	68.59元	2018-01-23	138%

资料来源：同花顺，作者整理。

第二季度的雄安

2017年3月市场高位横盘，疲态尽显，许多投资者认为要跌了。清明假期，一则"雄安千年大计"的消息刷屏，投资圈因此热情滔天。果然节后开盘，但凡与雄安沾边儿的个股都直接封板，而且不是一个板，而是连续六个交易日连板，这剂强心针使原本沉寂的市场又喧闹了起来。

当时很多游资午夜挂单，希望第二天能好运买到。到了第七个交易日这些股票照样以"一字板"开盘，但突然封单大减，瞬间破板，居然很快打到跌停。从涨停到跌停一下子亏了20%，很多游资都被埋了。2017年游资备受打击，机构的力量无限壮大，最终改变了资金流向。

雄安的消息短暂提振了股市人气，但难改之前的"颓势"。到了4月中旬，市场盛传"资管新规"，监管部门要进一步对同业、委外等进行清理，一时间投资者又绷紧了神经。在4—5月的下跌中，资金不断流入消费股和白马股龙头，一开始确有避险的属性，但越来越强，此后半年不断扩散。如果说2016年"熔断"预示着风格切换的开始，那么2017年4月以后白马股就正式确立股市龙头地位，渐入佳境。

6月21日A股加入明晟（MSCI）新兴市场指数，这是A股融入全球市场的又一里程碑。2003年QFII实行后，A股就开始了融入全球的漫长过程，到如今"南下资金""北上资金"都成了投资者日常跟踪的重要指标。我在本书的第一章就指出，外资对A股的规范化研究有重要推动作用，同时外资偏好在报表上更加成熟的品种，而这些品种恰恰是2017年市场追捧的白马股龙头。因此，在"茅宁共舞"的年代，外资对A股的引导达到前所未有的高度，似乎给这波行情正名。

第三季度的周期热潮

2017年7月以后，市场逐步企稳，供给侧结构性改革的效应日益凸显，随着商品价格的上升，周期股的业绩不断改善。我们选择了一些典型资源股的业绩，如表4-8所示。

表4-8　典型周期股的ROE　　　　　　　　　　　　　　　　　（%）

	2014-12-31	2015-12-31	2016-12-31	2017-12-31
华菱钢铁	0.73	-33.84	-15.62	49.69
中国神华	12.98	5.48	7.51	14.67
云铝股份	-12.75	0.57	1.76	6.86
江西铜业	6.32	1.39	1.70	3.39
中国稀土	-2.06	-17.38	0.85	1.52

资料来源：同花顺，作者整理。

　　从表4-8可以看出，供给侧结构性改革后，资源股诸如钢铁、煤炭、铜、铝、稀土的ROE都有所改善。市场也在积极奖励这一"改善"，2017年第三季度周期股出现了多年不见的上涨。那个夏天，随着环保监察，资源股的股价大涨。

　　2016年以后，一方面供给侧结构性改革修缮了传统周期股的资产负债表，另一方面证监会不断地打击股市乱相"清理并购重组"，两项政策双管齐下，最终对基本面和市场风格产生了明显的影响。其中一个典型的案例就是华菱钢铁。由于2011—2014年的持续不景气，华菱钢铁被实行其他特别处理（ST），它想卖壳置换当时热门的传媒资产，怎奈行动力不够强，一拖再拖。最终到2017年发生了戏剧性的变化，原本不景气的主业大获其利（见图4-19），而想要置换的传媒资产已经不是好赛道，置换计划只好作罢，而ST华菱也变回了华菱钢铁。沧海桑田，可见一斑。

　　此外，除了传统的资源股，有色金属里面的一些小金属也十分抢眼，最典型的就是锂、钴、镍。与传统的工业金属不同，这些小金属由于缺乏下游应用，沉寂很多年。直到2017年随着新能源汽车的渗透率提升，它们变成香饽饽，被赋予科技的属性。自然地，与这些小金属相对应的股票如赣锋锂业、华友钴业、天齐锂业等也

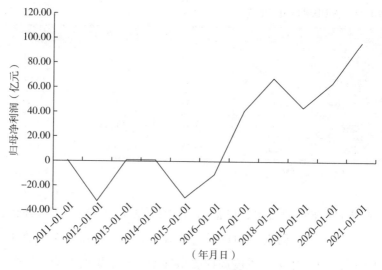

图4-19　华菱钢铁的归母净利润

资料来源：同花顺，作者整理。

大涨。虽然这些股票在2018年大跌，但2019—2021年真正展开了大行情，从底部起来都有近10倍的涨幅。

　　周期股的行情不断高涨，最终在方大炭素上爆发。一般而言，一个行情如果纯由机构主导就会缓而长，如果纯由游资主导就会急而快，但如果是机构和游资共振，那就会很剧烈。方大炭素在当时就是一只机构和游资共振的股票，有基本面支持、高频可跟踪的数据，有一定体量，也有概念，所以这只股票7月单月就涨了接近120%，成为整个周期行情的总龙头，将第三季度的周期热潮推向了极致。

　　在周期股被热炒的第三季度，消费股一直在默默跟随。第二季度市场悲风凄雨的时候，消费股默默上涨；第三季度周期股被热炒的时候，消费股也默默上涨。就像龟兔赛跑一样，似乎每个阶段它都不是主角，涨得很慢，但不知不觉涨了不少。

第四季度的消费股加速和科技股预演

消费股开始加速上涨是在第四季度，当时一个重要事件就是茅台的第三季度财报。虽然通过跟踪茅台的量价、预收款，投资者觉得第三季财报会不错，可真的当单季净利润增长135%，累计60%的归母净利润同比增速摆在眼前，市场还是被震撼了。市值这么大的股票，这么高的利润体量还能有如此增速，助推茅台的估值进一步拔高，向泡沫的方向行进。福兮祸之所伏，2017年第三季度茅台利润的高基数也为2018年第三季度财报的低增长埋下伏笔，届时出现了茅台上市后的第二个跌停，此为后话。

既然龙头股有如此表现，其他个股也不甘示弱。因此2017年许多消费股的第三季度财报业绩都非常亮眼，这进一步加速了消费股的上涨。如表4-9所示，最主要的三个消费大类"喝酒、吃药、吹空调"在第四季度股价增长都出现了明显加速。

表4-9　2017年三个消费大类的季度股价涨跌幅　　　　　　　（%）

行业名称	第一季度	第二季度	第三季度	第四季度	全年累计
家用电器	13.8	14.1	-1.7	12.0	43.0
食品饮料	9.5	7.7	11.5	16.9	53.9
医药生物	0.7	-0.6	-0.1	3.6	3.6

资料来源：同花顺，作者整理。

2017年第四季度还有一波行情就是科技股的预演。科技股不像周期股和消费股，较难被定义。百年之前，通信、汽车、铁路和钢铁都是科技股，百年之后，有些成为公共事业股，有些成为周期股，这是社会进步的必然。因此，我们这里所说的"科技股"是一种约定俗成的说法，就是电子、计算机、传媒、通信、军工、生物医药的部分子领域、电力设备的部分子领域和有色金属的部分子领域。

从过去20年的视角看，A股共产生了两段半科技股行情，分别是2013—2015年基于智能手机的移动互联网行情、2019—2021年基于新能源汽车的新能源行情和1999—2001年的半段"5·19"行情。之所以称"5·19"是半段科技股行情是因为当时的A股确实科技含量不足，是对美股科网泡沫的强行映射，充斥着不规范的做庄行为，因此无法和后面两段并称。

在2015年年中创业板崩盘后，科技股的行情陷入低谷。但通信的代际还在演进，从4G到5G，新能源汽车的渗透率也在不断提升，最终在2019—2021年迸发了新一轮科技浪潮，而2017年特别是第四季度就是这场浪潮的预演。

与2013—2015年的移动互联网浪潮不同，本轮科技股的抓手是新能源，所以电力设备代替传媒成为领头羊，TMT和军工依旧火热，生物医药则聚焦于疫苗和CXO。上述子领域构成了本轮科技股行情的主力，从表4-10看，这些子领域在2017年就已经启动，2018年大跌，2019—2021年则全力冲刺。

2017年11月，5G技术研发试验第三阶段工作正式启动。所以10月以后科技股增长明显加速，不过当时涨的很多还是5G、存储器、互联网数据中心（IDC）、云计算等偏硬件的品种。

全年
总结及感悟

2017年是非常特殊的年份，在行情上有很多"异象"。

2017年的波动非常小

美股是一个波动很小的市场，以道琼斯工业指数为例，过

表4-10　2017年、2018年和2019—2021年科技子领域的表现　　（%）

名称	2017年	2018年	2019—2021年
隆基绿能	174	−33	769
赣锋锂业	171	−54	560
华友钴业	128	−47	379
半导体设备	84	−11	679
阳光电源	79	−52	1 554
锂电专用设备	52	−16	289
光伏加工设备	35	−35	487
光学元件	33	−51	63
疫苗	33	−3	181
面板	23	−53	74
集成电路封测	22	−55	228
锂电池	21	−40	418
北方稀土	19	−40	426
消费电子零部件及组装	16	−49	208
LED	15	−45	88
模拟芯片设计	9	−31	345
数字芯片设计	7	−38	392
电池化学品	6	−32	431
分立器件	4	−43	256
通信	−3	−31	13
医疗研发外包	−5	10	362
军工电子Ⅲ	−15	−26	175
航天装备Ⅲ	−16	−30	130
计算机	−19	−29	50

资料来源：同花顺，作者整理。

去120年跌幅超20%的只有18次，跌幅超30%的只有8次（见表4-11）。

表4-11　道琼斯工业指数过去120年只有8次跌幅超30%

最高点时间	最高点	最低点时间	最低点	下跌幅度（%）	下跌时间（天）
1929-09-03	381	1932-07-08	41	−89	1 039
1937-03-10	195.6	1938-03-31	97.5	−50	386
1969-05-14	974.9	1970-05-26	627.5	−36	377
1973-01-11	1 067.2	1974-12-09	570	−47	697
1987-08-25	2 736.6	1987-10-20	1 616.21	−41	56
2000-01-14	11 750.28	2002-10-10	7 197.49	−39	1 000
2007-10-11	14 198.1	2009-03-06	6 469.95	−54	512
2020-02-12	29 568.57	2020-03-23	18 213.65	−38	40

资料来源：万得资讯，作者整理。

但A股不同，以上证综指为例，2000年至今短短20多年跌幅超30%的就有7次，因此A股是一个波动较大的市场，宏观策略对A股有着重要的作用。可2017年不同，2017年的波动非常小，大部分指数的波幅都在10%之内。所以当年年底市场有一种声音，认为随着A股国际化的程度越来越高，波动性会大幅收敛，自上而下的方法会失效。事实证明这种看法是错误的，因为2018年以后A股的巨幅波动又回来了，2017年只是一个异常值。

少部分龙头股、大盘股大涨

剔除新股，2017年仅有28%的股票上涨，涨幅超过一倍的股票更少，但大多数都是耳熟能详的股票。由于这些股票都是机构的最爱，所以2017年大部分公募和大型私募都赚得盆满钵满，似乎处于牛市。此外，很多过去10年甚至20年赖以生存的策略被彻底击碎，比如小盘股策略，这几乎是过去20年最好的策略，是很多量化投资的基础，但在2017年亏得一塌糊涂，相反大部分市值达千亿元的股票是上涨的。游资模式也受到了很大冲击，对其监管日益加强。

市值代替行业

一直以来，行情都是以行业为分类标准的，但2017年的市值大小更胜于行业。我们看到很多行业的龙头股跑赢小盘股甚至全行业，这一点在过往很少出现。A股向来有炒新、炒小和炒壳的传统。一般而言，投资者看好一个行业会买入其中的小盘股，因为小盘股似乎更有成长空间，但这一点在2017年被彻底颠覆。

正是由于以上的行情特征，从2017年开始机构迎来了第三次大发展，并且这次的力度比前两次更大（见图4-20）。

从图4-20可以很明显看出，公募机构的第一次大发展发生在

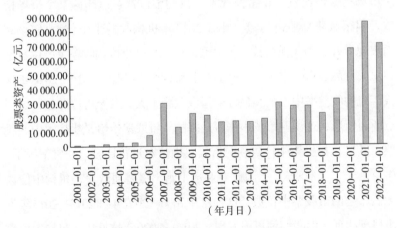

图4-20　公募机构的三次大发展

资料来源：万得资讯，作者整理。

2006—2007年，股票类资产规模突破万亿元级别，最多接近3万亿元；第二次发生在2015年，实际上那次都没有突破2007年的高点，只算是修复。而以上两次都对应着A股的两轮全面大牛市，分别是本书前面两章的高潮。而茅宁共舞时期最终使规模彻底超过2007年的高点，达到创纪录的8.5万亿元，常见规模达百亿元的基金，甚至出现了掌管千亿元资产的基金经理。

从行情级别的角度看，本轮只是结构性牛市，幅度远不如"周期为王"和"成长致胜"，但机构的发展远超过前面两次，这是为何？其根本原因在于前两次是"众乐乐"，而这次是"独乐乐"。

前面两轮牛市都是"全面牛市"，机构相对于游资甚至散户并无多大的优势，但2016年以后机构相对于散户有明显优势。2017年只有28%的股票上涨，从上涨比例看是个熊市，但上涨的股票绝大多数都是机构的重仓股。因此，相对于前两轮牛市，这次是真正意义上的机构牛。

我们用两个维度来说明这一点。其一，用机构中位数和六大主流市场指数做比较。正常情况下，机构中位数可以跑赢某个市场指数，但很难跑赢所有指数。比如2013年机构收益率中位数是14%，而表现最好的创业板指数全年上涨82%；2014年机构收益率中位数是23.9%，而表现最好的上证50全年上涨64%。可是，2016—2020年这五年机构收益率中位数和最好的指数差距不大，甚至可以跑赢，这一点匪夷所思，这说明市场中涨得最好的一批股票恰恰是机构手中的股票。其二，将机构中位数和两市股票中位数进行比较。正常情况下，牛市由于"千股涨停"，因此专业选手跑不赢普通散户，机构中位数无法超越两市股票中位数，这一点在2006—2007年和2013—2015年牛市得到印证。但我们惊讶地发现，2016—2020年这五年，机构中位数居然能够每年都跑赢两市中位数，这几乎是一个奇迹（见表4-12）。

表4-12 历年机构收益率中位数和六大指数收益率对比 （%）

	机构中位数	两市中位数	上证50	上证指数	沪深300指数	中证500指数	中小综指	创业板指数
2005年	3.47	−16.95	−5.50	−8.33	−7.65	−12.85	41.57	—
2006年	121.86	72.17	126.69	130.43	121.02	100.68	76.12	—
2007年	119.34	171.55	134.13	96.66	161.55	186.63	137.71	—
2008年	−50.78	−61.76	−67.23	−65.39	−65.95	−60.80	−53.94	—
2009年	67.75	130.13	84.40	79.98	96.71	131.27	112.99	—
2010年	2.65	4.41	−22.57	−14.31	−12.45	10.07	28.38	16.90
2011年	−24.10	−33.82	−18.19	−21.68	−25.01	−33.83	−34.08	−35.88
2012年	4.56	−2.51	14.84	3.17	7.55	0.28	−1.63	−2.14
2013年	14.23	17.01	−15.23	−6.75	−7.65	16.89	26.34	82.73
2014年	23.89	36.50	63.93	52.87	51.66	39.01	25.88	12.83
2015年	46.27	59.79	−6.23	9.41	5.58	43.12	75.28	84.41
2016年	−13.46	−14.43	−5.53	−12.31	−11.28	−17.78	−14.89	−27.71
2017年	15.11	−20.36	25.08	6.56	21.78	−0.20	−1.25	−10.67
2018年	−23.98	−33.36	−19.83	−24.59	−25.31	−33.32	−35.31	−28.65
2019年	45.27	17.07	33.58	22.30	36.07	26.38	31.89	43.79
2020年	59.08	4.26	18.85	13.87	27.21	20.87	31.55	64.96
2021年	5.98	10.00	−10.06	4.80	−5.20	15.58	14.17	12.02
2022年	−21.50	−18.02	−19.52	−15.13	−21.63	−20.31	−20.06	−29.37

资料来源：万得资讯，作者整理。

于是乎，一个闭环出现了。由于机构的强大优势，越来越多的资金涌向机构，股民变成基民，而机构拿到钱以后再次买入这些股票，引导更多的股民"抄作业"，最终进一步强化了机构的优势。

众所周知，规模（流动性）、盈利和回撤是资产管理的"不可能三角"。规模大了，如果在个别资产上投入的权重不够，则该资产盈亏对大局的影响均不大；一旦投入大了，进出都会对该资产价格产生影响，如果看错行情，止损的难度增大，回撤也会巨大；如果为了控制回撤和增加流动性去配置一些类债券的资产，就会牺牲盈利的进攻性。因此，规模、盈利和回撤成为资产管理无法"三全"的三角。碰到牛市，这些似乎不是问题，因为市场火爆、交易量巨大、资产价格不断上升并且少有回撤，可以"三全"。而一旦进入结构性市场，就无法"三全"。

可2017年的结构性市场以一种比较奇怪的方式解决了此困境，这一切都源于这次结构性牛市的主角是"市值较大的白马股"。市值较大的白马股本身就可以承载较大的资金，所以流动性自然不是问题。市值较大的白马股最大的瑕疵是进攻性不足，由于白马股缺乏想象力，因此估值提升有天花板。但这次的机构抱团和源源不断的资金流入使其进攻性十足，也解决了这个问题。一般出现泡沫就有巨大回撤的风险，但2016—2020年的闭环加速模式使这个结构性牛市一直处于正循环，因此短期没有回撤。以上种种，似乎解决了资产管理中最难的"不可能三角"，于是机构的规模得到了前所未有的扩张。但毕竟这不是一个良性的模式，还是助长了泡沫的成分，所以终究会破灭，2021年以后这个模式进入负循环，盈利开始消失，回撤不断加大……

那么这个资产管理的"不可能三角"到底有没有更好的模式？我翻阅很多数据，发现巴菲特和达利欧都在某种程度上解决了这个问题，只是他们的方法完全背道而驰。巴菲特将资金集中在少数几家可以"永不卖出"的企业上，单2009年就在北伯灵顿铁路公司上投资了340亿美元。但巴菲特有着独特的商业模式，而且不能算真正意义上的二级市场投资，因此不在本书的讨论范围之内。而其他走"集中化"道路的二级市场投资者，如比尔·米勒、长期资本管理公司，不管之前的业绩有多辉煌，最终都难免一笔清算。达利欧的方法是"分散化"，找到足够多具备进攻性并且相互不相关的子资产，按照《对冲基金奇才》中的描述，桥水投资的子市场达到了150个之多。按照传统的资产配置理论，通过高收益率资产（股票）和低收益率资产（债券）的组合，可以达到所谓的"可行性解"。但这种组合难免会牺牲盈利性，达利欧认为每个被选择的子资产都需要具备足够的进攻性，但它们之间可以没有多少相关性，因此它们的组合就可以兼具进攻性和非系统性。这一点，大卫·F. 史文森在《机构投资者的创新之路》也如此论述。而且由于涉及的子资产够多，在每个子资产上的头寸都不算大，所以任何一个子资产的溃败都不足以引起全局的风险。在所有的二级市场投资者中，最像达利欧的还是彼得·林奇。彼得·林奇的著作已经详述了麦哲伦基金从小到大投资方法的转变，从一开始投资大盘股、集中持仓到后面投资小盘股、分散持仓。彼得·林奇最多持仓1 000多只股票，其勤奋程度、对时间的管理可谓极致。尽管富达基金为其配置了6个助理，但依然不堪重负，年纪轻轻就退出江湖。

所以要想同时配置那么多资产，又不想敷衍了事，并不是靠一个人就可以完成的，必然是靠团队、靠体系、靠机制。而一旦人多了，就需要管理，就不是只管钱，而是管人、管公司。这是三种完全不同的工作，所需要的素质不尽相同，甚至有所矛盾。大凡喜欢管钱的人不太喜欢管人，他们独立、偏执，甚至不合群，所以一名优秀的基金经理很难成为一名优秀的主管。而管公司又上了一个层面，要对公司愿景、文化等虚的东西有坚定的看法，要为公司不同发展阶段设置不同的目标，找到合适的人。

很难得，达利欧是三者兼备的人才，只有这样的人才能成立这样的公司，带领这样的团队，解决资产管理的"不可能三角"。所以，桥水有1 500名员工，写一本像《原则》这样的书并非偶然，是其投资体系和方法的必然延伸，任何一种成功的投资策略最终都需要一个成功的商业模式辅佐。

— 2018年 —
补跌调整

2018年是过往20年的第二大熊市，仅次于2008年。加上1998年的熊市，似乎每隔10年、逢"8"就有大熊市。2018年单边下跌，但茅指数和宁组合相对强势，只在最后四个月补跌。2018年的市场节奏分为四个阶段：年初的A形走势、2月12日—5月22日的横盘、5月23日—9月28日的下台阶、10月绝杀和年末补跌。

年初的A形走势

2017年白马股选手明显跑赢，他们成为当时的胜者，资金大量涌向此类选手。与2014年年初的互联网选手一样，他们拿了钱照例给自己的组合加一遍仓，于是2018年1月出现了上证50指数19连阳的罕见情况。

2018年1月18日公布了2017年的GDP，为6.95%，比2016年高0.1%，是八年来首次提速。因此，当时许多投资者认为中国GDP增速回落的阶段结束，而年初的白马股强势似乎就印证这一判断，有相应的宏观基础（见图4-21）。

事后看，当时的观点还是偏乐观。1月的强势是2018年最后的

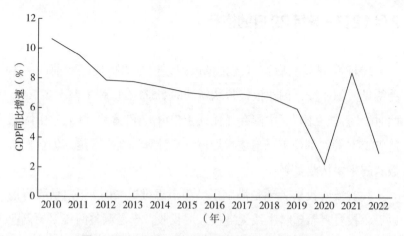

图4-21　2010—2022年中国GDP的年度走势

资料来源：同花顺，作者整理。

"荣光"，那些在年初就累计10%甚至20%收益率的投资者绝对想不到最终在2018年会亏那么多。

1月29日主板冲高回落，并且在10个交易日内将年初的强势消耗殆尽，下跌速度不亚于一轮"小股灾"，而造成这轮"小股灾"的说辞是道琼斯工业指数两日大跌千点。2009年美股步入牛市以后，随着时间的延长，投资者对"牛市终结"的担忧也越来越强。2018年年初美国长短期国债收益率倒挂，投资者认为这是经济衰退的征兆，于是道琼斯工业指数两日大跌。

我在前面的章节反复提及，"真正决定行情的是中期的风险收益比"，许多事件只是借口和噱头。2018年年初的"美股大跌"也只是借口，美股和A股的关系并不大，而且最终美股也没有步入熊市，当年的跌幅远不及A股。由于对过往A股的深度复盘以及在大势判断方面的经验，我们在这个时候就已经非常谨慎了。大势判断真正起作用的点不多，而2018年年初正好是这样的时刻。

2月12日—5月22日的横盘

2018年春节之后，市场企稳反弹，但主力换成了之前两年不受待见的创业板，创业板指数从新低的1 571点反弹了差不多20%。此时，"科技立国"、中国存托凭证（CDR）、红筹股回归、"中国制造2025"等，都使市场追逐半导体、云计算等新兴赛道，创业板指数看起来要从此复兴。

其实彼时投资者还是满脑子"牛市思维"，2017年白马股行情以后，投资者希望将主线无缝接入成长股，于是调整两年多的创业板指数成为急先锋，人心躁动。

3月22日夜，美国宣布对中国价值500亿元的进口商品开征关税。3月23日开盘即大跌，当天创业板指数下跌5.02%、主板下跌3.39%。即便如此，很多人依然认为"贸易摩擦"只不过是市场顺势调整的借口而已，下跌就是买入机会。所以，3月26日周一市场低开后即大涨，一周内创业板指数上涨10%，甚至突破了之前的最高点。

4月初美国如期征税，4月4日我国商务部同样对美国500亿元产品加征关税，4月6日特朗普政府考虑追加1 000亿元产品的关税，4月16日夜，美国宣布对中兴通讯实施制裁……投资者逐渐意识到中美贸易摩擦对市场的影响。

2月12日—5月22日，虽然出现了很多利空消息，但市场在一个狭小的空间波动，并未显著下跌。这一点前文的结论类似，即生于忧患而死于安乐。这段时间的"贸易摩擦"已经非常明显，涉及国家的产业布局，再加上特朗普极端的性格和表达方式，2018年注定不平凡。但实际上，这段时间的"忧患"并没有让市场下跌，因为投资者始终抱有希望，而从2018年全年的格局看，这几乎是唯一一段横盘的时间了（见图4-22）。

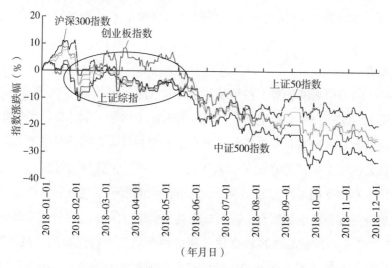

图4-22　2月12日—5月22日主流指数横盘

资料来源：同花顺，作者整理。

5月23日—9月28日的下台阶

2018年5月23日以后，市场明显下挫，可当时并没有什么利空消息。结果，5月29日美国突然宣布对500亿元产品增收25%的关税，市场之前的下挫似乎预见了"这一结果"。指数开始持续杀跌，6月15日美国落实这500亿元产品的关税，端午假期又宣布加征2 000亿元产品的关税，于是6月19日A股开盘一根大阴线彻底跌破了之前的盘整区间。这根大阴线与2011年8月8日破2 600点的大阴线类似，把盘整良久的箱体和关键位打破，此后A股"再无天险可守"，逐步下跌。

6月底至7月初，市场在下杀过后，投资者习惯性地期待新的应对政策，而货币政策也确实进行了调整。但与2011年10月中至11月中的行情一样，货币政策调整只能带来短期的反弹，而这种不到10%的反弹更多是为后续的杀跌蓄势。7月中开始，市场反而进入新一轮杀跌，类似2011年11月30日降准后的走势。

随着市场的颓势，各种利空消息和"黑天鹅"满天飞，疫苗案使医药这一强势行业也低下了高昂的头。2018年7月15日，国家药品监督管理局发布通告指出，长春长生生物科技有限公司冻干人用狂犬病疫苗生产存在记录造假等行为。一时间受到社会强烈关注。长生生物受到了严厉的惩罚，大几百亿元的市值直接跌到退市，其他一些疫苗股也被波及，医药板块受到牵连。

7月底，食品饮料和生物医药这两个当年市场仅存的"胜者"也进入补跌流程。沪深300指数高点出现在2018年1月，3月下旬后持续负收益；食品饮料板块的高点出现在2018年6月中旬，7月底后才转为下跌；生物医药板块的高点出现在5月28日，也是7月底才正式转负。最终，三者全年的跌幅相当（见图4-23）。

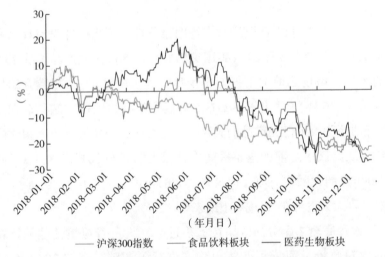

图4-23 2018年沪深300指数、食品饮料和生物医药板块的走势
资料来源：同花顺，作者整理。

9月17日，新增的2 000亿元关税尘埃落定，似乎是最后一个利空消息出尽，市场开始反弹，主板从2 647点反弹到2 827点，创业板从1 350点反弹到1 430点。经过半年时间的低仓位状态，我们开始逐步加大头寸，终于要出手了。2018年年初，我们就判定这年是个大熊市，主板有可能要跌破2016年年初"熔断"的低点2 638点，创业板最终要从高点回落70%至1 200点。因此，我们一直忍，仅用小仓位试探进出，从2018年年初到9月中旬既没亏钱，也无盈利。可到了9月中旬，我们也认为利空消息出尽，主板最低跌至2 647点，创业板从高位最多跌了67%。我们再也忍不住了，从9月中旬到十一长假前，建立了较高的头寸，准备迎接长假后的爆发。

10月绝杀和年尾补跌

长假后确实等来了爆发，只是方向反了。2018年十一长假后第一天市场大跌，横盘两天后又来一根大阴线，这两根大阴线是灾难性的，也造成了我们当年主要的损失。投资有时候就是如此，即便我们一开始就预判到"主板跌破2 638点、创业板打3折"，但临近底部，这最后的下跌还是不应该躲避，而应该主动买"套"。因为谁也不知道判断的点位是不是真的会来，而当时的风险收益比已经非常合适，这个"套"也不过是暂时性亏损。对于真正的投资者，在最低点出手并不是值得炫耀的事，因为这也是非常危险的，存在错过的可能性。

大跌之后余震不断，长假后第二周市场依旧疲弱，风声鹤唳，杯弓蛇影，每天到下午两点半如果还没有上涨就会出现下杀，"两融"开始逃离，股权质押也浮出水面。市场似乎一直会跌下去，主板真的跌破了2 638点，创业板指数也真的打了3折。

10月19日开盘前，监管机构针对股市发声，提振了市场信心，市场当日大涨。周末，个税方案超出预期，周一继续大涨。阴霾许久的市场终于见到少许阳光，然好景不长，两根阳线后又一路阴跌。其实这个时候已经不是股市"基本面"的问题，而是很多机构和绝对收益者经过了近一年的杀跌，临近年底必须做个了断。由于当时的市场非常疲弱，交易量低，一两家机构的平仓行为就会引发连锁反应，形成多杀多的局面。当时市场还经常传出各种捕风捉影的解释。

12月初，中美两国首脑在阿根廷的布宜诺斯艾利斯会面，会谈的结果令人振奋，困扰A股近一年的"贸易摩擦"有所缓和。但年底依然有风险事件扰动，医药的带量采购给医药板块以最后痛击。最后美股和油价也迅速下跌。

疲弱至此，许多投资者都无心恋战，市场又一次逼近了前期低点。

在整个第四季度磨底的过程中，我们也备受煎熬。由于9月下旬我们就已经加大仓位，因此没有躲过十一长假后的大跌，造成近10%的回撤。这样的收益率在当年算很好，可我们毕竟是做绝对收益的，还是非常紧张。经过深思熟虑，我们还是觉得这是一个很好的机会，不能减仓，而当时疲弱的市场似乎每天都会大跌，持有重仓压力巨大。我当时经常会找个公园看书，以保持内心的平静。

霍华德·马克斯《投资最重要的事》中的一句话对当时的我触动很大，他说："不可能知道过热的市场将何时冷却，也不可能知道市场将何时止跌上涨。不过，虽然我们不知道将去向哪里，但我们应该知道自己身处何方。"我当时也不知道"国际关系会走向何方""A股还会不会继续下跌""地产股会不会崩盘"，但经过仔细研究和客观分析，我知道A股正处于一个极度悲观的状态，价格肯定已经反映了大部分的利空因素。我们当时特别看好以创业板指数为代表的中小盘股，原因如下。

创业板指数的估值处于历史低位

到1 200点左右，创业板指数当时的静态市盈率仅28.27倍，为历史最低。上一次创业板指数的静态市盈率达到这个位置是2012年12月的586点，那正是一个牛市的起点（见图4-24）。

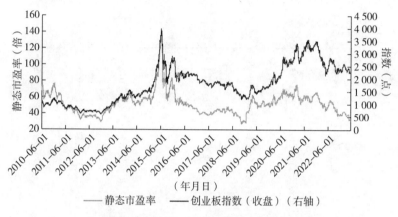

图4-24　创业板指数的静态市盈率

资料来源：同花顺，作者整理。

当时有很多投资者认为，创业板指数有很多的商誉需要计提，因此静态市盈率失真。但商誉计提只是一项会计处理，是一次性的损失。创业板指数经过那么多年调整，估值再一次回到低点，还是值得重视，这毕竟是一个极值。

虽有泡沫，但指数已经下跌了70%，足够出清

2013—2015年的创业板牛市，肯定有泡沫成分，但并非毫无道理，而是有深刻的产业基础。事实上，2015年年中创业板泡沫破裂后，产业红利还在释放，中概股还走出了一批牛股。因此，当创业板指数从2015年年中高点到2018年年底，经历三年半时间跌掉

70%，之前的泡沫大概率出清了，风险收益比十分合适。

我研究过美国、日本、中国香港、中国台湾的主流指数，发现在一轮熊市中主流指数鲜有跌幅超过70%的（见图4-25）。

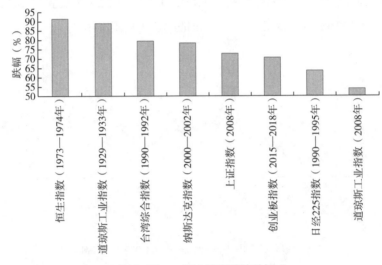

图4-25　一些主流指数的跌幅

资料来源：同花顺，作者整理。

从图4-25可知，比2015—2018年创业板指数跌幅更大的只有1973—1974年的恒生指数、1929—1933年的道琼斯工业指数、1990—1992年的台湾综合指数和2000—2002年的纳斯达克指数；跌幅相当的是2008年的上证指数；而美国次贷危机下的道琼斯工业指数和1990年以后的日经225指数都不及创业板指数的下跌幅度大。

诚然，这次创业板指数有各种问题，但历史上哪次危机不是由问题引起的？1929—1933年的美股处于全球性的危机，并且美联储犯了巨大错误；1974年的港股身处石油危机、布雷顿森林体系解体之中；1990年的中国台湾股市是经过三年半疯狂的牛市，指数两度腰斩，但最终涨了12倍；2000年的科网泡沫更是人类历史难得一见的泡沫，是互联网这个跨时代的伟大物种引发的。以上四个泡沫都是人类历史上极其罕见的泡沫，才引发了相关指数80%～90%幅度的调整，要想再达到这个级别比较困难。

即便是美国次贷危机和20世纪90年代以后的日本股市大崩盘，相关股指的幅度也没有达到70%的级别，因此创业板指数在三年半内跌掉70%，绝对算出清。此时，应多关注机会，而不是只盯着风险。

指数七连阴

此外，我们统计了A股所有指数的"月度连阴"，发现六连阴的只有三次：1991年的深证综指、1999年7—12月的深证综指、2008年5—10月的上证50指数。实际上过去30年的A股，出现月线"五连阴"的也不多，而这次中小盘指数（包括深证综指、中小板指、中证500指数和创业板指数）居然七连阴，放眼全球都很罕见。

所以，基于上述三个原因，我们认为当时以创业板指数为代表的中小盘股获得了一个历史级别的机遇，因此我们选择坚守。至于这次会不会不一样，我们不得而知，但就像霍华德·马克斯在《周期》中所表述的，如果这一次不一样，那我们做什么都无用，持股和持有现金差别不大；但如果这次还是一样，而我们仅仅因为恐惧而不买入，那作为一个基金经理是失职的。

全年
总结及感悟

2018年是一个比2011年更熊的市场，仅次于2008年，对于刚刚做私募的我们是一个巨大的考验。幸好凭着宏观策略师的底子，我们经受住了这次考验。2018年的跌宕起伏给我们留下了太多的启发。

相信"伟大的故事"不如相信估值

其实，很多雄文都只是对过去事件的总结，并不代表未来。另外，即便逻辑正确，但数据的偏差可能会导致结论完全不同。就比如债务周期，从繁荣到泡沫到破灭再到萧条，这有如一年四季，再正常不过。但问题是一国的债务水平是很难被准确衡量的，而国与国的横向比较更是难度巨大。2011年地方融资平台初露端倪，一大型公募曾给主要卖方发委托课题，最终集合所有卖方的研究而断言："中国的杠杆率太高，已到瓶颈，没有空间，最晚2013年集中爆发。"可债务问题并未集中爆发，而且2016—2017年的杠杆率明显又上升了一大截。2006年我初入行的时候，市场盛行用"人口红利"来解释当时的牛市。我入行的第一份报告就是计算中国的人口红利拐点，可是利用世界银行、中国社科院和其他机构的原始数据，抚育率拐点的年份差别很大，从2008年到2020年都有可能。此外，事情会发生变化，历史的发展并不是线性的，一开始正确的判断也有可能在最后被证明是错的。例如产能过剩问题，其实从20世纪90年代结束短缺经济就一直存在，但随着经济发展还会时不时出现"煤电油运"的紧张情况。

所以，"伟大的故事"会有诸多陷阱。与其相信这些说辞，我们还不如相信估值。估值高就隐含了许多乐观的假设，就要"恐惧"一点；估值低就包含了很多悲观的预期，就要"贪婪"一些。

对待"研究成果"的三种态度

2018年年底，市场经过了近九个月的下跌，明显处于低位，各类指标和参数都显现这个市场的投资价值，特别是中小盘和创业板。我是做研究出身的，喜欢根据研究来提出投资方案。我当时觉得这是一个巨大的金矿，非常兴奋。但当我带着这些研究结论找人讨论，我发现有三种类型的人：第一种人根本无视研究结论，只是根据市场走势和K线决策，美其名曰"趋势"；第二种人认同研究结论，但觉得这一次不一样；第三种人认同研究结论并觉得机会巨大，但没有实际行动，看多不做多。第一种人自有其生存之道，其实看图形也无可厚非，投机也并不比投资更卑劣，但问题是不应编造各种基本面的理由去解释；第二种人我很难理解，辛苦研究得出一个大概率事件，但行为决策非要站在小概率一边，那么做研究的目的何在？第三种人过于机灵，什么亏都不想吃，什么苦都不想熬，就想享受一切。我在2015年的复盘中曾经说过："左侧和右侧很难辨别，只有在事后才一目了然。"鉴于2015年的经验，这次我并没有"测试—止损"，而是在一个我认可的"绝对低位"建立适当头寸，忍受底部的波动，这样虽然煎熬，但全程享受了2019年第一季度的大涨。而我的一个朋友采取了我在2015年的做法，最终止损两次，在行情真正启动前减去了头寸。

不要有偏见

吸取了2016年年初的教训，此时的我对市场和品种没有任何偏见。经过深度研究，我认为中小盘股比大盘股更有价值，特别是对于已经连续下跌三年半的创业板指数。

当时看好市场的人不多，看好小盘股和创业板指数的更属异类，因为这与过去两年的趋势完全背离。当时的创业板指数像被判了死刑，存在大量的商誉计提和坏账尚待公布，并且科创板尚在创建中，吸引了更多关注。因此，当时没人看好创业板指数，结果与2014年年中的"蓝筹"、2016年年初的"核心资产"一样，创业板指数在此后两年多涨了两倍多。

格局很重要

其实回想起来，2018年年底的创业板是一个极好的机会，毕竟指数跌了70%，月线七连阴，使胜率和赔率都达到了一个最佳的机会。我当时做了很多研究，一开始对此也深信不疑，但当我带着这些研究结论与人交流，信心就一点点被侵蚀。熊市最大的悲哀还不是亏钱或者净值损失，而是会侵蚀掉一个人的信心，破坏他的格局。因此在2019年第一季度创业板指数井喷、一两个月大涨50%的时候，我就迅速了结了，真是"起了大早赶了晚集"。

其实，越是大的机会，就越会逆着市场主流，这本身就是"市场错误"给予的机会，人群之中只会创造虚幻的安全感。这个时候，一定要对自己有信心，保持对数据和事实的客观态度，同时要有全力以赴的勇气。德鲁肯米勒在评价索罗斯的时候，最佩服的就是他的格局，认为虽然他的判断未必准，胜率也未必高，但当他正确的时候一定是全力以赴。1992年他们狙击英镑的时候，从方案设定到策划执行都是德鲁肯米勒主导的，索罗斯只是在最后时刻要求全力以赴，把能借到的钱全部用上。但正是这种全力以赴才使那场战役成为经典，如果按照德鲁肯米勒原先的方案难免有虎头蛇尾之嫌。要知道，这种大级别的机会并不是天天都有的，不能等闲视之。

2018年在整个"茅宁共舞"的阶段中有着特殊的意义。一类资产要成为全民崇拜的资产，必须穿越牛熊，牛市赚得多，熊市亏得少，只有这样才会有明显的优势，才会吸引足够的资金。2018年就是这样的年份，起了试金石的作用。2016—2017年茅指数明显跑赢，而2018年它也撑到最后时刻才补跌，并且全年跌幅不大。经过2018年的历练，茅指数终于要破茧成蝶，凤舞九天了。

— 2019年 —
"茅氏"封神

经过2016年的酝酿、2017年的破茧和2018年的回调，2019年茅指数终于要凤舞九天了。2019年的行情共分三段：年初至4月8日的井喷、4月9日—8月6日的回调、8月7日至年底的企稳回升。

年初至4月8日的井喷

2019年伊始，A股市场依旧疲弱，头两个交易日都是跌的，第三个交易日盘中主板更是创了新低。当晚央行宣布降准100bp，分两次执行。市场在当天交易时段也有所洞察，因此见底回升，第二天也略微上涨，但鉴于2018年年底的两次脉冲均告失败，投资者对此次行情并无期许。

整个1月，主板在蓝筹股和白马股的带领下晃晃悠悠地涨了一二百点，而创业板指数却受制于商誉计提，表现不佳。按照证监会2018年年末发布的《会计监管风险提示第8号——商誉减值》和财政部会计准则委员会2019年1月关于"商誉及其减值"议题文件的反馈意见，大部分中小盘上市公司需要在1月31日前公布2018年的"商誉减值"。由于当时我们重仓创业板指数，所以对每天盘后公布的公司快报都格外关注，每天都像在"渡劫"。最终，按照均值法和中位数法，创业板2018年第四季度的商誉规模分别为2 546亿元和2 270亿元，创业板指数的累计归母净利润增速从2018第三季度的3.4%大幅下滑到-46.5%。2018年创业板商誉的减值情况如图4-26所示。

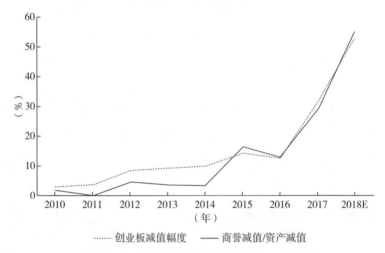

图4-26　2018年创业板商誉减值大量计提

资料来源：同花顺，作者整理。

尽管近一个月的"爆雷"压制了创业板指数，但其始终没有跌破2018年10月的盘中最低点。1月26日，新任证监会主席易会满召开了新闻发布会，表达了"敬畏市场""呵护股市"的意图。2月1日是春节前的最后一个交易日，创业板指数大涨3.5%，算是对商誉减值计提完毕的一种回应。当年春节假期市场很平静，国际股市和大宗商品市场无波动，投资者对节后的市场走势也毫无头绪。

谁料节后第一个交易日，创业板指数又是一根3.5%的大阳线，毫无征兆，没任何利好消息。此后，创业板指数如开闸放水，一股劲儿从1 200点冲到1 800点，短短23个交易日涨了约44%。在此期间，主板也涨超20%，但幅度远不及创业板指数。至此，我们2018年年底对创业板指数的判断完全兑现，而且来得比我们想象的更快、更猛。在这个过程中，那些看空的人瞠目结舌，那些想等右侧交易的"看多者"也无法上车，两市的成交量从6 000亿元一下子蹿到1万亿元，中间没有些许等待。

到了4月上旬，这个市场变得非常狂躁，踏空的投资者寻找一切机会买入。连我们都变得有点焦虑，下跌套牢是一种痛苦，但净值每天5%向上狂飙也未必轻松，就怕哪天突然逆转。果然到4月8日，当天市场盛传两份券商研报，一份看空某大型券商，一份看空某大型险企。一般而言，主流券商甚少有"看空"报告，于是当天股市剧烈波动。

与2016年一样，2019年的关键点和胜负手在年初。错过这波行情的基金经理处于很尴尬的位置，2018年亏钱，此时又踏空，来自客户和机构的压力可想而知。而在这些压力下，他们马上就要犯第三个错误：不顾一切加仓，最终在4月8日—8月6日的回调中再次亏损。所以，投资就像下棋，一步错，步步错。至于年初为何突然井喷其实是偶然的，就像我前文所表达的，"明白身处何处比明白走向何方重要"，爆发时点具有偶然性，但之前各种指标处于如此低的位置才是关键。

在这个井喷的过程中，有两个子行业表现卓著，分别是畜禽养殖（年初至4月8日上涨71%）和证券（年初至4月8日上涨59%）。它们各有各的逻辑，也各有各的启示。

首先就证券行业而言，一方面受益于行情爆发，但更为重要的是2018年年底的"死亡螺旋"被打破。我们统计了50家上市券商的报表，发现其买入返售资产（可以理解为股权质押规模）占净资产的比例从2012年开始就不断上升，在2017年达到创纪录的60%（见图4-27）。

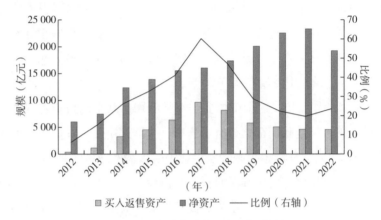

图4-27 证券行业的股权质押状况

资料来源：同花顺，作者整理。

这些资产在市场上涨的时候没有问题，但随着市场下跌质押的股权价值不断缩水，杠杆率随之提升，最终危及净资产，而股权质押解除、抵押物卖出又会进一步打压股市，证券股陷入"死亡螺旋"，最终全行业的P/B在2018年10月逼近1（见图4-28）。

2019年1月随着股市启动，证券行业迎来双重利好因素。其一，作为与市场高度相关的行业，基本面得到极大改善，这是投资证券行业的传统逻辑；其二，权益价值回升使股权质押的杠杆率下降，"死亡螺旋"被打破。此后几年，证券公司通过多计提减值、降低股权质押等方法陆续缓解这类风险。

第二个行业是畜禽养殖行业，这个子行业在那波整体上涨了79%，许多个股都有几倍涨幅。说起这次机会，又是我投资生涯值得深度反思的点。我们在2018年3月就关注到这个行业了，当时的生猪价格经过近两年的下跌处于历史底部。从图4-29可知，生猪

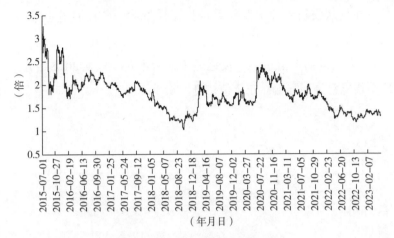

图4-28 证券行业的P/B走势

注：P/B是根据最近一季财报数据计算的。

资料来源：同花顺，作者整理。

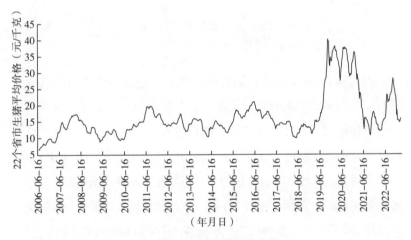

图4-29 生猪价格历史走势

资料来源：同花顺，作者整理。

价格有着明显的周期和规律，生猪价格的历史周期有参考意义，正常情况下此时价格已接近底部。

并且从农村农业部的能繁母猪存栏量看，已经明显不足。一般而言，能繁母猪存栏量的正常水平是4 100万头，如果超过4 100万头说明产能过剩，反之适中或者不足。而从2015年开始，这个指标已经明显偏离正常值（见图4-30）。

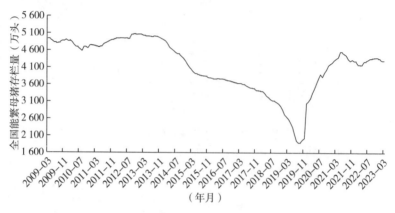

图4-30 能繁母猪存栏量

资料来源：同花顺，作者整理。

因此从2016年开始，就有投资者基于过往的周期前仆后继去"抄底"，但猪价越来越低，能繁母猪存栏量也不断下降，常规供需的逻辑始终没起作用。慢慢地，投资者对这个行业失去兴趣，认为规律失效，甚至编出了很多自以为是的逻辑，比如统计部门的样本数据出了问题，再比如能繁母猪的生育能力有了提升，同样数量的母猪可以生育更多小猪等。到2018年第一季度股票惨跌，很多公司根据头猪或者头鸡算出的市值都远不如根据实体中猪价和鸡价算出的。

而我当时有一个朴素的逻辑：这是一个关于"吃"的行业，最终不可能消亡。在2011年的猪产业链调研中，我切身感受到这个行业经营不易、壁垒较高、难以重置。所以，当产业周期陷入低谷、估值又极低时，不正是一个很好的投资机会吗？我带着数据和疑问拜访了很多分析师及专家，大部分人对这个行业都没有信心，很多人认为这个行业毁灭价值，动不动就全行业亏损。我毕竟不是这个行业的专家，对很多问题都一知半解，并且我当时对市场是看空的，所以我也就轻易作罢。

即便是在2018年后三个季度的惊涛骇浪中，这些畜禽养殖的股票大多只是在底部徘徊，第四季度的"非洲猪疫"使原来失衡的供需缺口进一步加剧，相关股票开始飙升（见图4-31）。这是"十年一遇"的机会，即便猪有着明显的周期，也很少出现这样的机会，因此错过尤为可惜。

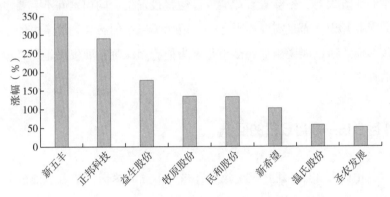

图4-31　2019年第一季度猪企和鸡企的股价涨幅

资料来源：同花顺，荒原投资。

反思这一次错过，有两点值得总结。其一，不要仅仅因为"市场判断"而放弃一些重大投资机会。当时我没有继续深研，轻易放弃的重要原因就是对2018年熊市的恐惧。应该说我们对市场的判断没错，甚至很前瞻，但还是错过了一个非常好的投资机会。其实，市场是由多个结构构成的，除非全部处于高估（例如2007年10月和2015年6月），否则不应该仅由市场因素去判断一个具体行业的涨跌。具体子行业有其自身独特的周期，再加上估值，当它出现极好的风险收益比时应该重视，至于整体市场风险可以通过仓位和多空来平衡。其二，相信常识，做那个《皇帝的新装》故事里的小孩。我当时对畜禽养殖投资机会的认知大部分基于常识，比如吃的行业不可能消亡，能繁母猪存栏量不断下降必然导致猪价回升，猪企的头猪市值远不如根据实体中的猪价算出的。这些常识让我直观感觉这是一个巨大的投资机会，但当我与很多专家讨论，他们总能给出更专业和似是而非的反驳，这个时候像我这样的"门外汉"就很容易放弃。实际上，我在股市这么多年，一些重大的投资机会往往都基于常识，比如2014年年初的茅台不会没人喝，2022年的"五大行"不会被破产清算。这些投资机会的识别并不需要多少专业知识，而是需要赤子之心，就像《皇帝的新装》故事里的小孩，他之所以能说出那句话不是因为他有多深刻，而仅仅是因为他更真实。

4月9日—8月6日的回调

2019年4月8日的下跌并没有浇灭市场的热情，毕竟之前的井喷让很多人没得到"上车"的机会，所以4月8日后市场逐步修复，到4月19日又临近高点。4月22日周一又是一根中阴线彻底破坏了之前"顺流而上"的趋势，这根阴线从图形上看很像2009年8月和2015年6月的"第二根阴线"，因此我也顺势把很多仓位了结了。

此后几天，市场一路下跌，但当时并没有什么利空的消息，加上之前和之后的下跌，1月底以来的井喷被消耗了大半。

8月6日市场继续下挫，上证综指盘中最多跌至2 733点，创业板指数回落到1 478点，这些点位仅比年初启动时高了10%~20%。但8月6日两市见底回升，后续市场虽仍有波折，但投资者已经平静，一些投资者甚至从中寻找投资机会。

这段时间，除了中美"贸易摩擦"再次升级，还有两件大事。其一是A股进一步融入全球。5月14日，MSCI宣布将A股的纳入因子再提升一倍，从5%到10%；5月25日，另外一家国际知名指数公司富时罗素也宣布纳入A股；11月8日，MSCI更宣布将所有A股大盘股和中盘股的纳入因子提升到20%。其二是7月22日筹备半年多的科创板正式开锣，首批25家公司登陆。与之前的中小板以及创业板相比，这次科创板的形成可谓火箭般的速度。科创板的上市制度与其他板块不同，是注册制的真正实施，在科创板出现一年后创业板也全面实施了注册制，三年半后主板也实施了注册制。自此，A股迎来了全面注册制的时代，这与2005年的"股改"类似，注定是一件划时代的事件，对A股会有深远的影响。

8月7日至年底的企稳回升

2019年8月6日市场见底回升后，投资者开始从积极方面找寻投资机会，率先涨起来的是"自主可控"和"国产替代"概念股。市场情绪也逐渐乐观起来。

引领8月以后市场回升的主导概念是"自主可控"，其实"自主可控"只是2015年网络安全概念的延伸及变种，只是由于此时的"卡脖子"环节变成半导体，所以半导体行业成为这波"自主可控"的核心。从图4-32可以明显看出，2019年8月开始，自主可控概念股和半导体行业上涨的斜率明显改变，甚至超越白酒行业，成为当年更为强势的品种。

半导体行业的崛起也宣告了A股第二波科技股投资的来临。从2015年年中开始，科技股投资陷入低潮，2016—2017年周期

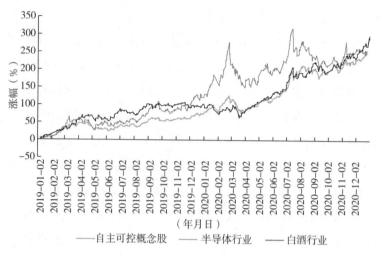

图4-32 2019年自主可控概念股、半导体行业和白酒行业的涨势
资料来源：同花顺，作者整理。

白马股和消费龙头股陆续回归，当时的茅指数主要是周期茅和消费茅，2018年这些股票补跌，但科技股的跌幅甚至超过主板。2019年上半年还是传统白马股更强，但8月以后科技股开始崛起，后来居上。随着科技茅的加入，茅指数正式成军，开始一统江湖。

纵观第二波科技股投资浪潮，也分为几个阶段。2019年8月半导体行业率先启动。2019年12月新能源股开始崛起，成为这轮科技股投资的主力。2020年年中军工股也逐步飙升，这就是后来所谓的"新半军"。而随着军工股的上涨，宁组合变得更加强势，大有脱离茅指数独立成军的态势，此为后话，留待下一节再叙。

2019年最后一个季度，除了"自主可控"和"茅指数"正式成军，还有一个宏观层面的干扰，那就是CPI的突然飙升。2019年9月以后，CPI突破3%（历史而言，3%是央行比较关注的一个警戒值）后一路向上，高点出现在2020年1月的5.38%。

从2012年开始，中国的CPI一直比较平稳，此时突然飙升，并且还达到了5%，是不是意味着新一轮通胀来袭？市场一开始有些担忧的声音，但最终投资者认为只是猪价的干扰，核心通胀并不高，当时的生猪价格创纪录地突破40元/千克（见图4-33）。果然，后续随着猪价平稳，CPI也正常回落，宏观层面的这个担忧随之消失。

图4-33　2019—2020年CPI走势和生猪价格走势
资料来源：同花顺，作者整理。

全年
总结及感悟

　　从收益率的角度看，2019年是之前15年的第五大牛市，仅次于2006年、2007年、2009年和2015年。但从基本面的角度看，2019年却远远不如上述4年，甚至不如2013年和2014年。

　　2006年和2007年的股市一切都好，无须赘述。2009年是在

2008年探底的基础上，再加上强经济刺激政策。2015年是互联网产业牛市的疯狂，加上转型预期，还有很多金融创新带来的资金狂欢。而2019年经济增速还在回落、"贸易摩擦"时而发生、通胀加剧，取得如此收益，确实令人费解。并且2019年的机构收益率中位数跑赢了市场所有主流指数，这是非常罕见的。而这一切的"费解"都与之前提及的"机构牛"有关，2019年是茅指数真正成神的年份，并且第二次科技股投资浪潮也在年中出现，经过2016—2018年的酝酿，茅宁共舞的高潮终于要来了。2019年带给我许多深思。

茅指数真正成形

2016年"熔断"后，白马股就开始走强，最开始是高端白酒；2017年4月以后扩散到周期、金融和消费的其他龙头股；2018年经过调整，2019年下半年科技龙头股也开始加入，最终市场有了"茅指数"的说法。

正如前文所说，"茅指数"是一种约定俗成的叫法，其成分股也没有官方定义。我们这里采用万得资讯的编制方法，到2022年年底共有42只成分股。我们按照消费、周期、金融和科技四大类来分，发现有2只金融股、18只消费股、5只周期股和17只科技股。其中，金融龙头股就是招商银行和中国平安；5只周期股隶属工程机械、化工、水泥和防水等领域；18只消费股中除华熙生物、爱美客和金龙鱼是2019年以后上市外，其余都是老的消费白马股；而17只科技股中却有8只是2018年以后才上市的。我们选取了2016—2019年四大类代表性股票的历年涨跌幅，如表4-13所示。

表4-13 2016—2019年代表性公司的涨跌幅 （%）

公司名称	属性	2016年	2017年	2018年	2019年
三一重工	周期	−7.13	49.26	−6.40	108.48
海螺水泥	周期	2.18	77.13	3.30	95.26
伊利股份	消费	10.34	89.06	−27.26	38.48
恒瑞医药	消费	11.40	82.35	−0.45	99.68
贵州茅台	消费	56.45	111.89	−14.21	103.48
格力电器	消费	19.48	85.88	−18.33	91.65
招商银行	金融	1.80	70.50	−10.33	53.14
中国平安	金融	0.06	101.47	−17.48	55.85
立讯精密	科技	−2.28	69.92	−21.83	238.16
海康威视	科技	6.12	149.42	−33.15	30.27
阳光电源	科技	−30.52	78.89	−52.11	18.80
隆基绿能	科技	−1.54	173.84	−32.65	76.84
比亚迪	科技	−22.28	31.42	−21.34	−6.19
宁德时代	科技	—	—	103.87	44.46
药明康德	科技	—	—	140.71	73.39

资料来源：同花顺，作者整理。

此创业板非彼创业板

我们在2018年年底根据自上而下的逻辑最看好创业板指数，此后两年创业板指数确实涨了两倍，是在此期间表现最好的指数。但这个时候的创业板指数和2013—2015年的创业板指数已经完全不同，物是人非，沧海桑田。

我们罗列了2013—2015年及2019—2021年创业板指数前十大权重股及市值占比，如表4-14所示。

表4-14 两个阶段创业板指前十大权重股

2013年	权重(%)	2014年	权重(%)	2015年	权重(%)	2019年	权重(%)	2020年	权重(%)	2021年	权重(%)
华谊兄弟	5.76	东方财富	4.49	东方财富	5.22	温氏股份	8.88	宁德时代	11.69	宁德时代	17.44
碧水源	4.81	华谊兄弟	4.18	乐视退(退市)	5.11	宁德时代	5.61	东方财富	6.78	东方财富	7.55
乐视退(退市)	3.68	碧水源	3.88	华谊兄弟	3.10	东方财富	5.15	迈瑞医疗	5.75	迈瑞医疗	4.13
蓝色光标	3.51	机器人	3.84	机器人	2.98	迈瑞医疗	4.69	爱尔眼科	4.29	亿纬锂能	3.77
机器人	3.03	万达信息	2.98	碧水源	2.62	爱尔眼科	3.30	汇川技术	3.39	阳光电源	3.62
汤臣倍健	2.34	乐视退(退市)	2.36	网宿科技	2.48	沃森生物	2.63	智飞生物	2.96	汇川技术	3.04
掌趣科技	2.25	汇川技术	2.24	万达信息	1.99	乐普医疗	2.43	亿纬锂能	2.92	爱尔眼科	2.49
神州泰岳	2.17	蓝色光标	2.17	蓝色光标	1.70	信维通信	2.39	温氏股份	2.90	温氏股份	2.37
网宿科技	2.12	神州泰岳	2.16	乐普医疗	1.55	汇川技术	2.16	泰格医药	2.71	智飞生物	2.33
华策影视	2.05	乐普医疗	2.1	汇川技术	1.55	泰格医药	2.07	阳光电源	2.24	沃森生物	2.30

资料来源：同花顺，作者整理。

从表4-14可以清楚看出，2013年至今，创业板指数前十大权重股只有东方财富和汇川技术没变，其他都已更替。2013—2015年，前十大权重股所处行业比较分散，有影视传媒、环保、医疗信息化和营销等，但多少都与移动互联网相关，偏软件和应用端；而在2019—2021年的创业板牛市中，除温氏股份外驱动力主要集中在新能源（新能源汽车和光伏）和疫苗（包括CXO），品种偏硬件，市值和利润体量都更大。并且这个时候集中度提升非常快，从

2013—2015年的30%到2019—2021年的50%，宁德时代一只股票就占据接近20%的头寸，举足轻重。

所以，此创业板非彼创业板，2018年年底大部分投资者不看好创业板指数有一定的道理，因为2013—2015年的那批股票确实没有多少花头，后来创业板能够崛起实则是沾了新能源和CXO的光，这一点说实话我当时也没有想清楚。

投资必须深研和布局，最难得聪明人下苦功

由于2018年年底的提前布局，2019年我们取得了不错的收益，但仍然有很多遗憾，甚至错误。首先对"猪和鸡"的研究不深，错过10年一遇的大机会；其次对创业板指数的投资起了大早赶了晚集，只取得第一波50%的收益率就撤退了；最后对创业板指数也没有深度挖掘，都已经找到这个方向，但没有深挖出新能源和CXO，错失此后两年牛市的主角。

总而言之，当时我们还是缺乏深研和布局。投资就类似打仗，在进入阵地前需要对战场的各种变化做出预判和沙盘推演，否则难免手忙脚乱。深研和布局可以避免两种情形：其一可以对未来的困难有所准备，不至于中途放弃；其二对过快上涨也有所应对，不至于太早兑现。

很多投资者在建立头寸时只做了美好的预期，对困难和其中的坎坷估算不足，因此在过程中就难免放弃。其实这一点情有可原，如果你不看好，又怎么可能建立头寸，所以投资者都是怀揣着美好的预期去的。可问题是很多重大投资机会是由"市场偏差"带来的，如果所有人都这么看好，那股价又怎么会便宜呢？所以，我们之所以赚钱是因为"我们的看法与众不同，并且最终证明是我们正确"。虽然最终是我们正确，但在过程中是所有市场参与者决定当前股价，所以在过程中充满艰辛是常有的事，对此准备不足或者一不顺就自我怀疑导致中途很容易放弃。深研和持续跟踪可以避免这种情形，让我们一直保持客观。而我们当时犯的错误恰恰是第二种，美好兑现得太快让我们有点手足无措。我们在进入阵地前对各种困难做了充分考虑，因此在2018年年底至2019年年初的横盘中能坚守阵地，中间所有的研究和精力都在对抗下跌，我们从没想过后续的美好和退出路径，因此一旦市场井喷也准备不足。吃到了"天鹅肉"，但由于吃得太快而不知道味道是我们最大的遗憾。

我刚做策略分析师的头几年以"预测"为主，花了很多时间判断指数，研究风格，并以此来指导投资。结果，我发现正确的概率大概50%，连成为一个稳定的反向指标都很困难。到了2012年4月11日，我写了一篇文章《基于预测与基于对策——对策略系统的再思考》，提出策略不是预测，而是应对。自此，水平上了一个台阶。但经过多年的思考和实践，我认为预测固不可取，应对也非王道，真正的策略高手应该善于布局。这就像一个棋手，局前就幻想棋局走势无疑很天真，但只会根据对手招数而不断应对也不算高明。真正的高手是进入阵地前就已经把对手研究透了，布了一个局，设了一个套，让对手不知不觉进入套中，从而主导全局。就围棋而言，李昌镐就是这样的选手，很多时候他在第100手以"半目胜"，实则在第50手对手就已经输了。

《孙子兵法》说："兵者，国之大事，死生之地，存亡之道，不可不察也。"投资也是如此。那察什么呢？孙子说："一曰道，二曰天，三曰地，四曰将，五曰法。"直到第五才讲到具体的战术和打法，所以说"上兵伐谋"。投资如果能在建立组合前就想这么多，那很多应对就不需要了。不是不应对，而是很多场景早就在考虑之内。

在投资中，很多投资者是基于股价去应对，而非基本面。这在表面上顺应了当时的市场，但很多时候会背离大道。我自己也经历了不少案例，比如2018年的猪和鸡。在2018年第一季度，经过数据分析，我认定养猪行业是个大机会。供给不断萎缩，需求稳定，最终猪价会大涨，相关股票也会大涨。但猪价就是不涨，股价低位横盘，在现实面前，我也开始相信各种"故事"并做出应对，最终错失了大机会。股票投资是个很复杂的系统，即便看对了方向，也很难完全把握节奏，此时根据股价来应对，编造解释，最终得不偿失。就像普鲁士军事理论家卡尔·冯·克劳塞维茨在《战争论》中所表达的那样，战争是残酷而又瞬息万变的，事先无法穷尽所有变量，因此临时变阵不如一直坚持战前的规划和意图，只有这样才能赢得一场残酷的战争。

很多投资者也意识到深研和布局的重要性，但临阵对敌总找各种借口，比如专业门槛和壁垒太高、个人知识储备不足等，最终投资者都去做各种"更容易"的事，比如参加会议、跑跑调研、看看网上碎片化的文章，而不会真正坐下来思考、看数据、求证。其实，深研和布局没那么难，只看你愿不愿意下苦功，真正扎扎实实地求索。天赋之才当以勤奋养之，最难得的就是聪明人还能下苦功。我接触过的大部分投资者都主动、积极、勤奋、聪明，但真正优秀卓越的并不多，根源也在于此。

— 2020年 —
宁王独立

2020年是非常特殊的一年，这一年全球新冠肺炎疫情肆虐，美股经历四次"熔断"，油价跌至负数，这些都是投资者一生难得一见的现象。A股经历两次V形反转，最终将茅指数和宁组合的泡沫推向极致，2020年的行情分为几个阶段：年初至3月23日的剧震、3月24日至7月中旬的拉升、7月中旬至11月底的横盘、12月初至次年2月10日的再次拉升。

年初至3月23日的剧震

2020年伊始，1月6日央行就下调金融机构存款准备金率0.5%，市场延续了2019年年底的上涨，继续攀升。但春节前最后一个交易日，因疫情传闻，当日主板大跌2.75%，创业板指数下跌3.32%。

1月27日，春节假期延长三天，股市却照常开市。2月1日，央行、财政部、银保监会、证监会和外汇局联合发布《关于进一步强化金融支持防控新型冠状病毒感染肺炎疫情的通知》，为节后的开盘做了充分准备。可即便如此，两市依然暴跌，2月3日上证综指下跌7.72%，创业板指数下跌6.85%。但第二天市场低开以后就顺势上涨，开启了当年的第一个 V 形走势，此后三周连续上涨，迅速收复 2 月 3 日的下跌。

3 月 5 日之后市场又开始下跌，两周内主板回吐了第一次 V 形的全部涨幅，还跌破 2 月 4 日的盘中低点，而这轮下跌的原因是海外疫情。整个 3 月，美股发生了四次"熔断"，而从 1987 年美股建立"熔断"机制后总共也就发生了五次。那个时候真是天天见证历史，比如 3 月 9 日原油价格开盘就跌了 30%。

3月24日至7月中旬的拉升

事情的转机发生在 3 月 23 日，美联储开启了无限量化宽松的模式。如果说 2008 年还是常规量化宽松（通过银行购买各类主体发行的债券），那这一次真的是"直升机撒钱"，人们不工作也可以得到各种救济。

从图 4-34 可以看出，就美国存款机构的总资产而言，2020 年的

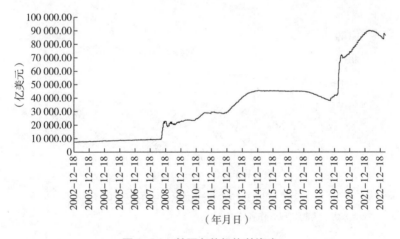

图4-34　美国存款机构总资产

资料来源：万得资讯，作者整理。

扩散幅度远远超过2008年，这也为后面全球通胀高企，美联储迅速大幅加息埋下了伏笔。此为后话，但在当时这种无限量化宽松的模式迅速扭转了市场的颓势，最终美股也V形反转，创出新高。所以华尔街那句名言还是对的，"永远不要和美联储对着干"。

在这样的背景下，A股也开启了2020年第二次V形反转之路。主板从3月23日收盘的2 660点飙升到7月13日收盘的3 443点，特别是7月初的那几根大阳线，连银行板块都集体涨停；创业板指数从1 850点到2 890点，接近60%的涨幅，这种速度和幅度很像2015年4—6月的冲顶走势。在这个过程中，茅指数和宁组合彻底泡沫化，并且宁王[①]更加强势，大有另起炉灶之势（见图4-35）。

由于3月初即看空，所以对于这波行情我们只是观望。我们深知泡沫的尾声会很极致，时间和幅度都会超出预期，因此这波行情

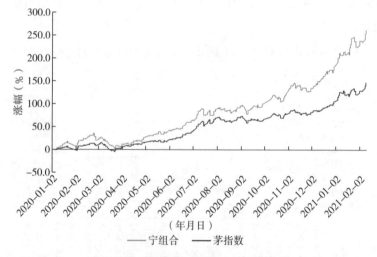

图4-35 "茅宁"泡沫化、宁王更强势

资料来源：万得资讯，作者整理。

_____

① 宁王是指宁德时代。——编者注

虽在意料之外，但整体可接受。我们当时认为经过这波急速拉升，市场处于一个非常危险的阶段，类似2007年10月的蓝筹股和2015年年中的创业板。又岂料这个判断还是被打脸，市场在高位横盘四个月后又再次拉升，此后才崩盘。

对于这波拉升，市场有诸多解释，其中一个就是流动性极度宽裕。事实上，央行并没有像美联储那样进行无限量化宽松，这一点从债券利率的回升就可以看出。

如图4-36所示，年初10年期国债到期收益率在4月上旬接近2.5%，但随后逐步回升，下半年就步入3%的正常水准。因此，从宏观流动性的角度来看，中国并未出现"流动性泛滥"，这一点和美股的回升完全不同。

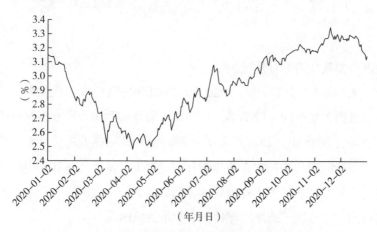

图4-36　2020年10年期国债到期收益率曲线
资料来源：同花顺，作者整理。

那到底是什么因素导致这波飙升？我在前文提过，流动性分为三个层面。宏观流动性只是一部分，还有一部分是微观流动性，即A股本身的成交量、换手率、开户数、基金申购等数据。仔细分析这些数据就能得到答案，图4-37统计了2018—2022年股票型和偏

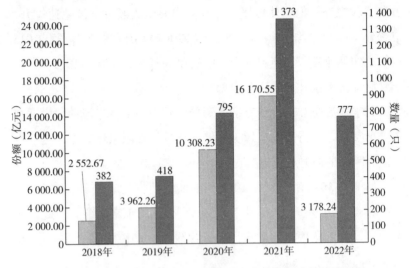

图4-37　2018—2022年股票型和偏股混合型基金的发行情况

资料来源：同花顺，作者整理。

股混合型基金的发行情况。

从图4-37可以看出，2020年和2021年的基金发行量很大，这也是机构大发展的关键两年。2020年，股票型和偏股混合型基金的发行量比2018年、2019年多了一倍，份额更是翻了几番，而这些流入市场的钱都被配置在茅指数和宁组合上。由于茅指数和宁组合的市值极大，它们的上涨也拉动了指数，都说"抱团"是熊市才有的行为，而这次"抱团"却抱出了牛市的氛围。

这才是这波股市飙升的根本原因，与"海量放水"带来的美股流动性飙升完全不同。由于微观流动性是同步甚至滞后指标，无法提前推断布局，这一点与宏观流动性不同，因此很多人说的"基于流动性宽松投资这波行情"实际上并不容易判断。盈亏同源，在2020年大获其利的大多数投资者也难逃2021—2022年的厄运，这本是一枚硬币的两个方面。

这段时间还有两个事件值得提及：一个是4月21日，西得克萨斯中间基原油（WTI）5月原油期货报价竟然跌至负值；另一个是6月12日科创板发行一年之际，创业板也迎来了全面注册制。

7月中至11月底的横盘

7月中旬至11月底，主流指数涨跌不大，处于高位横盘的状态，但宁组合和茅指数又涨了19%和10%，此时宁组合已经完全脱离了茅指数，成为这个市场上最热的一批股票。宁组合和茅指数的关系有点像当年上海滩的杜月笙和黄金荣，杜月笙原先依附于黄金荣，后来平起平坐，最终后来居上。

在这个过程中，除了茅指数和宁组合表现突出，还有一些股票非常亮眼，比如荣盛石化、卫星化学和中远海控等。其中以中远海控最为耀眼，这只股票在我入行的时候曾经荣耀一时，后来随着波罗的海指数和航运股的回落逐步沉寂，股价从2007年高峰的近40元跌至2020年年中不足2元。可即便如此，经过近14年的调整，借着疫情周期归来、戴维斯双升，股价直接翻了10倍，这就是周期股的魅力。我在前文提到，2016年以后，这种"周期归来"的现象越来越多。航运股是继白酒、工程机械等行业后的又一个，之后还有煤炭、银行等行业。

11月3日，蚂蚁金服暂缓上市，市场一片哗然。要知道蚂蚁金服上市酝酿已久，这本是当年科创板的年终大戏，蚂蚁概念股更是被炒过几轮，但临门一脚却戛然而止。蚂蚁的整改只是序曲，11月10日国家市场监察总局发布了《关于平台经济领域的反垄断指南（征求意见稿）》，开始对平台经济进行调控，而这对中概股和港股的科技股影响巨大。

事实上，2015年年中至2016年年初的三轮"股灾"终结了创业板牛市，但并未中断移动互联网的红利。相反，由于渗透率的提升、商业模式的成熟，出现了一批互联网巨头，包括腾讯、阿里、京东、美团等。从2016年"熔断"后到2021年春节前，中概股演绎了一轮大牛市，走出了很多家喻户晓的牛股。但从2020年11月开始，这轮牛市也走到了尽头，移动互联网的红利燃尽，中概股迎来了一场浩劫。2021年2月—2022年10月，中概股以及恒生科技指数都经历了75%左右的下跌，绝对又是一次泡沫出清（见图4-38）。此为后话，容后再叙。

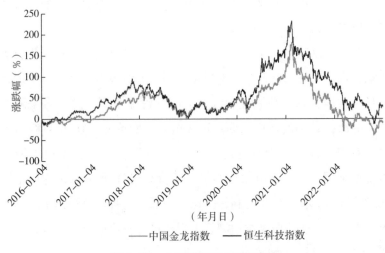

图4-38　中概股和恒生科技走势

资料来源：万得资讯，作者整理。

12月初至次年2月10日的再次拉升

从2020年12月开始，市场进入新一轮飙升。这种情况在2013年年底和2017年年底都出现过，说白了就是当年的胜者得到资金，进一步加仓原有组合的结果。2013年投资创业板和成长型股票的选手跑赢，于是创业板指数从2013年12月到2014年春节前涨了20%；2017年投资上证50成分股和白马股的选手获胜，于是上证50指数在2018年年初出现了19连阳。同样，2020年的两次V形反转使茅指数和宁组合风光无限，这些选手几乎拿走了市场上所有的钱，促使这些股票的价格进一步飙升。

为什么这种情况总是发生在12月初而结束于春节前？这个与公募基金的考核机制以及中国的假期制度有关。据我所知，很多基金公司都在11月进行年度考核，这样可以给新人预留一个月的调仓时间。经过11月的考核，老人被淘汰，新人被重用，资金向当年的胜者聚集。而中国的春节和十一是两个长假，行情往往会在这两个假期后发生突变。这就是2013年、2017年和2020年年底"冬季躁动"的根本原因。

从2020年12月到2021年春节前，宁组合和茅指数分别涨了54%和36%。经过这轮飙升，茅指数和宁组合的许多成分股都处于极度泡沫的状态（见表4-15）。

表4-15列出了50只茅指数和宁组合的主要成分股在2019—2021年的最高估值，而这些高估值大部分出现在2021年2月。这里面的很多"高估值"都令人瞠目结舌，以茅台为例，2001年上市至今已经有20多年的历史，经历了两轮周期，其平均估值有一定的参考意义。从图4-39可以看出，茅台的P/E在2007年10月曾经达到100倍，但那个时候其市值和利润还小，并且整个市场处于极度泡沫的状态。随着利润变大、市值增长，茅台的估值中枢也随之下移，可谁能想到在500多亿元利润、3万多亿元的市值下茅台还能达到70倍P/E，这显然是严重的泡沫。

同样的情况也出现在宁德时代上，其顶峰估值达到177倍P/E、

22倍P/B。虽然当时新能源汽车的渗透率在快速提升，但这种估值还是令人咋舌，不亚于历史上任何一次泡沫。以终极思维来计算，即便新能源汽车的渗透率达到50%，即便那个时候宁德时代的市占率仍有50%，也配不上这种估值。

表4-15 茅指数和宁组合成分股的最高估值

股票名称	最高P/E	最高P/B	股票名称	最高P/E	最高P/B
中微公司	663.2	39.3	山西汾酒	129.1	40.6
赣锋锂业	636.2	18.5	智飞生物	111.7	41.9
韦尔股份	408.1	24.9	海天味业	109.8	38.0
爱美客	336.8	39.8	恒瑞医药	104.8	20.8
金山办公	328.1	33.1	顺丰控股	96.0	9.5
北方华创	323.4	30.4	泰格医药	95.5	19.4
斯达半导	290.3	58.3	汇川技术	93.5	18.5
康泰生物	289.1	30.9	歌尔股份	92.5	9.0
比亚迪	286.0	13.7	迈瑞医疗	90.3	27.2
通策医疗	252.5	57.9	长春高新	87.9	22.2
科沃斯	232.9	41.0	东方财富	84.4	10.3
中芯国际	220.8	6.3	福斯特	77.8	16.4
爱尔眼科	217.8	39.1	恒立液压	77.2	23.6
中国中免	209.2	33.9	泸州老窖	76.6	19.9
华熙生物	199.3	29.0	立讯精密	72.9	18.4
宁德时代	177.9	22.1	晨光股份	72.4	17.5
昭衍新药	174.5	32.5	贵州茅台	70.0	20.3
三安光电	159.1	6.9	五粮液	67.0	15.6
片仔癀	154.0	35.0	石头科技	64.5	13.3
药明康德	152.8	15.0	隆基绿能	55.9	13.5
恩捷股份	150.0	23.0	海康威视	48.2	12.4
凯莱英	141.0	19.5	万华化学	45.0	9.3
阳光电源	136.8	22.0	三一重工	44.9	7.2
金龙鱼	131.0	9.4	东方雨虹	44.5	9.1
亿纬锂能	130.1	16.5	伊利股份	44.4	10.3

资料来源：同花顺，作者整理。

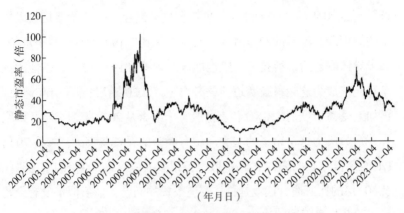

图 4-39　茅台的历史 P/E

资料来源：同花顺，作者整理。

● 全年 总结及感悟

2020 年是茅指数和宁组合泡沫化的一年，但这种泡沫化与 2007 年的周期蓝筹股、2015 年的创业成长股不同，它并没有引发整体市场的大牛市，反而导致其他股票被进一步抽血。

剔除 2020 年当年上市的新股，全市场共有 3 673 只股票，全年上涨的股票只有 1 994 只，占 54%，而两市的中位数涨幅仅 3.3%。这种数据乍一看够不上牛市，与 2006 年、2007 年、2009 年、2015 年都无法比拟。但就是这么一个年份，股票型和偏股混合型基金的中位数达到了 60%，排在过去 20 年的第四位，仅次于 2006 年、2007 年和 2009 年，这一切都是"抱团"的结果。

2020 年除了茅指数和宁组合泡沫化，更重要的是宁王彻底独立。我在前文说过："2013 年以后，成长股挖掘一开始是传统的消费成长股，慢慢向更虚幻的互联网赛道转移。"从 2019 年的"茅氏封神"到2020年的"宁王独立"也符合这一路径,一开始茅指数以传统的周期股、消费股和金融龙头股为主,到2019年8月"自主可控"和半导体崛起后,科技龙头股也加入。到了2019年12月,新能源汽车和光伏成为这轮科技赛道的核心力量,2020年7月军工开始飙升,再加上受益于疫情的CXO和疫苗股,宁组合从2020年下半年开始取代茅指数成为这个市场的主力。稍有经验的投资者都无法接受70倍P/E的茅台和100倍P/E的酱油股,但很多人能容忍200倍的宁德时代及300倍的比亚迪,这就是科技赛道投资的问题,估值似乎没有天花板。因此想要更加"泡沫化",茅指数让位宁组合是一种必然。

2020年我对以下几件事情感触颇深。

中国经济的韧性

从第二季度开始,中国经济迅速恢复,全年实现正增长。相对于全球真是一枝独秀。这一切都源于中国经济的韧性。虽然我们在此后两年经历了地产回落,疫情反复,GDP增速下降到3%,但整体的中枢仍然有5%左右,这一点在当前的世界非常难能可贵。

我们曾经在2012年6月28日《行业比较思考》第8篇对全世界诸多经济体的长期经济增长、企业盈利及股市反应做过研究,发现战后很多经济体都出现过经济降速,其中以日本为典型(见图4-40)。

如图4-40所示,日本经历了两次经济下台阶,分别是20世纪70年代和90年代。20世纪60年代末70年代初,日本的人口红利由盛转衰,同时石油危机导致能源成本大幅上行,日本传统重化工业受到影响。在双重影响下日本经济下台阶,增长中枢从之前的10%左右下移到5%左右。1990年年初,随着房地产泡沫的破灭,日本经济在短时间内下台阶,此后20年间经济增长中枢下降到0~2%。

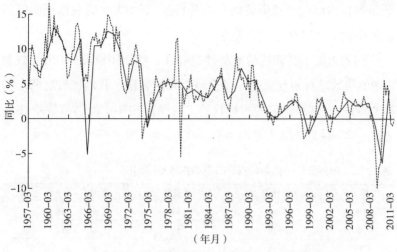

图4-40　日本战后GDP同比增速走势

资料来源：万得资讯，作者整理。

　　同样，美国也存在GDP增速下降的现象，以1982年为界，前40年美国经济的平均GDP增速是8%，而后40年的平均GDP增速降到4%。但美国股市真正爆发是在后40年，道琼斯工业指数从1 000点涨到30 000多点，所以股市和经济的走势并非亦步亦趋。

　　中国经济增速从2011年开始降低，经历了10年时间，最后还碰到了百年一遇的疫情，一次性出清。如果真能在5%左右的位置横住，结束10年增速降低的过程，那对股市的上涨无疑是非常重要的。或许会重现美股"前后40年"的对比，即在前面GDP增速8%的水平下涨幅不大，但在后续4%的位置上迎来大牛市。

价值因子的至暗时刻

　　2020年，茅指数和宁组合泡沫化，而另外50%的股票却在下跌，低估值的股票被不断吸血。无论是西格尔的《投资者的未来》

还是奥肖内西的《投资策略实战分析》，都用大量的数据证明低估值策略在全世界范围的有效性。

回到A股，其实这种有效性也存在，我们用申万低P/B指数和高P/B指数进行对比，这也是全球惯用的方法。我们比较这两个指数2000—2022年每年的相对收益，发现这23年中低估值策略16胜7败，胜率接近70%（见表4–16）。

表4–16　申万低P/B指数和高P/B指数的收益率对比

时间（年）	低P/B指数（%）	高P/B指数（%）	低P/B–高P/B（%）
2000	61	44	18
2001	–19	–31	12
2002	–18	–19	1
2003	7	–20	27
2004	–17	–32	15
2005	–15	–10	–5
2006	106	108	–2
2007	225	152	73
2008	–58	–61	3
2009	105	68	37
2010	–20	14	–34
2011	–16	–32	17
2012	12	5	6
2013	–6	17	–23
2014	72	8	64
2015	10	58	–48
2016	–5	–30	25
2017	12	–10	22
2018	–20	–30	10
2019	14	59	–44
2020	–5	68	–74
2021	5	4	1
2022	–7	–26	19

资料来源：同花顺，作者整理。

从表4-16可知，低P/B指数很少连续两年跑输，更不会连续两年大幅跑输。2019年低P/B指数跑输44%，这在历史上已经非常罕见，仅次于2015年。可就在这么一个极致的基础上，2020年居然又跑输了，并且一下子跑输了74%。可见，站在2020年年底，价值因子是怎么一个至暗时刻。

其实，不单单是A股，美股更是极致。奥肖内西的《投资策略实战分析》用1926—2009年的数据实证检验了美股的各种策略，最终发现价值策略最好。因为以每5年为周期，价值因子只有1995—1999年跑输，胜率达到98%。但如果这本书出第5版，数据更新到2021年，不知又是什么结论？因为2006年7月—2020年9月，美股的价值因子连续14年跑输，中间只有短暂的反复。这14年远远超过20世纪90年代的那5年，是过去100年没有见过的。所以虽然A股的价值因子也远远跑输，但和美股比起来还是小巫见大巫。

这么极致的行情在奥肖内西的书中没有体现，因为这本书的数据从1926年开始，但是我们在耶鲁大学的论文集中找到这么一张图（见图4-41），发现1904年之前美股的价值因子居然也有14年跑

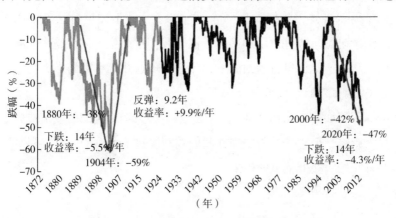

图4-41　1872—2020年美股价值因子的表现
资料来源：耶鲁大学论文集，作者整理。

输，并且幅度与过去14年差不多，不知道是出于巧合还是有某种内在逻辑。

从图4-41可以看出，100多年前，美股的价值因子连续14年跑输，但此后9.2年以年均9.9%的收益率跑赢。不知道这次是否还如此？2020年7月以后，美股的价值因子又开始跑赢，巴菲特重新战胜木头姐（Cathie Wood）。而A股的低P/B指数也在2021年春节后持续跑赢高P/B指数，这次钟表是不是真的要回摆了？

投资需要坚守

2020年对我们来说是非常煎熬的一年，因为我们在这一年远远跑输市场水平。我们从3月开始看空，后面也没有加仓回来，因为我们的投资框架实在无法接受50倍P/E的茅台和几百倍P/E的宁德时代。

建立投资框架很难，坚守投资框架更难，因为任何一种投资框架都不能驾驭所有的行情。经过了多年的探索，我们最终打造的框架偏价值投资，而价值因子在那两年经历了最残酷的考验。

很多时候，我们都是平静地过日子，并不知道自己处于历史的哪个阶段。或许过了很多年，回顾我们这一生，回溯整个A股历史，写一本类似奥肖内西的书，才会发现这几年有多异常，在这两年坚守有多难。

不管如何，2020年我们坚持过来了，虽然对我们的业绩造成了很大影响，但正是这份坚守让我们顺利度过了此后的"茅宁陨落"，并且开始收获低估值的硕果。

— 2021—2022年 —
茅宁陨落

本节的写作与前面不同，前面都是单年成节，而本节是描述2021—2022年两年的行情。之所以这么安排有以下两个原因。首先，从写史的角度讲尚未尘埃落定。不知哪位历史学家说过："没有古代史，只有现代人眼中的古代史。"因此为了保证客观性，历史需要发生一段时间后再回顾。本书起笔于2022年年末，在我眼中2021年和2022年还不像前面年份那么"清晰"，很多判断尚待时间检验。其次，与前两次不同，茅宁陨落的过程比较漫长，需要把2021年和2022年连起来看。

本节的写作也不像前面那样着重细节和"大事记"，而是强调脉络和逻辑。

行情的演变：茅宁陨落

我们统计了14个主要指数2021—2022年两年的涨跌幅，发现低价股指数和红利指数表现最好，宁组合次之，茅指数及绩优股指数表现较差（见图4-42）。从时间的维度看，2021—2022年的行情大致分为以下几个阶段（见图4-43）。

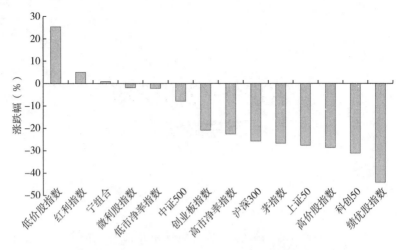

图 4-42　2021—2022 年 14 个主要指数的涨跌幅

资料来源：同花顺，作者整理。

阶段一：2021 年初至 2021 年 3 月 24 日的 A 形走势

延续 2020 年年底的涨势，春节之前茅指数和宁组合分别涨了 18% 和 24%，达到了泡沫顶峰。春节之后，风云突变，茅指数和宁组合成分股大幅回撤，到 3 月 24 日非但回吐了当年所有的涨幅，还分别跌了 10% 和 12%。回头看，茅指数的高峰就在 2021 年 2 月 10 日，而宁组合的顶点在 2021 年年底才达到。

阶段二：2021 年 3 月 25 日至 2021 年 12 月上旬

3 月 25 日市场见底回升，到 5 月底茅指数修复了一半，宁组合创出新高。此后半年市场极致分化，茅指数又陷入熊市，而宁组合不断攀升。从 5 月底到 12 月上旬这半年，是"罢黜百家、独尊宁王"的时代，宁组合彻底取代茅指数成为市场的引领者。

其实"茅"和"宁"的估值高点都出现在 2021 年春节，宁组

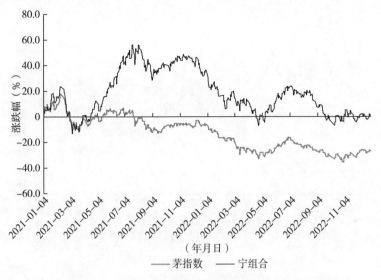

图4-43　2021—2022年茅指数和宁组合的走势

资料来源：万得资讯，作者整理。

合的股价之所以能延续到年底纯粹是因为其强大的盈利能力。以新能源汽车为例，2021年的渗透率提升至25%，当年增速达到170%，在这么强有力的数据的支撑下，即便估值回落，股价也能继续前行。这是宁组合比茅指数晚陨落半年的根本原因（见图4-44）。

阶段三：2021年12月上旬至2022年4月25日

这个阶段泥沙俱下，"茅宁"都大跌，茅指数有效跌破2021年3月低点，宁组合也抹去了之前的所有涨幅。这个阶段利空频出，如国际摩擦、美联储加息等，市场悲观情绪持续。2022年是我从业20年的第四大熊市，但2022年也就下跌了这四个月。

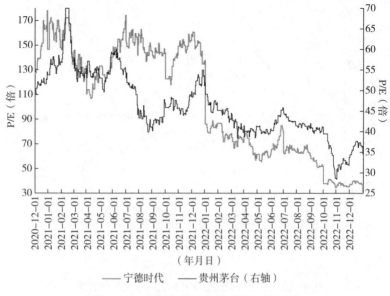

图4-44 贵州茅台和宁德时代的P/E走势

资料来源：同花顺，作者整理。

阶段四：2022年4月26日至2022年10月31日

这半年整体横盘，但波幅较大。4月底悲观情绪得到修复，茅指数和宁组合开始反弹，宁组合的修复幅度更大。宁组合的这波修复类似茅指数在2021年3月底至5月底的反弹，收回近半失地，但无法创出新高，同时储能等边缘领域的上涨幅度远大于宁德时代等老龙头股的幅度，这其实是典型的"熊市反弹"特征（见图4-45）。

反弹持续了两个多月，到6月底高位横盘，7月中重回跌势，十一长假之后跌势加速，以茅指数为主。如图4-46所示，2022年10月单月，茅台跌了27.9%、招商银行跌了20%、上证50指数跌了12%，这在历史上都是很极致的单月跌幅。

在这波杀跌中，最值得关注的是低估值指数，申万的低P/E指数和低P/B指数都破了2018年的盘中低点（见表4-17）。

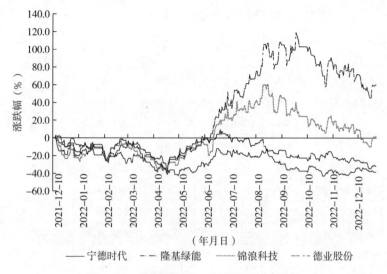

图4-45 储能创新高，老龙头股风光不再
资料来源：同花顺，作者整理。

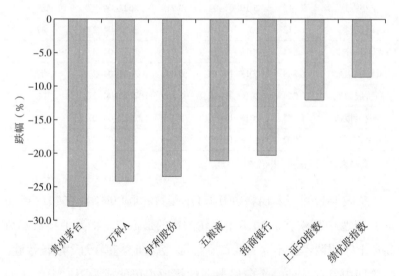

图4-46 2022年10月白马股龙头单月跌幅
资料来源：同花顺，作者整理。

表4-17　2022年低点和2018年低点的比较

	上轮低点（点）	上轮低点日	本轮低点（点）	本轮低点日	距离上轮低点（%）
低P/E指数	5 725	2019-01-04	5 268	2022-10-31	-8
低P/B指数	5 096	2018-10-19	5 069	2022-10-31	-1
上证50	2 249	2019-01-04	2 288	2022-10-31	2
红利指数	2 401	2018-10-19	2 546	2022-11-01	6
微利股指数	1 536	2018-10-19	1 750	2022-04-27	14
上证指数	2 441	2019-01-04	2 864	2022-04-27	17
沪深300指数	2 936	2019-01-04	3 496	2022-10-31	19
中证1000指数	4 066	2018-10-19	5 165	2022-04-27	27
绩优股指数	4 498	2018-10-30	5 808	2022-10-31	29
中证500指数	3 949	2018-10-19	5 158	2022-04-27	31
亏损股指数	1 773	2018-10-19	2 359	2022-04-27	33
中小综指	7 112	2019-01-04	9 913	2022-04-27	39
深证综指	1 212	2018-10-19	1 725	2022-04-27	42
高P/E指数	584	2018-10-19	911	2022-04-27	56
低价股指数	6 388	2018-10-19	10 007	2022-04-27	57
高价股指数	2 066	2019-01-04	3 469	2022-04-27	68
创业板指数	1 185	2018-10-19	2 122	2022-04-27	79
高P/B指数	902	2018-10-30	1 773	2022-04-27	97

资料来源：同花顺，作者整理。

从表4-17可以看出，申万低P/E指数和低P/B指数在2022年10月31日盘中都跌破了2018年那轮熊市的最低点，而其他指数都高高在上。所谓不破不立，我们在前面"周期为王"和"成长致胜"的轮回中发现，前一个阶段最弱的指数很可能成为下一个阶段的王者。2005—2009年最强的是周期蓝筹股，最弱就是消费成长股。2010—2015年最强的是消费股和互联网股，最弱就是白马股和蓝筹股。因此，在2018—2022年这五年最弱的低估值股，会不会也成为下一轮的王者？

阶段五：2022年11月至2023年4月底

本书初稿完成于2023年5月中，因此复盘时间截至2023年4月。从2022年11月初到2023年4月是最后一个阶段，该阶段最大的特征就是申万低P/B指数跑赢了所有主流指数及行业指数，成为最强的一个方向（见图4-47）。因此，上述规律能否成立？低估值能否引领未来几年的股市方向？只有留待时间检验。

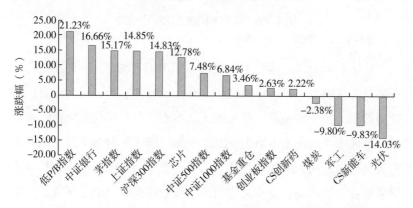

图4-47　2022年11月至2023年4月主流指数和行业的涨跌幅
资料来源：同花顺，作者整理。

上文以时间轴为复盘维度，鉴于这两年的复杂行情，主线和旁支交错，我们需要从以下三条线索分别论述，才可以把行情剖析得更清楚。

（1）茅指数和宁组合的陨落。两者达到高点的时间不同，我们通过调整时间轴，可以更加明晰地知道它们的下跌节奏。以2021年2月10日为茅指数的T0时刻，而将宁组合的T0时刻设为2021年11月11日，则经调整后茅指数和宁组合的收益率曲线如图4-48所示。

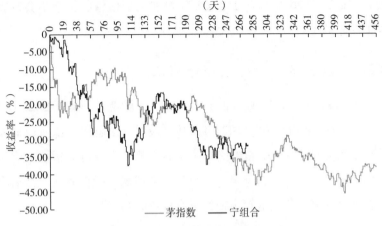

图4-48 调整时间轴后的茅宁陨落

资料来源：万得资讯，作者整理。

从图4-48可知：茅指数已经步入熊市第三波下跌，而宁组合还在第二波杀跌中。茅指数的高点出现在2021年春节，节后的迅速杀跌为熊市的第一波杀跌，此时既无基本面因素，又快速突然，难以区分是熊市开始还是牛回头，因此在2021年3月24日下跌结束后投资者又习惯性买入茅指数，认为这是一个牛回头的机会。这种买入使茅指数迅速回升，很多边缘的消费股和医药股都创了新高，这就是熊市的第一波反弹，力度很大，品种类似，并且扩散到边缘品种。经过两个多月的反弹，茅指数进入熊市的第二波杀跌，这轮杀跌幅度更大、时间更长，伴随着基本面的恶化。从2021年6月到2022年4月将近一年的时间内，茅指数的各成分股相继陨落，很多跌幅都在50%以上。2022年4月底至6月底，茅指数也有所反弹，但力度完全不及宁组合，已经沦为替补。从2022年7月开始，茅指数步入第三波杀跌，一般而言第三波杀跌的时间会很漫长，并且随着信仰崩塌，中间的跌幅会很大，2022年10月单月暴跌就是明证。

反观宁组合，直到2021年11月中才真正见顶，第一波杀跌发生在2021年11月至2022年4月底。由于宁组合的商业模式,公司质地和投资信仰均不如茅指数,再叠加那段时间的"黑天鹅",宁组合的第一波杀跌无论是幅度还是时间都大于茅指数。同样,2022年5—7月,宁组合也迎来了熊市的第一波反弹,与2021年4—6月的茅指数类似,快速修复,品种驱动,边缘涨更多。从2022年8月开始,宁组合也步入熊市第二波杀跌,这轮杀跌更加漫长、幅度更大,并且有基本面的利空因素助推。

综上所述,我们认为当前茅指数处于熊市第三波,而宁组合还在第二波中沉沦。

(2)中概股和恒生科技指数的出清。与茅指数和宁组合的高点类似,中概股和恒生科技指数的高点也出现在2021年的春节前。与茅宁陨落的慢节奏不同,它们的下跌完全符合泡沫崩盘的正常节奏。2021年2月10日—2022年10月24日,中概股(以纳斯达克中国金龙指数为代表)跌了77%,恒生科技指数跌了72%(见图4-49)。虽然

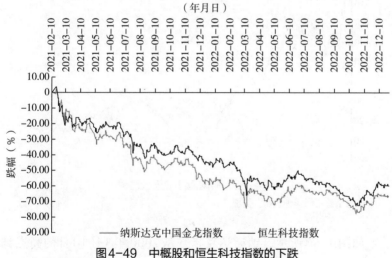

图4-49 中概股和恒生科技指数的下跌

资料来源:同花顺,作者整理。

很多国内的投资者不投资这些标的，但中概股的崩塌是这两年绕不过的话题，对茅宁陨落也有着深刻的影响。

基于产业的浪潮，即便出现了巨幅泡沫，也不会推倒重来。一般而言，代表性指数跌幅超过70%时泡沫大概率已出清，此时是机会而非风险。因此，在2022年10月底仿佛天都要塌下来时，反而可以变得贪婪。

果然，从2022年10月24日到2023年春节前，中概股和恒生科技指数都大幅反弹，一度有80%之多。此时，很多人都认为没有风险了，指数的底部已经出来，后续可以大举做多。这种看法到底对不对呢？让我们回顾一下当年科网泡沫破灭全过程（见图4-50）。

图4-50 科网泡沫破灭全过程

资料来源：同花顺，作者整理。

如图4-50所示，纳斯达克指数从2000年3月10日的高点到2002年10月9日的低点共跌了78%，历时两年半。在这个过程中，有一个迷惑点，就是2001年9月21日，此时指数已经从高位下跌71.8%，时长一年半，很多人认为这就是最低点。从逻辑的角度看，确实很难辩驳，事后看纳斯达克指数一年后真正见底也就多跌了300点。只能说，从经验的角度看，之前这么大的一个泡沫很难一年多就调整完毕，因为调整时间不够。如果你真是在1 423点时买了指数，跌到1 114点也不过亏损22%，但很多人在1 423点不敢买股票，是后续三个月指数大涨50%的过程中才重仓入场的，那损失就很大了。

回到中概股和恒生科技指数，我们确实暂无明确证据论证2022年10月是不是"最终底"。但我们认为在那个位置下注风险不大，可问题是很多人直到2023年年初才变得积极，那个时候指数已经反弹很多，风险已经累积了。

此时有两种可能。其一，与当年的纳斯达克一样，熊市的时间不够，指数还要再创一个新低，即便这个新低与2022年的低点相近，投资结果也会比较惨。其二，指数不再新低，但出现回踩，这会使2023年年初才加仓的人也承受较大的压力。以恒生科技指数为例，2022年的全年跌幅是27.19%，可如果2023年再回踩2022年10月低点，则2023年的跌幅是32.1%，超过2022年的全年的累计跌幅。

（3）低估值股的默默崛起。虽然申万低P/B和低P/E指数在2022年10月31日破了2018年的新低，但实际上2021年以来，特别是春节后，低估值指数是跑赢高估值指数的。2021年申万低P/B指数上涨5.3%，高P/B指数上涨4.4%，低估值指数跑赢高估值指数0.9个百分点；2022年低P/B指数下跌7.08%，高P/B指数下跌25.8%，低估值指数又跑赢高估值指数18.72个百分点；2023年前四个月低P/B指数上涨9.9%，高P/B指数下跌4.3%，低估值指数跑赢高估值指数14.2个百分点。因此，从2021年到2023年4月近两年半时间，低估值指数已经跑赢高估值指数30多个百分点，非但有相对收益，还有绝对收益。从行业指数上，也是如此。图4-51统计了申万一级31个子行业从2021年年初到2023年4月的涨跌幅，在排名前12位、有正收益的行业中，除了综合和电力设备，基本属于低估值的领域。在这些领域中，有些是多年不涨、估值处于历史相对低位的行业，如通信、传媒等，而更多是强周期股，如煤炭、有色、石化、建筑等。这个趋势已经持续两年半，跨越诸多行业，不容忽视。

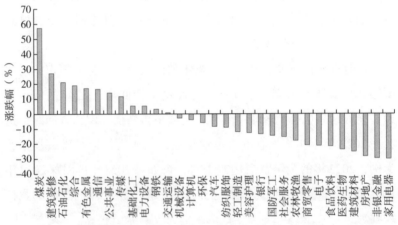

图4-51　申万一级31个子行业2021年年初至2023年4月的涨跌幅
资料来源：同花顺，作者整理。

2021—2022年，低估值股崛起的一个标志性事件就是煤炭股重新变成香饽饽。如果说2016年的白酒股具有消费属性，之后的三一重工、万华化学、海螺水泥和中国重汽都沾了行业龙头股的光，2020年的航运股受益于疫情，那2021年以后煤炭股的崛起纯粹是周期股的回归和逆袭。

煤炭是2005—2009年最具备代表性的行业，人们将其和中国经济高增长时期联系在一起。随着经济增速下降，这个行业的估值也逐渐降低，我们以1998年上市的兖矿能源的P/B走势来诠释整个过程（见图4-52）。

图4-52　兖矿能源的P/B变动

资料来源：同花顺，作者整理。

从图4-52可以看出，兖矿能源的P/B从2005年到2007年迎来了一波飙升，牛市高点超过6倍；从2011年开始系统性回落，到2021年年初接近0.7倍，大约只有巅峰的1/10；然后王者归来，从2021年年初到2022年9月，P/B提升至3.6倍，股价更是涨了6倍。这种涨幅相对于茅指数和宁组合的核心股票都不遑多让。

兖矿能源的估值及股价变动，非但代表了整个煤炭股的走势，也是整个低估值股及强周期股的缩影。如果连煤炭这种常年被遗忘的周期股都可以这么涨，并且还有扎实的基本面，而非纯炒主题，那还有什么低估值股不能涨？

我们在前文讲过，2016年以后有越来越多的传统周期股回归，股价表现非常亮眼，煤炭股只不过是其中一个。在这之前有白酒股和工程机械股，在这之后也会有其他。但是我们比较了白酒股、工程机械股和煤炭股的修复路径，发现很有意思（见表4-18）。

表4-18 贵州茅台、三一重工和中国神华的估值及ROE比较

	贵州茅台		三一重工		中国神华	
	P/B均值（倍）	ROE（%）	P/B均值（倍）	ROE（%）	P/B均值（倍）	ROE（%）
2012-12-31	8.62	38.97	4.29	24.70	2.09	18.83
2013-12-31	4.95	35.51	2.80	12.16	1.49	16.77
2014-12-31	3.73	28.73	1.84	2.98	1.07	12.61
2015-12-31	4.45	24.25	2.78	0.61	1.25	5.51
2016-12-31	5.36	22.94	1.82	0.90	0.99	7.27
2017-12-31	7.83	29.61	2.46	8.21	1.39	14.94
2018-12-31	9.02	31.20	2.44	19.43	1.34	13.38
2019-12-31	10.14	30.30	2.83	25.23	1.13	12.29
2020-12-31	12.86	28.95	3.81	27.28	0.93	10.87
2021-12-31	14.83	27.68	4.29	18.89	1.10	13.34
2022-12-31	11.98	31.75	2.32	6.58	1.55	17.68

资料来源：同花顺，作者整理。

我们选取了白酒、工程机械及煤炭的三大龙头股，统计了它们2012—2022年这10年每年平均P/B和年度ROE的数据。茅台的景气度拐点在2016年，但估值在2014年就见了低点；三一重工的景气度拐点在2015年，但估值在2016年才见底；中国神华的景气度拐点同样在2015年，但估值一路杀到2020年。股价的反应有时候提前，有时候滞后，到底取决于什么？我认为在很大程度上是

偏见。对于茅台和白酒股，虽然2013—2015年遭遇三年景气度下降，但投资者始终喜欢其消费属性和商业模式，估值提前于景气度修复；对于工程机械股，市场始终将其与固定资产投资联系在一起，觉得中国基建项目日益饱和，所以即便景气度恢复，估值也不能同步修复。至于煤炭股，那真是最不受投资者待见的板块之一，从2016年供给侧结构性改革以后，景气度明显得到修复，但估值还是下降。

不管如何，万物皆有周期，只要站在周期的角度客观对待景气度归来，股价总会兑现，煤炭股在2021—2022年的王者归来完美阐释了一句话："价值只会迟到，但不会缺席。"

行情的逻辑：价值回归

中概出清、茅宁陨落、低估崛起，其背后的深层次逻辑是什么？一言以蔽之，价值规律使然。在这里我们需要回答两个问题。其一，本轮行情的内在逻辑是什么？其二，本轮行情有什么特殊之处？

本轮行情的内在逻辑

本轮行情的内在逻辑是价值规律，而价值规律就是回归，在永续的基础上"高了就要跌，低了就要涨"。即便有时候偏离得很厉害，但总归会回来。在茅宁共舞的时候，很多人认为这是永恒赛道，代表未来，无非是贵一点，其实"贵"就是价值投资最大的瑕疵。

很多人将茅指数比作中国版"漂亮50"，其实看看美股版"漂亮50"的经历就可以得到很多启发。有研究者做过统计，即便在1972

年12月泡沫高点买入，持有20年组合收益率也非常好。这里面很多公司后来成为家喻户晓的品牌，构成了美国文化的内核，所以投资"漂亮50"绝对是伟大的尝试。但即便是如此经典的投资，在中间也经历了巨大回撤，很多股票较高点跌去70%～80%，持有不动20年只是一种理论层面的假设。这里的关键显然不是公司基本面，而是股价太高了。我记得传奇投资人迈克尔·斯坦哈特在他的自传《我不是多头》中描述过他们做空"漂亮50"的经历，他说："办公室中弥漫着焦虑的气氛，因为我们在做空全美国，甚至包括全世界最好的公司，仅仅是因为其价格太贵。"事实上，索罗斯也是靠做空"漂亮50"赚了第一桶金，霍华德·马克斯则通过投资"漂亮50"的经历提升了其对价值投资的理解。

回到A股，当时这批消费股、周期股和金融龙头股确实优秀，它们经过了20多年洗尽铅华，成为中国经济的脊梁。再加上港股和美股中的那批中概股，这些公司无疑是很优秀的，但股价实在太高了，所以即便是腾讯，股价也是腰斩再腰斩。

反过来讲，2021年年初价值因子处于至暗时刻，许多股票经过近10年的调整而"周期归来"，股价总归会表现。

这一切的一切都是价值规律使然。

本轮行情的特殊之处

与2008年的周期股崩盘以及2015年的成长股破灭相比，这次的茅宁陨落实在太慢了。2008年12个月指数跌了70%，2015年在半年多内发生了三轮"股灾"，此后周期股和成长股就迅速瓦解了。但这次的茅指数和宁组合韧性十足，茅指数从2021年2月高点到2022年10月低点才跌了40%，宁组合从2021年11月到2022年10月最多跌了37%（见图4-53）。

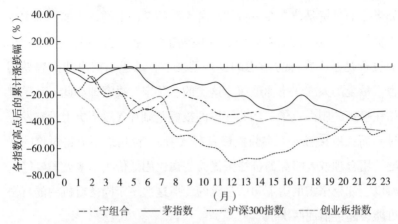

图4-53　茅宁陨落和当年周期股、成长股瓦解的对比

资料来源：万得资讯，作者整理。

为什么会造成这种结果？我觉得原因有以下两点。

（1）行情的基础太牢固。相对于前两次的行情，投资者对这次行情的认知基础要牢固得多。周期股牛市的基础在于宏观经济，当美国陷入次贷危机，全球合作的"金色魔环"被打破，行情自然就戛然而止；2013—2015年的互联网行情，参与的投资者本就不是很多，"互联网思维""不看报表和主业"这些与传统不符的思维严重挑战了一些投资者的底线，很多投资者只是被行情裹挟着前行，一旦舞曲结束就离开了。可这次不一样，这次的"茅"聚集了中国过去20年各行业最优秀的公司，这次的"宁"在日常生活中随处可见，它们确实有业绩、有高频数据、有产业逻辑，如果连这批公司都不投，那还能买什么呢？

所以还是回到格雷厄姆在几十年前就说过的那句话："在投资上，与一个坏的前提相比，一个好的前提可能会给投资者带来更多的麻烦。"巴菲特在2010年接受采访，被问及对2008年美国金融危机的反思时提及了这句话，他说他花了50年才理解这句话的内涵。

如果你的投资是建立在一些"较荒谬"的基础上的，比如一些主题投资，那一旦行情结束你肯定会抽身离去，损伤并不大；可一旦你的投资是建立在深思熟虑的良好基础上，那恐怕就没么容易割舍，最爱的人往往伤你最深。这次的"茅宁"投资即如此，几乎都站在投资的制高点了，如此深厚的投资基础在A股历史上没有发生过，而我所接触的大多数投资者都认为，"贵是最不值得讨论的问题，用合理或者略高的价格买优秀公司比用低价买一般公司要好"。所以，如果格雷厄姆那句话是对的，那这次茅宁陨落对机构的打击可能会超过前面两次。

（2）抱团之深，历史未见。每轮行情，最终机构的持仓都会聚集到某些股票上，但这次机构的抱团绝无仅有。我们统计了每个季度机构持仓前10%股票的市值占比，发现这次的集中度远远超过了2007年和2015年（见图4-54）。

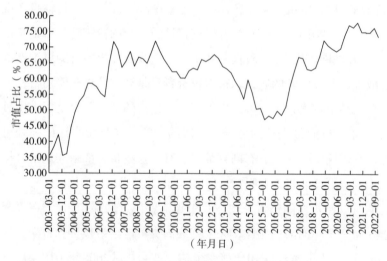

图4-54　机构持仓前10%股票的市值占比
资料来源：同花顺，作者整理。

那为什么要抱团呢？真的是英雄所见略同吗？我们来看看2021年6月11日《证券市场周刊》刊发的文章《合理投资目标的设定及心理建设（二）：同业排名目标和回撤目标》，文中有一个数据：2011年之前成立的股票型和偏股混合型基金延续至今的共有398只，其中只有一只连续10年每年排名前1/2，并且该基金还更换过两次基金经理。我没有核实过这个数据，但是如果这个数据是真实的，就揭示了一个残酷的现实：几乎所有的基金经理都面临业绩压力。据我所知，现在越来越多的机构实行两年考核制，就是会优化连续两年业绩排名后1/2的基金经理。按照上面的数据，如果一名基金经理在某年处于后1/2，那么第二年就会压力巨大，因为谁也不能保证后一年的市场风格不会更极致。因此，抱团就是一个现实但无奈的选择。

2021—2022年出现了很多奇怪的现象，比如茅指数和宁组合已经持续跑输、亏钱，但机构始终没有放弃，因为"买IBM亏了是IBM的问题，买别的亏了就是你自己的问题"；比如低估值区域已经不断有品种冒出来，但始终没有吸引机构的系统参与，因为这些股票根本不在他们的视野内，很多品种都没机构跟踪了。深度抱团延缓了茅宁陨落的速度，这在某种程度上类似当年德隆系的"三驾马车"，由于深度控盘使其跨越了熊市的大部分阶段，似乎在五界之外。

于是乎，2021—2022年市场陷入一种困局。一方面，泡沫已经进入破灭阶段，茅指数和宁组合的成分股从高点下来都跌了50%甚至更多；但另外一方面，为了维系抱团股而去牺牲其他品种，结果非抱团股被越抽越干，市场整体估值越来越低。产生这个困局的根本原因就是"抱团"，"庆父不死，鲁难未已"，市场要想迎来新的机会必须瓦解"抱团"才行（见图4-55）。

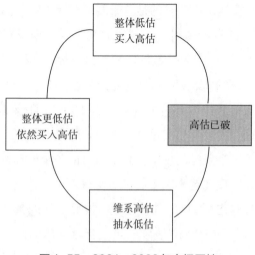

图4-55　2021—2022年市场困境

在这两年，我们是表现得极好的，我们并没有囿于主流的偏见。在低估值的领域内进行了深度挖掘，扭转了整个颓势。

第五章

寻找投资中的"不变"

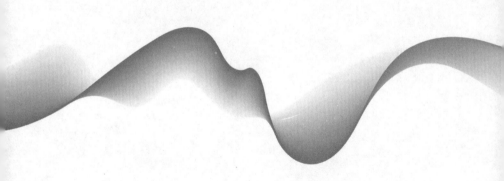

行文至此，总感觉心潮澎湃，过去20年这几千根K线浸润着我的投研记忆。那不是红色，也不是绿色，分明是青春的颜色。

过去20年，我们经历"周期为王"、"成长致胜"和"茅宁共舞"这三个阶段，每个阶段都强弱分明。但没有永远的强者，往往上个阶段还是最强的王者，下个阶段就沦为败寇，阴阳变换，寒暑易帜，如此一斑。

过去20年，我们见证了五轮牛熊，有2005—2008年和2013—2015年这样的大牛熊，也有2009—2012年、2016—2018年、2019—2022年这样的小轮转。如同一枚硬币的两个面，牛熊本相依，大牛衍生大熊，小牛对应小熊。每个牛市的顶部市场都一片乐观，但依然阻挡不了熊市的来临；每个底部市场都极度悲观，但希望总在那一刻产生。

过去20年，我们看到机构不断壮大，主流资金出现了两次大迁移。1998年就有了"老十家"，但直到2005—2007年机构才迎来第一次大发展，股票型基金的规模达到3万亿元。此后几年回调、徘徊，直到2015年才回到前一个高峰。真正的大发展反而是在2019—2020年的结构性牛市中，规模达到史无前例的8万亿元。

机构的力量越来越大，对市场的影响也更加明显，机构行为、重仓股变更成为投资者不得不关注的话题。过去20年，机构资金出现了两次系统性迁移，分别是2010—2012年从周期股到成长股、2016—2018年从创业板到"茅宁"。

过去20年，我们亲历了方法论的进化。2000年，无股不庄、技术分析大行其道；2003年，中金、国君和申万开始真正的基本面研究，三大报表和估值模型的时代到来；2005—2011年，投资时钟一统天下、宏观策略成为王道；2012—2015年，看重轻资产、讲究互联网思维、关心外延并购重组；2016—2020年，摒弃行业之见，一切唯龙头股是举。

过去20年，我们见识了人性的贪婪和恐惧。2007年10月，人们都说黄金10年，10 000点只争朝夕；2008年10月，百年一遇的金融风暴使人们感到万劫不复；2015年6月，人们兴奋于互联网改变人生，周期不再；2018年10月，人们担心国际摩擦……其实一切都是人性，恐慌并不比狂热更理性。如果你不懂得趋势，一夜就会血本无归；如果你不相信回归，终究会看不清趋势。波峰低谷，总有各种"伟大的故事"来证明事情会更加极致，很多人会相信这一次有所不同。这个时候，相信"伟大的故事"，还不如相信常识，天鹅并不总是黑的。

过去20年，涌现了很多青年才俊和明星经理。这是一个最好的行业，因为不管出身如何，只要努力、有才华，总归有发光的时候。你将永远与时代的脉搏互动，或许有一天，当你的同学泡上枸杞、端起保温壶，你还在为美联储的会议纪要熬夜。这同时也是一个最坏的行业，因为离钱太近、波动太大，所以极易浮躁。不少高材生，入行一两年就丧失了灵性、停止了学习，整天觥筹交错、八股行文。其实这行门槛很低，但需要持续学习，否则很容易被淘汰。

　　过去20年，经历太多，我们每天都有日新月异的感觉。但也会渐渐感觉很疲倦，如果真是"活到老、学到老"、每天追求新的变化，那非但辛苦，而且少有沉淀。所以，投资中有没有什么是不变的？

三个"不变"

经过很多年的思考，不断地抽象、提炼，我觉得有三个原则是不变的，分别是周期、估值和人性。

不变之一：一切皆周期

总有人将股票分为成长股和周期股，似乎两者对立。其实一切成长皆为周期，只不过由于商业模式不同，不同的行业周期长度不同。比如，平均3~5年就是一轮猪周期；白酒从2000年开始共经历两轮周期，2000—2012年为上升周期，2013—2015年是下降周期，2016—2021年重新上升，2021年至今又有所下降；而银行的周期就更长，20世纪90年代至今也不过1.5个周期，整个90年代随中国经济"软着陆"而下降，2000—2010年是黄金10年，2011—2020年这10年处理不良资产，2021至今从底部回升。

所以，花无百日红，当一个行业无限风光的时候，谁又能预料它也有门可罗雀的一天？这个世界没有永恒的赛道，只有永恒的周期思维。

那是什么因素在主导周期？教科书上有很多关于此点的阐述，

从我的视角看，主要有两点：需求释放的斜率和产能供给。一般而言，当一个行业渗透率快速提升时，需求释放比较快，此时容易催生泡沫，鸡犬升天；等渗透率到了一定程度，需求还在释放，但速度大幅放缓，此时开始杀估值，行业竞争加剧、集中率提升。一般而言，供给滞后于需求，当需求爆发时，供给往往跟不上，但此时企业肯定大造产能，为未来的供给集中释放埋下伏笔。于是，需求释放和产能建设两者的时间差，导致行业景气度的大幅波动。一开始，需求快速提升，供给跟不上，所以行业景气度前所未有地好，价升量不足；接下来，需求继续释放，但微观主体投入大量的资本开支，此时供给有所增加，但仍赶不上需求增加的速度，量价齐升；之后，随着渗透率达到一定程度，需求释放的速度有所放缓，而前期投入的资本开支开始变成大量产能供给，景气度开始下行。随后就展开残酷的价格战，去产能和企业破产退出，行业集中度开始提升。

回到本书，前文划分的三个阶段的主角都经历了这一过程。2005—2009年的周期股在地产和出口的双轮驱动下，需求极大释放，当时似乎有再多的供给都不是问题，大宗商品价格暴涨，所有周期股的估值都达到了令人瞠目结舌的地步。此后10年，城镇化率还在提升，但斜率已然放缓，盛世堆积的产能成为一种负担。后来在自身去产能的基础上再叠加国家强力的供给侧结构性改革，周期股才迎来第二春，整个过程大致花了10年时间。

同样的道理，2010—2015年在3/4G网络和智能手机的基础上，移动互联网的渗透率迅速提升，新颖的商业模式、高频的数据和频繁的外延扩展共同催生了一轮牛市。2015年下半年的三轮"股灾"使A股的互联网牛市终结，但国际市场上的中概股还在享受红利，直到2021年春节。

2016年以后，白酒股和一些周期金融龙头股率先结束了2011年开始的周期调整，焕发第二春，戴维斯双升都有近10倍的涨幅。新能源股在经历了前期的政策驱动和主题驱动后，于2017年进入渗透率迅速提升的过程。但同样，它们在最景气的那几年积累了大量产能，这些产能会在后面几年陆续出来，注定也是一场厮杀。

所以，世事变迁，道却不变，万物皆周期。

不变之二：估值终有效

很多人认为A股是一个新兴市场，只有趋势，没有估值。这种说法是错误的，以我多年的观察，估值因子在A股非常有效。A股的趋势确实很极致，但这种极致的趋势只是让钟摆离中点更远，并未阻止回归的发生。

很多人都相信股市能预见未来，比如1918—1919年大流感肆虐的时候美股是涨的，再比如英国股市在伦敦大轰炸前就见底了。对于这两个案例，我曾做过深度复盘，结论与主流观点不同。

对于第一个案例，在大流感肆虐的时候，美股确实是上涨的，道琼斯工业指数在1918年和1919年分别涨了10.51%和30.45%，因此很多人轻率地得出结论：疫情无碍股市上涨！但当我们把这段历史放在一个更大的背景下，就会发现这个结论值得商榷。1916—1921年，美股先跌后涨再跌，1916年和1917年分别下跌了4.19%和21.71%，经过1918年和1919年的上涨，1920年又跌了32.9%，1921年涨了12.3%，然后才是"喧嚣的20年代"。如果看日度数据，那一轮美股在1916年11月21日见到高点110.15点，然后一路跌到1917年12月19日的低点65.95点，几乎腰斩。然后又上涨到1919年11月3日的119.62点，再跌到1921年8月24日的低点63.9点。也就是说，在1918年行情启动前，美股处于65.95点的低位，这个位置在之前的20年只有1907年（就是摩根请求利弗莫尔不要继续做空那次）和1914—1915年（第一次世界大战）短暂跌破过。所以在大流感暴发前，美股处于历史低位。再结合美国那几年的经济情况，结论会更明显。1916—1922年美国的实际GDP增速分别是13.9%、–2.5%、9%、0.8%、–0.9%、–2.3%和5.6%，几乎与那几年的股市走势一一对应。1917年股指暴跌21.71%是因为经济负增长2.5%，而1918年和1919年的股市上涨是因为经济上涨9%和0.8%，之后经济增速又再度回落，直到1922年以后的繁荣。因此，粗略复盘，我们就会发现1918年和1919年的美股上涨根本不是不惧病毒，而是另外两个原因：美国股市处于历史低位且经济繁荣，所以估值还是起了决定性作用。

对于第二个案例，我没有办法找到当时英、德具体的股票指数，当前的英国富时100和德国DAX30都是第二次世界大战以后才有，所幸巴顿·比格斯（Barton Biggs）的《二战股市风云录》对那段历史有详细记录。虽然比格斯也认为股市有某种神奇的预见性，但他忽略了几个基本的事实。第一，伦敦大轰炸发生于1940年7月10日—10月31日，英国股市6月初见底，当时的股市仅0.2～0.4倍P/B，几乎跌破1932年熊市最低点。第二，事实上，伦敦大轰炸期间全球股市都在涨，英国股市的上涨程度还不如德国股市（德国股市在1941年秋天才见顶），如果从相对收益的角度看，股市见底是预见英国胜还是德国胜？第三，英国股市并不是在1940年6月见底就一路向上，其后两年有过几次回踩，只是未破新低。真正上涨是在1942年7月以后，那时候美国已经参战，对英国来说形式不断变好。所以英国股市的主升浪伴随着战争形势好转而同步展开，股市根本没有体现预见性。事实上，根据《二战股市风云录》的记载，很多1940年6月就选择买入的投资者是相信希特勒会登陆英国，永久统治欧洲的，他们是觉得即便如此，当时的估值也值得下注。

所以，我认为不是股市有预见性，而是估值和位置足够低，投资者认为可以赌，可以承受任何风险。没有人可以预见未来，巴菲特曾反复说过他不是靠预测指数或者个股股价而赚钱的。我们之所以下注，不是因为未来会发生某件事，而是当前的性价比就合适！

回到A股，我们看过去20年的三个阶段，一直重复的一个事情就是"高低切换"。2009年的高点，周期股的估值远远高于消费股和成长股，所以后续成长股取代了周期股。到了2016年年初，即便经过三轮"股灾"，创业板和互联网股的估值还远远高于白马股和蓝筹股，所以资金向"核心资产"迁移。如果我们对2021年以后行情的推断是对的，那就又一次证明估值的有效性，低估值将成为下一个阶段的王者。

不变之三：人性永不变

资本市场之所以存在牛熊，很大一个因素就是人性。哪怕前人总结了诸多经验，很多大师把一生的心血都写入书中，但依然无法阻止人性的贪婪和恐惧。

在过往的三个阶段，2007年10月憧憬"黄金10年"，2015年5月追逐"互联网+"，2021年2月觉得茅指数和宁组合是永恒的赛道，都是极致的贪婪。而在1 664点、"熔断"后和2018年年底，市场又非常恐慌，似乎世界末日来临。一切都是人性使然。

经过近20年的投研，我不断回顾自己的经验、教训，发现很多时候都不是认知的问题，而是对人性的掌控不足。所以，就回到王阳明在《传习录》中对弟子的回答："是徒知静养，而不用克己工夫也。如此，临事便要倾倒。人须在事上磨，方立得住，方能静亦定、动亦定。"

纸上得来终觉浅，绝知此事要躬行。经历和修行在这个时候就非常重要，可如果什么事情都要亲身经历，那如白驹过隙的一生，又能经历多少？所以，要读书、要复盘、要研究历史和大师的心得，从前人的经验教训中得到提升，这实在是成本最小的一种进步方式。这也是我花心思写这本书的根源，我从前人的书籍中汲取了很多，也想为后来者留点东西。只是每每这个时候，我都会想起杜牧在《阿房宫赋》中的话："秦人不暇自哀，而后人哀之；后人哀之而不鉴之，亦使后人而复哀后人也。"

20年来，虽然有诸多变化，但穿越现象透视本质，周期、估值和人性是三项不变的存在。周期主要站在实体的角度，描述宏观、行业和公司的景气度变化；估值则将实体投射到二级市场，到底要付出多少注码去表达我们对实体的评估；而人性在二级市场被无限放大，加剧了估值乃至景气度的波动。

其实，把握周期、重视估值、控制人性恰恰就是价值投资的内核。很多人说A股充满赌性，用理性的方法会毫无收获。其实不然，越是非理性的市场，越是人潮涌动，理性的方法反而会收获更大。如果这个市场人人理性，那我们的收益从何而来？仅仅靠企业的盈利很难创造出巨大的复合收益率。这就像打牌一样，如果纯粹从赚钱而不是技巧对抗的角度，你更愿意和高手打牌，还是和新手打牌？新手或许由于乱出牌让你一时手足无措，但只要你坚持正确的打法，一定可以从新手那里赢得更多。

两次"转变"

在科学史上，每当陷入山穷水尽的境地，往往需要转变坐标系才会柳暗花明，比如用哥白尼的"日心说"代替"地心说"，用爱因斯坦的相对论补充牛顿的经典力学，投资也是如此。巴菲特说他19岁看到《聪明的投资者》时才发现他之前8年的"用功"都是错的，而正是这一转变成就了股神的一生。我自己在投资求索中也经历过两次重大转变，如同走向大马士革的保罗受到神的感召，让我从重重迷雾中解脱出来。

第一次转变：2019年6月，从聚焦未来转到着重过往

在此之前，我把所有的精力都投入对未来的研究中，研究体系也建构在对未来变量的预测上。这似乎很容易理解，因为投资取决于未来，过往的所有因素都已经被股价反映了。但经过这么多年的探索，无论我多么努力，我最终还是要承认"未来不可测"。我对市场的判断时对时错，对行业和公司的预测也不能一直对，而所有建立在未来参数预测基础上的模型及体系更像是一场自欺欺人的游戏。

所以，到了2019年，在我入行近15年的时候，我感觉到无比困惑。我们对过往非常熟悉，建立了大量模型，研究了许多数据，可不管如何我们对未来还是乏力的，那我们的研究有什么意义？

我每天都在思考这个问题，直到有一天我打德州扑克的时候突然顿悟，就像在苹果树下被砸中的牛顿。打德州扑克的时候，我们永远都只根据自己手牌的胜率下注，没人会去猜下面发什么牌。当你起手对儿A的时候，原则上可以接任何注码；当你拿到杂色"2"和"7"，你不可能期待接下来拿到"2""2""7"来下重注。但最终，你拿了对儿A也可能被击败，拿了"2"和"7"也可能会逆袭，结果不能证明一开始的决策是否正确。一两把牌或许有偏差，但拉长时间基于概率的决策大多会胜出。高手也会因为被击败而沮丧，但绝不会因此改变行为模式。

回到投资，也是如此。研究永远无法回答下面发哪三张牌，研究可以告诉你基于过往的案例和数据，现在持仓的胜率和赔率，但无法保证结果马上出现。好的投资不是未来致胜，而应该是现在就占优。这里并不是说预测未来这件事没有意义，但投资不要把自己所有的希望寄托在还没有出现的未来，否则很被动。好的投资应该是现在就好，而不是未来出现后才好，未来出现了当然会更好。

想明白这一点后，我过往这么多年的经历及研究积淀就变成很有意义的事情了，虽然我对未来的猜测没有任何优势，但对过往的熟悉让我迅速找到历史场景，得出概率分布，使投资的注码站在大数定律的基础上。比如2018年年底，我们也完全不知道"贸易摩擦"会走向何方，市场会不会继续下跌，但基于我对世界主流指数的研究，我觉得创业板指数在三年半时间跌幅超过70%的情况下，是"对儿A"，应该下重注。

这是我投研经历上的重大转变，不是说我们不再研究未来，而是我们不再单纯"猜测"未来，把主要精力放在研究过往、总结案例和提炼参数上。即便是对未来的预判，也要建立在过往相似案例比较和内在逻辑提炼的基础上。这样做不仅让我们所有的投资有据可循，也大大降低了投研的难度。众所周知，当我们要求一个人去预判未来时，其实对这个人的要求是非常高的，但要求统计过往，那一个严谨的实习生就可以了。

进而，建立在这种思维上的投研体系才真正有实战价值。所谓体系不是直接帮你构建出一个组合，而是将所有信息有序排列，让我们用同样的模式去思考，如此不断重复同样流程，最终找到问题所在。我经常说，好的体系就像地图，让我们把世界按规则缩小到一个小小的地图上，让我们一览全貌，至于你想去珠穆朗玛峰还是马里亚纳海沟，全凭个人的喜好。同样，对于大型机构，体系也是一种组织方式。无论是罗马方阵还是秦朝的新军，都是一种按部就班的组织方式。它并不强调单兵作战能力多强，也不给士兵多么复杂的要求，但每个人简单、规定的动作，组合起来就是无敌天下的强大军团。一个好的体系，应该给其中的每个环节规定"常规动作"，这需要顶层设计和自上而下，从而相互验证、互为因果。这样，即便每个环节上都不是最优秀的人，但只要勤奋、踏实、团队协作，就能发挥巨大的作用，这也是湘军"招呆兵、打呆战"的道理。

第二次转变：2020年8月，对不断追逐感到疲惫

这就像夸父追日，虽然你每天都在辛苦奔跑，但你每向前跑一步，太阳也向后退一步，我们永远无法追上那个太阳。投资中充满变化，过去20年三个阶段所对应的品种、投研方法甚至性格要求

都有所不同，谁又能确认下个阶段市场喜好什么？所以投资中应该有某种"不变"的东西，追求"不变"，以"不变"应"万变"才是投资的根本。

2020年我重新翻看巴菲特近60年的《给股东的信》，我发现他60年都没有变过，很多"话语"重复出现。也就是说巴菲特一直在做同一件事情，只有当投资中这些"不变"出现时，他才会出手。那些"变化"和新潮跟他无关，但鲜有人的长期业绩比他更好。所以，就像亚马逊创始人贝佐斯所言："我们总是在变化，但一直在找寻不变的东西。"或许真的像盲眼的浮士德最终说出"停一停吧，你真美丽"的那一刻，才是我们追求的投资真谛。